"十四五"时期国家重点图书出版专项规划项目
国 家 战 略 预 警 研 究 译 丛 · 第 二 辑

# 情报为何失误
## 案 例、方 法 与 分 析

# WHY INTELLIGENCE FAILS
### Lessons from the Iranian Revolution and the Iraq War

[美] 罗伯特·杰维斯 (Robert Jervis) ——— 著

蒋宗强 ——————————— 译

金城出版社
GOLD WALL PRESS

· 北京 ·

WHY INTELLIGENCE FAILS: Lessons from the Iranian Revolution and the Iraq War by Robert Jervis, originally published by Cornell University Press.
Copyright © 2010 by Cornell University
Simplified Chinese edition copyright © 2023 by GOLD WALL PRESS CO., LTD.
This edition is a translation authorized by the original publisher, via CA-LINK International.
All rights reserved.
本书中文简体版由版权方授权**金城出版社有限公司**独家出版。
本作品一切权利归**金城出版社有限公司**所有，未经合法授权，严禁任何方式使用。

图书在版编目（CIP）数据

情报为何失误：案例、方法与分析 /（美）罗伯特·杰维斯（Robert Jervis）著；
蒋宗强译 . —北京：金城出版社有限公司，2024.3
（国家战略预警研究译丛 / 朱策英主编 . 第二辑）
书名原文：Why Intelligence Fails: Lessons from the Iranian Revolution and the Iraq War
ISBN 978–7–5155–2530–3

Ⅰ.①情… Ⅱ.①罗…②蒋… Ⅲ.①军事情报—研究 Ⅳ.① E87

中国国家版本馆 CIP 数据核字（2023）第 208089 号

## 情报为何失误：案例、方法与分析
QINGBAO WEIHE SHIWU ANLI FANGFA YU FENXI

| 作　　者 | [美] 罗伯特·杰维斯 |
|---|---|
| 译　　者 | 蒋宗强 |
| 策划编辑 | 朱策英 |
| 责任编辑 | 李晓凌 |
| 责任校对 | 王　璐 |
| 责任印制 | 李仕杰 |
| 开　　本 | 700毫米×960毫米　1/16 |
| 印　　张 | 19.5 |
| 字　　数 | 310千字 |
| 版　　次 | 2024年3月第1版 |
| 印　　次 | 2024年3月第1次印刷 |
| 印　　刷 | 天津旭丰源印刷有限公司 |
| 书　　号 | ISBN 978–7–5155–2530–3 |
| 定　　价 | 80.00元 |

| 出版发行 | 金城出版社有限公司　北京市朝阳区利泽东二路3号　邮编：100102 |
|---|---|
| 发 行 部 | (010) 84254364 |
| 编 辑 部 | (010) 64222699 |
| 投稿邮箱 | jinchenglxl@sina.com |
| 总 编 室 | (010) 64228516 |
| 网　　址 | http://www.jccb.com.cn |
| 电子邮箱 | jinchengchuban@163.com |
| 法律顾问 | 北京植德律师事务所　（电话）18911105819 |

# 编者语

当今全球局势复杂多变，安全冲突此起彼伏，不确定性与突发性相互交织，给世界带来了全新的挑战。提高战略预警能力，完善国家战略预警系统，成为各国的必然选择。

国家战略预警，指一国武装力量为防御突然袭击，运用预警技术监视别国战略进攻性武器活动态势的综合性警戒手段。它关乎一国的战略核心利益，是维护国家安全、执行战略行动的重要保障，是国家防御体系的重要组成部分，是国家战略防御和威慑力量不可或缺的重要基础。战略预警攻防兼备，以守为攻。其目的在于，及时在尽可能远的警戒距离内，准确探测识别敌方攻击，分析判断各类情报信息，发布先期警戒情报，使国家决策层尽早采取反制措施，甚至先发制人。

针对敌方的突然袭击，如何识别、预警、预判、反制、威慑、防御，是全球情报人士热切关注的问题。为此，我们特别策划了"国家战略预警研究译丛"，将该领域的国际研究成果推荐给中国读者，供读者批判性学习。丛书主要针对的是国家层面的战略预警，内容涵盖早期预警、情报搜集、情报分析、预判突袭、预先防御、先发制人、情报失误、情报欺骗、减少不确定性等方面。我们所精选的作品，既有享有盛誉的经典著述，也有一些顶尖专家的最新研究，备受各国情报人员和国家安全学者推崇。

目前，中国已进入一个全新时代，比历史上任何时期都更接近实现民族复兴的目标。但前进的道路不可能一帆风顺，我们还面临许多重大风险挑战。我们真诚希望本套丛书，可对我国相关领域的从业者有所启迪；为维护我国国家安全、践行总体国家安全观，在理论与实践上有所探索。

# 目 录

**第1章 | 情报冒险：我与中情局的关系　　/003**

　　第一节　何为情报失误　　/005
　　第二节　我与中情局的初次接触　　/011
　　第三节　担任中情局顾问　　/012
　　第四节　几点思考　　/021

**第2章 | 关于伊朗革命的情报失误　　/023**

　　第一节　撰写事后分析报告　　/025
　　第二节　事后分析报告的实质内容　　/033
　　第三节　分析报告获得的反馈　　/042
　　第四节　伊朗革命回顾　　/045
　　第五节　关于中情局对伊朗情报失误的分析报告　　/050

**第3章 | 关于伊拉克大规模杀伤性武器的情报失误　　/169**

　　第一节　情报究竟是否重要　　/172
　　第二节　对情报失误的描述　　/176
　　第三节　对情报失误的常见解释存在误导性　　/182
　　第四节　对情报失误的其他解释　　/196
　　第五节　可信度的重要性　　/213

第六节　证实倾向、负面证据和比较方法　/221
第七节　基于个体而非系统视角的替代性解读　/226
第八节　结论　/227

## 第4章 | 情报与情报改革：政治学与心理学视角　/230

第一节　决策者的需求及其与情报机构的矛盾　/234
第二节　情报要么来得太早，要么来得太晚　/250
第三节　认知倾向的重要性　/252
第四节　情报政治化　/257
第五节　情报失误　/261
第六节　需要什么样的情报机构改革　/269
第七节　情报界的结构性改革　/275
第八节　情报分析模式改革　/282
第九节　结论　/298

致　谢　/299
英汉对照表　/300

战争期间的很多情报报告是相互矛盾的,甚至是错误的,并且多数是不确定的。

——卡尔·冯·克劳塞维茨(Carl von Clausewitz),
普鲁士军事理论家

较之于其他所有人,专业学者或情报官员应该在防范自身智力缺陷的技能方面受过更多训练。

——谢尔曼·肯特(Sherman Kent),
中央情报局国家评估委员会主席(1952—1967)

# 第1章
# 情报冒险：我与中情局的关系

世间的问题并非人们知道太少，而是知道太多，但这些事情并不正确。

——马克·吐温（Mark Twain）

如果一份情报看似非常真实，那它就不算情报。

——迈克尔·海登（Michael Hayden），国家安全局时任局长

我们之所以错失苏联决定在古巴部署导弹的情报，是因为我们不相信赫鲁晓夫会犯这种错误。

——谢尔曼·肯特[1]

---

[1] 很多作品引用了马克·吐温这句话，但不清楚他是否真的说过，也不清楚在哪里说的。鲍勃·伍德沃德在《攻击计划》（Plan of Attack）一书（纽约：西蒙与舒斯特出版社，2004年）第132页引用了海登这句话。肯特这番评论最早发表于1964年中央情报局（后文简称中情局）机密资料《情报研究》中，后来重新收录于由唐纳德·斯特里（Donald Steury）主编、由中情局情报研究中心于1994年刊印的《谢尔曼·肯特和国家评估委员会：论文集》（Sherman Kent and the Board of National Estimates: Collected Essays）第185页。——如无特别说明，本书脚注均为原注。

失误或许是孤立事件，但往往受到密切关注。情报失误尤其如此，容易遭到误解和指责。情报失误的后果显然很严重。尽管大多数国际政治理论假定一个行为体对世界的看法相当精准，但许多战争都是由一个行为体对其他行为体的预测失误引起的；即便不是由此引起，在战争爆发之前也存在这类研判失误，而且顾名思义，危机背后往往牵涉情报失误。[1]在普通民众看来，这种失误令人深感沮丧，因为它往往催生代价高昂的错误政策。一旦出现情报失误，民众经常指责情报机构，而政策制定者反倒乐于鼓励这种倾向，因为如此一来，他们可以把责任转嫁给情报机构。[2]

本书详尽剖析了中情局及美国情报界其他机构的两大失误：一是在1979年伊朗国王倒台之前未能准确研判乱局；二是在2003年伊拉克战争爆发之前对伊拉克是否部署大规模杀伤性武器计划做出了错误研判。在就此抒发拙见之前，我应先讨论一下何为情报失误。其实，情报失误这个概念并不像人们所想的那么清晰明确。[3]

---

[1] 这给我们的理论和国家都带来了难题，因为许多理论都依赖于一方对另一方的未来行为做出准确预期。参考大卫·克雷普斯所著的《博弈论和经济模型》（*Game Theory and Economic Modelling*），该书由纽约牛津大学出版社于1990年出版。

[2] 关于情报和政策制定的最佳讨论，可以参考迈克尔·赫尔曼所著的《和平与战争中的情报力量》（*Intelligence Power in Peace and War*），该书由剑桥大学出版社于1966年出版；也可以参考理查德·贝茨（Richard Betts）所著的《情报的敌人：美国国家安全中的知识和权力》（*Enemies of Intelligence: Knowledge and Power in American National Security*），该书由哥伦比亚大学出版社于2007年出版。

[3] 关于这个概念内涵的讨论，可以参考马克·洛文塔尔的《沉重的情报失误概念》（"The Burdensome Concept of Failure"），此文收录于阿尔弗雷德·毛勒、马里昂·汤斯顿和詹姆斯·基格尔主编的《情报：政策与流程》（*Intelligence: Policy and Process*）一书第5章，该书由西景书社（Westview Press）于1985年出版。

## 第一节　何为情报失误

最明显的一种观点认为，情报失误就是指评估结论与后来信息揭示的实际情况存在误差。这种观点是最重要的，却也是最无意义的。之所以说它最重要，是因为决策依赖于精准评估，因此在评估情报要素时，精准几乎可以说是最重要的尺度。

从两个方面来讲，纠结于情报失误的残酷事实是无意义的。第一，要鉴定一份情报是否存在失误，根本无须太多分析，只需观察一下后来发生的情况与事先评估是否相符。第二，情报失误其实经常发生，无论学者还是政策制定者，应该都不会感到惊讶。虽然大多数人都关注情报失误突发所带来的冲击，毕竟这类失误会造成重创，但如果扩大一下视野，不难发现这种案例其实还有很多。就连《圣经》都记载过这类案例，比如摩西派探子去窥探以色列的迦南地，结果这些探子带来的情报就存在失误，高估了那里的敌军实力。[1] 正如我在最后一章指出的那样，情报失误诚然不

---

[1] 参考《圣经·旧约》之第四卷"民数记"。关于情报失误及突然性的研究文献非常多。最佳讨论可以参考理查德·贝茨所著的《突然袭击》（Surprise Attack），该书由布鲁金斯学会于 1982 年出版。最经典的研究可以参考罗伯塔·沃尔斯泰特所著的《珍珠港：预警与决策》（Pearl Harbor: Warning and Decision），该书由斯坦福大学出版社于 1962 年出版（中文版由金城出版社于 2020 年 12 月出版）。基于历史视角的优秀研究可以参考欧内斯特·梅主编的《了解敌人：两次世界大战之前的情报评估》（Knowing One's Enemies: Intelligence Assessment before the Two World Wars），该书由普林斯顿大学出版社于 1984 年出版；还可以参考马丁·亚历山大于 1998 年春季主编的《战略研究杂志》第 13 卷特刊，标题为《了解你的朋友》（"Knowing Your Friends"）。我于 1976 年在普林斯顿大学出版社出版的《国际政治中的知觉与错误知觉》（Perception and Misperception in International Politics）一书中探讨过，大部分情报工作都需要分析个体如何处理信息及看待世界。关于这个思路在改善情报质量方面的应用，参考小理查兹·J. 霍耶尔所著的《情报分析心理学》（Psychology of Intelligence Analysis），中文版由金城出版社于 2015 年 4 月出版。关于预测准确度及是否愿意改变固有想法的个体差异的出色研究，可参考菲利普·泰特洛克的《专

幸，却并不神秘。情报是隐藏者与发现者之间的博弈，前者的工作往往比较轻松，毕竟某些意图只存在于少数人的头脑之中，而且可能迅速改变，实施一些欺骗手段相当容易。知道这一事实之后，所谓信息"精准度"的价值就会降低。我们在伊拉克战争中看到的情况就是如此。[1]

关于情报失误的第二种观点认为，只要一份情报没有满足我们对优质情报的效益预期，就算存在失误。这种看法的主观色彩较浓。其实，我们需要将情报搜集和情报分析区分开，因为我们能在分析环节得到什么，在一定程度上取决于搜集到什么信息。此外，我们还要区分两点，一是在某个时间点依靠固有的技术手段和特工能够搜集到什么信息，二是假如事先做出了不同的决定，那么能够搜集到什么。举个例子，假如美国早在20世纪90年代就高度重视在伊拉克境内招募线人，那么会给对伊情报工作带来什么变局呢？但由于技术手段存在局限性，加上招募消息灵通、稳妥可靠的线人确实存在难度，很难说清楚对情报搜集环节究竟抱有什么期待才算合理。因此，虽然伊拉克案例明显是搜集环节存在失误，搜集的证据不仅零零散散、模棱两可，而且往往具有误导性，但根据惯例，很难说这是一次情报失误，也很难说如果事先采取了一些情报改革措施，最终就能给美国对伊拉克的政策带来显著改善。

---

家的政治研判：有多好？我们如何知道？》（*Expert Political Judgment: How Good Is It? How Can We Know?*），该书由普林斯顿大学出版社于2005年出版。关于美国、荷兰和联合国的情报机构未能在波黑战争期间预测到斯雷布雷尼察市的陷落和当地被俘人员遭到屠杀的详细研究，请参考齐斯·卫布斯所著的《情报与波斯尼亚战争（1992—1995）》（*Intelligence and the War in Bosnia, 1992-1995*），该书由德国利特出版社（Lit Verlag）于2003年出版。尽管民主国家的情报工作存在诸多缺陷，但在评估对手方面可能比非民主国家做得更好，关于这一点，可以参考拉尔夫·怀特撰写的文章《为什么侵略者会输》（"Why Aggressors Lose"），此文收录于《政治心理学》1990年6月第11卷，第227—242页；也可以参考丹·瑞特和艾伦·斯塔姆所著的《战争中的民主》（*Democracies at War*），该书由普林斯顿大学出版社于2002年出版。

[1]  关于欺骗的优秀研究，可以参考撒迪厄斯·霍尔特所著的《欺骗者：二战中的盟军军事骗局》（*The Deceivers: Allied Military Deception in the Second World War*），该书由纽约斯克里布纳出版社于2004年出版。

除了搜集环节之外，还有人从第二个环节（分析环节）去判断是否存在情报失误，标准就是分析人员是否充分利用了手头可用的信息。这也是本书探讨的一个重要主题。人们一致认为，美国在伊朗、伊拉克两个案例中都存在诸多令人震惊的政策失误，情报部门应该对政策失误负有重大责任。我总结出来的一个观点却是，虽然情报部门存在失误，情报分析存在改善空间，但即便做得更好一些，最终结果无非是降低一下评估结论的确定性，并不能得出截然不同的结论。此外，就算搜集到更好的情报，也不一定能够催生有效的政策。这种说法令人心理不适，在政治上令人难以接受，因为它意味着情报失误永远无法完全消除，责任难以划分[1]，从而导致更多责任被转移给政治领导者，并且表明不确定性因素给政治领导者和情报人员带来的负担超出了人们普遍所想。

我相信，情报机构一直不愿意直面这些切实存在的情报失误，而有助于解释为何大多数关于这些及其他情报失误案例的描述都暗示，要解决情报失误问题，必须先解决情报机构自身存在的问题。从政治上讲，这很有道理，但理性地讲，并非如此。我们喜欢用糟糕的流程去解释不好的结果，并往往认为运用良好证据会带来正确结论。但我们将会发现，普遍流行的推理往往是反向的，即我们首先根据答案错误的事实，去推断程序和思维方式必然存在缺陷。即使重大失误得到纠正之后，最合理的推论也可能是错误的，情报在第一个环节发生失误不应被自发地视为第二个环节

---

[1] 其实，艾略特·科恩把我的观点归入"情报无错派"。参考艾略特·科恩和约翰·古奇合著的《军事灾难》（*Military Misfortunes*），第40—43页，该书由纽约自由出版社于1990年出版。这有失偏颇，因为我的叙述指出了情报机构的许多失误，其中许多是原本可以避免的。理查德·贝茨在《情报的敌人》第27页和第185—186页也很好地反驳了"情报无错派"。一个令人信服却在政治上不可接受的观点认为，"如果说'9·11'事件及在伊拉克的失败给我们提供了什么教训，那就是我们需要降低对情报分析的期待"。参考托马斯·曼肯的《间谍与官僚：正确获取情报》（"Spies and Bureaucrats: Getting Intelligence Right"），此文发表于《公共利益》期刊2005年春季第81期。这意味着要在情报出错的情况下尽力设计出不太可能发生灾难性失败的政策，我将在第4章探讨这一点。

发生失误的诱因。但我们完全有可能通过采用标准的社会科学方法，针对情报失误开展事后分析，从而改进情报工作。接下来的章节表明，在许多情况下，情报机构及其批评者对证据和推论之间的关联性，以及对得出结论的最稳妥途径缺乏充分理解。更具体地讲，他们提出的假设往往无法验证，导致研判过程经常依赖无法证实的先入之见，结果导致关键的结论无法解释和检验。他们没有扪心自问，如果自己的看法是正确的，应该用什么证据去佐证，以至于在证据不足的情况下给出了研判结论。此外，他们也不喜欢采取"比较研究"方法，他们假定的"因"在有些情况下是存在的，但在其他情况下不存在，未对这些案例加以比较研究，便妄加推断因果关系。情报机构及其批评者往往依赖于直觉思维和浮夸描述。更仔细、更严格、更明确的推理不会自然而然地带来正确的答案，但会催生更好的分析结果，更好地揭示不同看法的关键分歧，从而提高得出正确结论的概率。

虽然我对伊朗、伊拉克两个案例的分析做出了归纳概括，也参考了其他案例，但无法确定这两个案例究竟有多典型。但我认为有五个方面是明确的。第一，这些案例本身非常重要，因为它们与某些影响深刻而持久的政策有关。这并不是说情报失误能够直接、完全地解释美国的政策，更不用说解释政策执行的结果。就伊朗案例而言，即便美国较早地意识到相关问题，或许也没有什么可行的选项，因为伊朗局势的内部驱动因素基本上不受外部干预的影响。此外，美国政府内部存在严重分歧，即便收到预警，可能也无法制定出连贯性的政策，更不用说制定有效的政策。就伊拉克案例而言，萨达姆积极发展大规模杀伤性武器计划是推翻他的主要理由，任何与当时固有信息相符的情报都不太可能促使美国政府做出不同的决策。但偏偏就是这两个误判对历史进程产生了关键影响。我觉得应该不止我一人对它们究竟是如何发生的感到好奇。

第二，检视这些案例尤其重要，因为在这些案例中，人们普遍接受的观点反而是错误的。美国未能看到伊朗国王的政权危如累卵通常被归因于这样一个事实，即中情局收到的大部分情报来自萨瓦克（SAVAK，伊朗国王的秘密警察组织）；而关于萨达姆大规模杀伤性武器计划的误判，经常被归因于小布什政府给情报机构施加了政治压力。我在后文将逐步论证指出，情报政治化的说法是站不住脚的。此外，人们普遍认为情报不仅存在错误，而且错得明显，忽视了许多证据，符合逻辑的推理也少得令人尴尬。事实上，尽管分析人员确实犯了严重错误，但他们的推论却看似很合理，而且在某些情况下，错误结论甚至比正确结论看起来更合理。

第三，尽管这些案例均有各自的独特性，但它们至少印证了政治和社会生活中一些特有的组织惯例和思维方式。在情报领域，如同在其他领域一样，人们能在证据中看到什么，往往受到自己预期和需求的强烈影响。[1] 当然，对于这个结论，一种解释或许是我之前所做的情报工作产生的预期，才导致我得出这个结论，但我怀疑这个解释并不完整。如果说情报机构及其组成人员的思维方式完全不同于其他人，那么确实令人震惊。本书的一个主题是，政治心理学是理解政府如何看待世界和做出决策的必要工具。对于情报领域，我们不能简单照搬从其他类型的决策中总结出来的经验——比如人们如何投票，企业如何投资，以及大二学生在实验室里如何反应，而是需要充分考虑政治和心理的互动方式。我们探讨的这个群体必须理解大量令人困惑的信息，而且他们受制于特定的激励、压力以及组织文化。

第四，虽然这两个案例与其他情报失误案例具有相似性，但如果只研究这两个案例，那么推论过程就会存在一个基本的方法论问题，因为如果只盯着情报失误案例，则会促使我们过于注重搜索因变量，这是方法论层面的一个缺陷。如果没有成功案例做对比，就会导致因果关系无法得到论证。要确定那些看似重要的因素是否只存在于失误案例中，有必要对失误案例与成功案例进行比较。然而，对情报失误案例的分析使我们能够发现有关人员和单位是如何出错的，并使我们在每个案例的分析过程中通过正

---

[1]  关于这一点，可参考我于1976年在普林斯顿大学出版社出版的《国际政治中的知觉与错误知觉》一书，或者我撰写的《理解信念》（"Understanding Beliefs"）一文，此文收录于《政治心理学》2006年10月第27卷，第641—663页。

反比较去确定合理的因果关系。

第五，也是最后一点，尽管我们无法评估情报失误的频率（分子和分母都很难确定），但这显然并不稀奇。没有理由相信这种失误频率会随着时间推移而降低。它们的反复出现表明，即便可以在某些个案中避免失误，但不可能完全消除。即便情报官员和决策者掌握了更好的社会科学分析方法，但与学者相比，他们依然要在可靠情报不足的情况下处理棘手问题。即便他们仔细解读固有信息，而且知道相关的归纳概括方法，但总会发生例外情况。事实上，许多情报失误都与这种例外有关[1]，伊朗和伊拉克的案例就是如此。

本书章节布局很简单。第1章后面部分讲述我如何想到写这个主题。我前两本著作阐述的主题是欺骗和知觉，这两个主题显然与情报存在一定的重叠，但我并没有打算做任何案例研究。后来，我担任中情局顾问之后，才想到做案例研究。我担任中情局顾问期间，最初的任务是研判苏联意图，那几个月的所见所闻让我了解到情报机构的运作模式。第2章的主要内容是我做的研究，即为什么中情局迟迟没有发现伊朗国王可能倒台。这份报告原件完成于1979年春季，前不久刚解密。我还收录了中情局官员针对这份报告所写的备忘录。为了对这份报告开展更好的分析，阐明一些我觉得无法在政府文件中讨论的想法，谈谈中情局有关人员对这份报告的认可情况以及学者们如今如何看待这个案例，我添加了一些介绍性的说明。第3章是对伊拉克大规模杀伤性武器情报失误的研究。这也可以追溯到我为政府所做的工作，幸亏官方在事后解密了大量材料，我现在就可以在本书中展示事后分析结果，而不用等上30年。

第4章探讨政策制定者和情报界之间富有争议的关系及其他一系列问题。政策制定者认为情报机构存在诸多缺陷，这些缺陷令他们不安，却又正中他们下怀。令他们不安的原因很明显，因为情报研判会影响决策质量；而正中他们下怀的原因在于，这些缺陷使得政策制定者在自身偏好和

---

[1] 参考理查德·贝茨所著的《情报的敌人》一书第3章，该书由哥伦比亚大学出版社于2007年出版。

直觉有悖于情报时，可以遵循自己的偏好和直觉，如果政策实施之后出了问题，就可以把责任推卸给情报界，让情报界当替罪羊。事实上，尽管决策者经常说想要更好的情报，但出于政治原因和个人心理原因，这往往并非他们的真实心声。情报界改革很少得到全面落实，部分原因就在于此。之后，我转而探讨一系列情报界改革举措，其中有些改革举措被高估了，落实难度较大，而有些措施更有可行性，比如为情报人员提供更多培训，灌输更多社会科学知识，从而值得予以更多关注。

## 第二节  我与中情局的初次接触

用"秘密"这个词形容我与中情局的初次接触恰如其分。1961年夏季，我以交换生身份去苏联（在此期间结识了妻子，还收获了一些有趣的经历）。我们启程之前，参加了几场简报会，其中只有一场简报会包括很多政治内容，深深地印在我的脑海里。随着行程的推进，我发现我的很多同学缺乏足够的政治知识和能力，无法与我们邂逅的苏联人开展严肃讨论（这种邂逅主要是在安排好的情景之中）。所以，这件事就交给了我。我的苏联东道主觉得我能言善辩，甚至认为我是中情局特工。我一回国，他们就给之前为我们做简报的那个组织写了一封信，抱怨说我们没有把最好的一面展现出来。

我现在认为这个组织就是中情局的掩护机构，这与我们现在所知道的美国政府发动冷战的方式具有一致性。第二年春季，正在欧柏林学院读大四的我接到一个电话，对方自称供职于联邦政府某机构，要求在欧柏林旅馆门口见我一面。当时我虽然少不更事，但猜测对方机构可能是中情局。事实证明我的直觉正确。那位先生穿着一件风衣，我俩一进入他的房间，他就打开电视，把它转动到正对着墙面的位置。这样一来，即便苏联特工渗透到俄亥俄州，在这个房间安装了窃听装置，也派不上用场。他问我能不能在那个夏季为美国政府做点什么（我揣测应该是参加赫尔辛基青年节）。我感到震惊，不是因为他提出了这样的要求，而是因为我已经同意在国务院做暑期实习生，原本以为联邦政府的一个机构会知道另一机构在做什么，看来我对政府运作方式的理解过于抽象了。

另一方面，那次苏联之旅也与我之后在中情局的工作有关。近年来，我担任中情局历史审查小组（HRP）主席，该小组围绕解密具有历史价值的文件提供建议。根据克林顿总统发布的一项行政命令，超过25年历史的材料必须经过审查才能解密，我针对伊朗问题所写的报告就是这样被发布出来的。这个解密项目很庞大，每年要审查数百万页资料，而从零开始做这件事颇具挑战性。因此，主管官员决定从相对容易解密的材料开始审查，其中包括中情局从前往苏联的旅行者那里收集到的大量照片。这些照片被认为有助于汇编各种日常信息，并有助于培训将被派往苏联的特工。我觉得收集这些照片并不奇怪，但当我们看到展示出来的照片样品时，我坐了起来，并想起访问苏联期间的一个细节。当时是1961年，我还是一名业余摄影师，苏联官员告诫我们警惕所有不能被拍照的建筑物（比如桥梁、火车站和警局）。我认为如果非要拍摄这些照片，就是偏执狂的很好证据。我也存在一定程度的偏执倾向，所以拍了多张这类照片。我一直不知道自己拍的照片里面，是否有一些最终被中情局收藏了，但这件事很好地提醒了我们，即便偏执狂也会遭遇对手。

## 第三节　担任中情局顾问

我与中情局的第二次接触发生在15年后。在两次接触之间，我写过一本关于信号和欺骗的著作，以及一本关于知觉与错误知觉的著作，这些主题显然都令中情局深感兴趣。[1] 此外，吉米·卡特当选总统后，我在哈佛大学的前同事罗伯特·鲍威（Robert Bowie）开始执掌中情局国家对外评估中心（National Foreign Assessment Center，NFAC），担任主任一职（在此之前及之后，该中心的名称为情报处［Directorate of Intelligence］）。1977年春，鲍威邀请我以访问学者身份为中情局效劳一年。我对这个机会挺感兴趣，但当时不清楚具体要做什么，因为我不是区域研究方面的专家，也不了解军事力量的具体细节，但我毫不谦虚地意识到自己是推断其他国家意图的专家，这也是国家对外评估中心的主要任务。因此，我毛遂自荐担任鲍威的特别助理，负责审查重要报告的质量。鲍威支持我这个提议，但一周后反馈说他的安全专家反对这么做。现在回想起来，我觉得原因可能是，当时中情局收到的信息来自两个极其敏感的渠道：一方面，我们监听了苏联的海底电缆，这些电缆承载着涉及苏联海军事务的高级别信息；另一方面，波兰上校雷扎德·库克林斯基（Ryszard Kuklinski）向美国提供了关于华约组织的大量计划及其他文件。[2] 由于到华盛顿没有其他事情可做，仅为中情局提供咨询服务不足以吸引我举家迁到华盛顿，鲍威便和我达成一致，让我先以顾问身份在中情局待上几周，看看会有什么进展。

---

[1] 一本著作名为《信号与欺骗：国际关系中的形象逻辑》（*The Logic of Images in International Relations*），该书第一版由普林斯顿大学出版社于1970年出版，第二版由哥伦比亚大学出版社于1989年出版；另一本著作名为《国际政治中的知觉与错误知觉》。我还在《信号和知觉：推论和形象投射》（"Signaling and Perception: Drawing Inferences and Projecting Images"）一文中讨论过这两个主题。

[2] 关于这一点，可以参考以下文献：克里斯托弗·福特和大卫·罗森伯格撰写的论文《里根时期海上战略的海军情报基础》（"The Naval Intelligence Underpinnings of Reagan's Maritime Strategy"），此文刊载于《战略研究期刊》2005年4月第28卷，第379—410页；雪莉·桑塔格、克里斯托弗·德鲁和安妮特·劳伦斯·德鲁联合撰写的《盲人的骗局：美国潜艇间谍不为人知的故事》（*Blind Man's Bluff: The Untold Story of American Submarine Espionage*），该书由纽约哈珀火炬出版社于1999年出版；本杰明·韦泽尔撰写的《秘密生活：波兰军官的秘密任务及他为拯救国家付出的代价》（*Secret Life: The Polish Officer, His Covert Mission, and the Price He Paid to Save His Country*），该书由纽约公共事务出版社于2004年出版。库克林斯基提供的信息和最终完成的情报产品正在解密。

虽然我以交换生身份访问过苏联，而且后来在加州大学伯克利分校读研究生期间参与了"言论自由运动"（这件事非同寻常），但中情局对我的审查程序进行得相对顺利和迅速，不过还是出现了一个意外插曲。我接受测谎时，对方问除了我的直系亲属，是否还有别人住在我家中，我回复道有一个住家管家兼保姆，而且她是一个非法移民。由于之前的背景调查遗漏了这一点，所以审查程序就暂停了。中情局的这一疏漏令我震惊，因为他们的人已经同我的邻居们谈过了，我的邻居们知道我家的情况，这在洛杉矶的中产阶级家庭中很常见。这次疏漏导致我对中情局的办事程序产生了一种不信任感，但我一直把这种想法藏在心里。后来的审查结果是我只能接触"秘密"级别的材料，这不仅极大地限制了我可以阅读的文件范围，还意味着我无论去什么地方，身边都要有人跟着，让我短暂地体验到什么叫"二等公民"。虽然这很烦人，但幸运的是，我只忍受了一周。

一周后，中情局的程序疏漏得到了纠正，我通过了测谎。有人告诉我，安保办公室有人要见我。这看起来不像是好消息。我被带到楼上，见到了一个年轻人，他拿着厚厚的一沓文件。我意识到这些文件跟我的生活履历有关。但他没有提令人尴尬的问题，而是解释说他正在上一门课，我的几篇文章都被他老师布置成了作业，他只是想见我一面！这些程序走完之后，我就可以开始工作了。

### 从事涉苏情报分析

鲍威及其同事认为适合我的位置是战略研究办公室（Office of Strategic Research，OSR）内部一个负责分析苏联意图的小组。后来，我了解到这个小组非同一般，工作人员均为博士，负责人弗农·兰菲耶（Vernon Lanphier）是一位兼具才华与魅力的领导者，但10年后他不幸死于癌症。弗农是从海军调入中情局的，曾领导一个研究苏联民防的特别小组，民防是当时受到激烈讨论的苏联战略能力与国家意图的一个重要组成部分。他向我解释道，由于信息碎片化及政治风险高，组员达成共识往往是一项艰巨的工作，但该组最终成功地制定了一份人人都能接受的评估文件。在评估苏联遭到美国攻击时能够保护多少人的时候，两个关键因素是避难场所的大小及分配给每个人的面积（被称为"覆盖系数"）。弗农解释说，在评估结果公布约6个月后，一名脱苏者提供了可靠证据，证明他们将这个"覆盖系数"高估了50%（也可能是低估，我记不清了）。于是，弗农把这一情况报告给做出评估的那个小组的领导者，并告诉他们："我们要么花一年时间重新审视所有材料，要么改变对避难场所面积的评估，朝另一个方向改变50%，以保持基准面积不变。"在官僚政治和人性的双重作用下，大家很快就同意了后者。

我开始满怀兴奋地阅读有关苏联的成品情报，但很快就感到失望。在此之前，我一度期望能够看到很好的原始情报和分析流程。（请记住，我和中情局大多数分析人员一样，无法接触到库克林斯基提供的信息以及从海底电缆窃听的信息。）美国获取的数据，比如高空照片和信号情报，确实产生了大量至关重要的信息，这些信息使得美国确信苏联军事态势的重大改进不会让美国感到意外，但我们对苏联国防和外交政策的了解仍然非常有限。除了少数例外，中情局搜集的很多论据，甚至证据，竟然非常类似于非政府渠道的信息（部分原因是关于苏联的许多秘密证据很快就被公开）。

由于我以前研究欺骗行为，而且欺骗行为在涉及苏联的政策辩论中扮演着核心角色，我便寻找了关于这个主题的许多书籍。我发现这类书籍少得惊人。大卫·沙利文（David Sullivan）写过一篇长篇论文，但文中夸大了证据，暗示苏联拥有高超的技巧，其尖锐的语调降低了文章的可信度；最重要的是，文章写得很糟糕。[1] 然而，我确实认为有必要进

---

[1] 这篇论文经脱密处理后的缩略版标题为《美国情报评估之评价》（"Evaluating U.S. Intelligence Estimates"），收录于罗伊·哥德森主编的《20世纪80年代的情报需求：分析与评估》（*Intelligence Requirements for the 1980s: Analysis and Estimates*）第二卷第49—73页，该书由新泽西州新布朗斯维克市的Transaction图书公司于1980年出版。一个不那么引人注目却更有针对性的情报产品是编号为"11–6–65"的《国家情报评估》刊载的一篇文章，题为《苏联隐瞒战略武器计划的能力》（"Soviet

行更仔细的审查，沙利文本人很快就因为向参议员亨利·杰克逊（Henry Jackson）的办公室泄露极其敏感的信息而失去了安全许可。我的直觉是，美国分析人员，可能还有其他国家的分析人员，都不愿认真对待欺骗行为，因为这样做会让他们本已困难重重的任务变得更为艰难。虽然分析这些欺骗行为对于他们的工作是有利的，但如果除了整编碎片化的、相互矛盾的信息之外，还必须充分考虑到大量额外信息，他们最后可能会累瘫。敌国政府的某些部门遭到欺骗或故意欺骗其他部门的可能性（即所谓的红色对红色欺骗）很可能被忽略，因为这类欺骗信息可能削弱本应非常有价值的情报的有效性。另一方面，从误判伊拉克大规模杀伤性武器计划来看，如果假定关键证据的缺失不是因为不存在，而是因为对手隐瞒了证据，那么欺骗行为就能被确认。

所谓欺骗行为，顾名思义，是非常难以被发现的，而且如果刻意搜寻欺骗行为，可能产生一定的反噬作用，因为一旦发现敌方的欺骗行为，许多原本被视为有效、有价值的信息就会遭到降级。但在许多情况下，一国政府会选择放弃实施欺骗行为的机会，可能因为这太复杂，可能因为最终会泄露太多有效信息，也可能因为一旦欺骗行为被戳穿，对手将知道该国试图让他相信什么，而这些信息很可能是假的。因此，如今回头看，虽然苏联在1955年就知道英、美通过挖掘隧道窃听苏联在东柏林的地下军事电缆，却从未将计就计给我们提供虚假信息。（更令人震惊的是，苏联在20世纪50年代中期窃听美国驻莫斯科大使馆时搜集到的信息，似乎从未得到利用。）[1]尽管如此，我还是对中情局很少关注欺骗行为感到惊讶。仅举一个例子，在KH-11型"锁眼"间谍卫星发射约6个月后，美国惊恐

---

Capabilities for Concealing Strategic Weapons Programs"），此文收录于美国国务院主编的《美国外交关系（1964—1968）》第10卷（"国家安全"卷）第250—253页，该卷由华盛顿特区的美国政府印刷局于2002年出版。

[1]　参考美国国务院编写的《美国外交政策利益受损评估》（"Estimate of Damage to U.S. Foreign Policy Interests"），此文收录于美国国务院主编的《美国外交关系（1964—1968）》第14卷（"苏联"卷）第111—114页，该卷由华盛顿特区的美国政府印刷局于2001年出版。

地得知中情局雇员威廉·坎皮勒斯（William Kampiles）竟然把卫星操作手册卖给了苏联（售价仅 3000 美元）。这一不幸的事态转变将使美国能够系统性地比较（在苏联已经知悉美国卫星能力而美国尚未发现泄密时）卫星所侦测到的内容，以及苏联知道美国已经发现泄密之后卫星所侦测到的内容。通过这种比较，我们就有可能了解苏联欺骗行为的目标、策略和技巧。但据我所知，我们并没有做过这种研究。

20 世纪 70 年代末，中情局启动了一个研究欺骗行为的大型项目。国防部净评估办公室很可能也参与其中，因为办公室主任安迪·马歇尔（Andy Marshall）对欺骗行为非常感兴趣，还曾委派开展几项关于这一主题的历史研究课题（非保密性质）。我当时对中情局这个项目的参与度比较浅，仅做了一些边缘化的工作，觉得这个项目很有前景，不料刚开始取得进展就被取消了，但此后中情局确实做了更多工作去追踪苏联的活动。

在做伊朗研究期间，我对分析苏联战略计划的具体细节有了更多了解。由于我当时的全职工作是在加州大学洛杉矶分校教书，所以只能待在中情局的一个下属机构里进行阅读和写作。这个机构在数年前曾是间谍活动的重要场所，有一定的知名度，罗伯特·林德赛（Robert Lindsey）在《猎鹰和雪人》(*The Falcon and The Snowman*)中讲述过这个间谍故事。正如前文所说，苏联分析小组依据关于苏联导弹试验的高空摄影和遥测数据对苏联导弹计划开展技术分析。这些人认为我有点奇怪，不仅因为我做的是一些高度政治化的事情，而且因为我在写一篇很长的论文，而不是做简报。（在那个没有 PPT 的年代，人们一直围绕着我制作的幻灯片问这问那。）尽管如此，这种工作安排对我而言还是很方便的，我在那里得到一位经验丰富的照片判读员的帮助，这意味着我可以在休息时间走进他的办公室，听他讲故事，查看一些有趣的照片。当然，在他对我查看的照片做出解释之前，这些照片是很难理解的。

我从他那里学到很多关于苏联导弹计划的知识，其中一个故事具有更广泛的意义。我们当时正谈论苏联发射井的防爆性能，他为我解释了如何计算一些通过高空拍摄获取的数据，之后补充说："但我认为官方数据高估了苏联，我从照片上可以看出苏联的建筑技术非常粗糙，发射井里的混凝土往往浇筑得不好。"当然，美国在计算这种数据时必须保守一些，但我不知道这类信息最终会被上报到哪个层级的官员。

另一件事令我不禁开始反思美国政府机构的运作方式。关于苏联导弹试验的初步分析数据被张贴在防护最严密的地下室的公告板上。有一天，上面忽然被张贴了一份报告，显示苏联导弹的精准度有了显著提升。考虑到当时关于美国陆基导弹系统脆弱性的激烈辩论，这份报告显得尤为重要。我交谈过的一些人说，我们的导弹已经很脆弱了，苏联导弹的精准度再提高一些也没多大关系，但这份报告的结论仍然算是一则引人瞩目的新闻，而且这份报告的保密级别比我之前见过的都要高。当我读到它的时候，我意识到自己在课堂上谈到这些材料时，必须谨小慎微，不能透露这个新的动态。结果，我发现自己的担心是多余的：这份报告的内容竟然出现在第二天早晨的报纸上。

### 中情局顾问身份带来的优势

中情局顾问身份为我提供了一个不同寻常的研究视角。虽然我的级别仅仅局限于工作人员层级，但得益于我的特殊身份和学术人脉，加上中情局国家对外评估中心主任罗伯特·鲍威对我的支持，我能够接触到中情局各个层级的人员。我能看到信息如何过滤，还能看到不同层级的人如何相互误解。负责苏联事务的国家情报官阿诺德·霍雷利克（Arnold Horelick）发表过一篇论文，认为苏联人对自己的前景非常乐观，尤其是在第三世界的前景。[1] 我与他讨论了这个问题，他说虽然

---

[1] 现在看来，这个判断比我当时所想的更接近事实，至少克格勃是乐观的。参考克里斯托弗·安德鲁、瓦西里·米特罗欣合著的《世界正朝着我们的方向发展：克格勃和第三世界之战》（*The World Was Going Our Way: The KGB and the Battle for the Third World*），该书由纽约基础图书出版社于2005年出版。

相信自己的结论，但不想独断专行，希望促进中情局内部对这方面的讨论。当我把这个消息转达给一位工作人员层级的同事时，他笑了笑，说霍雷利克虽然是一位经验丰富的对苏情报分析人员，但刚来中情局，不明白中情局是如何运作的。他还补充了一句："当这种内容来自国家情报官，我们必须把它当作事实。"

顾问身份的另一个好处在于，它使我有机会与其他政府部门的人交谈。人脉网络的重要性令我震惊，其实这种震惊是没必要的。由于我正在研究有关苏联意图和能力的问题，所以我与国防部、国务院和国家安全委员会的人交谈是很重要的，但不知道从哪里开始，也不知道如何开始，于是弗农派我去找他专业领域以及私人层面的朋友。他们中的许多人如同弗农一样，都曾在麻省理工学院师从威廉·考夫曼（William Kaufmann）。事实上，我发现政府内部有很多鹰派人士曾在芝加哥大学师从阿尔伯特·沃尔斯泰特（Albert Wohlstetter），而很多鸽派人士曾在麻省理工学院师从威廉·考夫曼。我是通过考夫曼的人脉网络被介绍到中情局的，我的"入场"不仅得益于弗农的支持，还得益于我自己的政治观点以及我在哈佛大学期间就认识考夫曼。

有一件事对我来说更有好处。有一天，我去五角大楼见一位之前教过的学生，他当时工作的地方是国防部项目分析与评估办公室，这个办公室在罗伯特·麦克纳马拉担任国防部长时就开始做系统分析工作了。我特别感兴趣的一个问题是，美国是否需要开发一种强大的洲际弹道导弹来取代"民兵"洲际导弹。鹰派、鸽派之间的广泛辩论就涵盖这个话题。虽然我倾向于持怀疑态度，但已经基于涉密信息认为鹰派的理由占据上风，所以我请我的学生给我看他有什么证据。他给了我一篇文章，我觉得很肤浅，完全不能令我满意。当我告诉他这种感受时，他抱怨了一下，在他的桌子上又翻找一番，递给我一个更厚的文件袋。半小时后，我把文件袋还给他，并说，虽然这篇文章好了一点，但仍然没有解决严重的问题。他回答说："鲍勃，你刚刚看的是政府里面关于这个主题的最佳论文。事实上，这篇文章写得过于透彻和细致，以至于没有人会去读它。"我真的很震惊。

所以，那天晚上在回加州的飞机上，我提纲挈领地写了一篇文章，最初想到的标题是《为什么"民兵"洲际导弹的脆弱性不重要》。后来又仔细想了想，就会发现这个主题其实无异于在说为什么核优势不重要。于是，我把这篇文章命名为《为什么核优势不重要》，发表在《政治科学季刊》上。撰写这篇文章激发了我对这个主题的深入研究，我进而写出了《美国核战略的不合逻辑之处》和几年后的《核革命的意义》。[1] 其中，《核革命的意义》由于提出了关于改善世界秩序的想法而获得了"格鲁迈耶奖"，成为年度最佳图书，赢得了一笔可观的奖金。

这些活动也会给我带来不利影响。虽然我写的文章没有得到公众的广泛关注，但却引起华盛顿某些人的关注和争议。结果，当我在20世纪80年代中期受邀为一个感兴趣的核战略项目提供咨询时，一位安全官告诉我，他怀疑我能否通过安全审查（我在1980年停止为中情局提供咨询时，我的安全许可就失效了）。鉴于我之前曾获得中情局、国务院和国防部的安全许可，我觉得这很奇怪，于是我问我的朋友、国防部政策事务副部长弗莱德·艾克雷（Fred Iklé），看他能否就此指点迷津。他反馈说他觉得没有任何问题。因此，我的推论是，这个项目的负责人最初没有向安全官核实，而是直接向他的上级核实我的安全审查问题，并被上级告知我的观点在政治上是不可接受的。当然，我对此做出的反应可能是以自我为中心的偏执，但华盛顿确实鼓励这样的反应，部分原因是这种反应有时被证明是合理的。

---

[1] 《为什么核优势不重要》（"Why Nuclear Superiority Doesn't Matter"）一文收录于《政治科学季刊》1979—1980年冬春之交第94卷，第617—634页。《美国核战略的不合逻辑之处》（*The Illogic of American Nuclear Strategy*）一书由康奈尔大学出版社于1984年出版。《核革命的意义》（*The Meaning of the Nuclear Revolution*）一书由康奈尔大学出版社于1989年出版。

## 第四节　几点思考

有些想法，在本书中阐述出来可能比较合适。比如，担任中情局顾问一职在大学内部其实是一件有争议的事。有些人拒绝为中情局提供咨询服务，要么因为这会妨碍他们自身的研究，尤其是对第三世界的研究，要么因为他们反对美国的外交政策。我对这些立场有些理解，但相信从长远来看，如果美国政府尽量提升自身能力，并熟悉有关情况，对美国和世界都有益。

对此，一种明显的回应是，中情局的能力提升只会让美国对别人造成更大的伤害（也会像在伊拉克那样对美国自身造成更大伤害）。为一个坏的甚至邪恶的目标提供更好的指导，是不可取的。这种观点有一定的逻辑，但必须建立在彻底否定美国外交政策的基础之上。马克思主义的支持者认为，美国的政策是由资产阶级的剥削需求所驱动的，这将不可避免地给世界造成苦难。现实主义的支持者则可能会争辩说，剥削世界其他地区符合美国人民的整体利益，而不仅仅是某个阶级的利益，但其结果同样是给别国造成伤害。

反对为中情局提供咨询服务的另一个狭隘观点是，中情局虐待囚犯，搞隐蔽行动，不道德地干预别国事务，颠覆别国政府。但这种立场其实站不住脚，因为中情局的情报分析职能、审讯职能及隐蔽行动职能是相互分离的，而且要不要采取这些行动，决策权在于总统（可能还有国会），中情局只是执行政策。有人说中情局危害或颠覆了别国政权，这种说法令我感到很惊讶，这就像把越南战争和伊拉克战争称为军队发起的行动一样。尤其奇怪的是，激进分子就是用这种方式攻击中情局，似乎暗示所有错误都可归咎于中情局，并暗示如果中情局在国家的指导下开展工作，那么美国的对外政策将变得更好。这类污蔑掩盖了一个事实，即情报机构的功劳或责任，其实应该归于民选领导者，甚至更广泛地讲，应该归于美国政治体系和美国人民。

　　虽然为中情局效劳的经历令我感到有些沮丧，但也有教育意义和乐趣。目前，我还不清楚自己的报告究竟对情报工作产生了多大帮助，但至少我相信我的报告没有造成伤害。这段经历带来的一个回报是，让我对中情局系统的运作模式有了一些了解，使我摆脱了之前的一些幼稚揣测。我还对之前视为理所应当的社会科学本质与方法有了新的认识。运用社会科学方法很少有答案，或者至少可以说没有正确的答案，我们在利用某些知识时应该带有一点质疑精神，并运用一套严谨的方法去发现问题和遴选证据。美国之所以在伊朗、伊拉克出现情报失误，部分原因在于情报界和决策层不愿意或没有能力运用社会科学方法，接下来的章节将展开探讨。另外一部分原因在于，优质情报与政策制定这两个环节之间存在持久的、必然的紧张关系，这是最后一章探讨的主题。

# 第 2 章
# 关于伊朗革命的情报失误

前一章描述了我从事对苏政策研究的情况，这段经历对我接受再教育不无裨益（这种再教育不仅体现在让我更多地了解苏联，还更多地体现在让我更加了解美国政府和政策），但这并没有给我带来什么重大研究项目。当时，我的朋友、中情局国家对外评估中心主任罗伯特·鲍威在国会作证指出，伊朗的动荡局势虽令人不安，但似乎正在缓和。不料，几周后伊朗发生了严重骚乱，国王成立了军政府，并逮捕了政府中的几个领导者，导致局势越发严重。委婉地讲，鲍威自己都对他和中情局的研判为何错得如此离谱感到好奇，于是请我对国家对外评估中心的情报研判开展全面评估。据我了解，卡特总统曾经给国务卿赛勒斯·万斯（Cyrus Vance）、国家安全顾问兹比格涅夫·布热津斯基（Zbigniew Brzezinski）和中情局局长斯坦斯菲尔德·特纳（Stansfield Turner）写过便条，透露自己对政治情报的质量感到不满。鲍威给我找的搭档是一位即将退休的资深分析人员（由于即将退休，他的言论不会对自己造成不良影响）。但鲍威对这个人的分析能力缺乏信心，便告诉我："把他当作你的研究助理就行了。"我听后暗自惊讶，但不幸的是，鲍威这个判断是准确的。这位搭档虽然为我提供了有益的评论，并指导我穿行于官僚主义的迷宫，但他只写了一个小节内容（目前仍然依法保密），没有对核心问题给出太多解释。有几段话的开头是"我们中的一人相信"，或在一个句子前面留出一个空格，这样就可以显示出是他写出来的，他的写作依赖于在中情局的工作经历。鲍威还给我们配了一位非常称职的助手，我需要的文件，他都可以找到，在文档数字化时代到来之前，能做到这一点确非易事。

我要做的这份评估，截止日期应该是 1978 年 11 月第一周，因为那时美国政府开始警觉了。起始日期则比较随意，但我选择从 1977 年年中开始，因为那时开始发生一些小骚乱，只不过这些骚乱的制造者是世俗主义的反对派，而非最终推翻伊朗国王的宗教势力。我和同事查阅了来自美国驻德黑兰大使馆、德黑兰之外的领事馆以及中情局的报告，研究了各种形式的成品情报，看看能得出什么结论。[1] 作为补充，我们还采访了多位分

---

[1] 美国驻德黑兰大使馆被伊朗伊斯兰革命者占领之前，使馆工作人员已经撕碎了同中情局和国务院的往来电报。使馆被占领之后，伊朗学生们费了很大的劲才把这些碎片重新拼接起来，虽然阅读起来有点难度，但大部分电报的内容还是被公开了，并编纂成册，比如《间谍巢穴的文件》（Documents from the Den of Espionage）。曾有一段时间，由于从伊朗进口任何东西都是非法的，所以在美国买不到这些书。但现在，在许多图书馆都可以找到这些书。更方便的是，埃里克·胡戈兰德主编、由弗吉尼亚州查德威克－希利图书公司于 1990 年出版的《美国对伊朗政策的制定（1977—1980）》（Iran: The Making of U.S. Policy, 1977–1980）一书收录了很多关于国家安全档案的微缩胶片，里面可以查询到这些文件。关于情报失误的分析，可以参考下列文献：查尔斯－菲利普·大卫撰写的《白宫外交政策的失败：重评伊朗国王倒台和伊朗门事件》（Foreign Policy Failure in the White House: Reappraising the Fall of the Shah and the Iran-Contra Affair），该书由美利坚大学出版社于 1993 年出版；格雷戈里·特雷夫顿和詹姆斯·克劳克合写的文章《伊朗：应对不可思议的事情（1978—1979）》（"Iran, 1978–1979: Coping with the Unthinkable"），此文收录于欧内斯特·梅和菲利普·泽利科主编的《应对独裁者：美国外交和情报分析的困境（1945—1990）》（Dealing with Dictators: Dilemmas of U.S. Diplomacy and Intelligence Analysis, 1945–1990）第 4 章，该书由麻省理工学院出版社于 2006 年出版；奥菲拉·塞利克塔撰写的《水晶球考验的失败：卡特政府和伊朗极端主义革命》（Failing the Crystal Ball Test: The Carter Administration and the Fundamentalist Revolution in Iran），该书由康涅狄格州西港的普雷格出版社于 2000 年出版；珍妮·诺兰、道格拉斯·麦克伊琴与克里斯丁·托克曼合著的《话语、异议和战略突袭：在不确定时代制定美国安全政策》（Discourse, Dissent, and Strategic Surprise: Formulating US Security Policy in an Age of Uncertainty）第 12—28 页，该书由乔治敦大学外交研究所于 2006 年出版。

析人员、办公室负责人以及国家情报官罗伯特·埃姆斯（Robert Ames）。埃姆斯是一颗冉冉升起的新星，后来在 1983 年美国驻贝鲁特大使馆爆炸中丧生，但他在我的采访中并没有突出表现。

接受我访谈的人虽然可能有所隐瞒，但对我帮助很大。在伊朗案例中，首席分析人员在出现情报失误后被迫退休，但他特别乐于助人，对我很友好。其他几位分析人员在接受访谈时则比较谨慎，令我感到困惑，后来我意识到，之前的情报失误已经给他们的职业生涯造成了不利影响，而我的报告可能给其带来更多不利影响。另一个让我震惊的事实是，他们对内容记得很清楚，却经常记不清具体的时间节点，即他们能记住自己的反应和评价，却忘记了它们的形成时间。尽管有些事件发生在三四个月之前，他们依然记不清时间节点。当然，有些错误是因为他们要维护自己的利益，但并非所有的错误都是如此，即便不涉及政治正确之类的敏感问题时也经常犯错，比如让分析人员竭力回忆不同的人什么时候去过该地区，毕竟各种事情发生得非常频繁和迅速，很难说清楚。

虽然我处理的资料是机密的，但我的项目并不需要保密，因为我坚持认为需要告诉同事和学生我在做什么。我需要和学术专家交流，以便了解伊朗，如果不告诉他们我的目的，那是不合适的，因为他们觉得帮助我就是帮助中情局，而他们并不想这么做。同样，我的一些研究生非常激进，虽然我不打算让他们否定我的活动，但如果他们觉得继续跟着我学习会玷污他们的道德，我允许他们换导师。事实上，没有人在乎我为中情局做事，最激进的那位学生知道后只是付之一笑。

## 第一节　撰写事后分析报告

这项工作很简单，但有几点可能令人感兴趣。首先我认为，关于伊朗的情报失误十分明显，而且被政治化了，一旦我开始写关于这种失误的分析报告，难免会泄露出去。[1] 因此，尽管这是鲍威委托我写的，我决定保持独立，不会定期向他汇报进展。如今回想起来，我这个决定并不明智，如果当初写报告过程中定期汇报进展，这份报告可能会产生更大的影响。但当时，两件事加剧了我最初的担忧，一是我发现帮我的那个搭档与伊朗问题首席情报分析人员是关系密切的朋友，二是我发现尽管这位首席分析人员及其同事存在一些失误，但他们并不完全是媒体所描述的一无所知。所以，我担心这份报告会被认为存在偏见，为中情局开脱责任，这就意味着我保持完全独立更为重要。

### 情报搜集、汇报和策略

鲍威清楚地知道官僚机构的权力范围和做事规矩，叮嘱我集中精力根据中情局分析人员掌握的信息去判断情报分析工作的质量，而不是去探究这些信息本身的质量，否则我就会触及国务院、大使馆和中情局行动处的权力范围。事实上，其他机构并未被告知我正在开展这项研究。因为种种限制，很多主题都要回避，很多事情我也不能说。最明显的是，我觉得必须淡化我对美国驻德黑兰大使馆和中情局驻德黑兰情报站的情报搜集工作的评论（中情局官员在评价我的分析报告时，觉得我应该就

---

[1] 几年后，我在原报告基础上做了大幅删减，发表了两篇论文，一篇题为《改进情报流程：非正式规范和激励》（"Improving the Intelligence Process: Informal Norms and Incentives"），收录于阿尔弗雷德·毛勒、马里昂·汤斯顿和詹姆斯·基格尔编写的《情报：政策与流程》第 113—124 页，此书由西景书社于 1986 年出版。另一篇题为《情报流程存在什么问题？》（"What's Wrong with the Intelligence Process?"），收录于《国际情报与反情报期刊》1986 年春季第 1 卷第 28—41 页。鲍勃·伍德沃德在《面纱：中情局的秘密战争（1981—1987）》（*Veil: The Secret Wars of the CIA, 1981-1987*）一书第 108—111 页，也对这次情报失误作了相当准确的总结，该书由西蒙与舒斯特出版社于 1987 出版，这本书还促使国会要求中情局局长威廉·韦伯斯特提交一份报告。

此多说一些，具体可以参考本章结尾处所附的中情局官员的往来信函）。关于情报搜集不力的理由，一种传统说法是为了避免招致伊朗国王反感，美国政府同意不与反对派发生重要接触，并主要从萨瓦克那里获取有关伊朗国内敏感事务的信息。无论过去还是现在，这种说法都被用来解释为何美国未能理解伊朗究竟发生了什么，但这种说法是不对的。我敢肯定中情局和萨瓦克之间存在大量通信，但我怀疑这些通信主要涉及图德党（Tudeh Party，即伊朗共产党）的活动。我看了有关伊朗国内政治和反对派活动的报告，几乎没有来自萨瓦克的，这意味着中情局的情报搜集工作存在严重不足，因为萨瓦克搜集了有关抗议活动的大量信息，却没有分享给中情局，从而导致中情局对伊朗正在发生的很多事情一无所知。据我了解，中情局从来没有就此发表过评论，也没有就这一点提醒过需要用到这些情报的人，但这至少有一个好处，即萨瓦克的偏见不至于影响美国分析人员的观点。鲍威告诉我，他认为我们误入歧途的一个原因就是在情报搜集方面依赖萨瓦克，所以他和其他中情局高级官员（及政策制定者）可能大大高估了分析人员所得到情报的客观性。事实上，真正问题不在于萨瓦克向我们提供了具有误导性的信息，而在于我们知道的信息太少。

传统说法认为，美国需要同伊朗国王和萨瓦克保持良好关系，从而避免实施一些旨在衡量某个反对派力量及目标的重大计划，这种说法可能正确（或许我应该说多个反对派，因为涉及不同派系）。但据我所知，中情局和国务院的官员从来没有讨论过这样的计划，也没有抱怨过某些因素妨碍了他们获得需要的信息。我猜测，美国政府对非民主国家的反对派力量知之甚少，特别是当它们像伊朗反对派那样背离常规（按我们的标准）的时候。要搜集到好情报，首先要有具备语言技能的外交团队和秘密搜集团队。然而，事实上，当时派驻伊朗的美国人里，几乎没人能说一口流利的波斯语。即便伊朗国王不希望派驻的美国人被孤立，他们还是会被孤立。（当然，可能有人会说，如果没有任何限制，美国本可以培训更多的波斯语人才，但我对此表示怀疑。）美国官员同伊朗反对派的接触本来就很少，而且开始接触的时间也很晚，语言障碍意味着这些接触集中于依赖中产阶级的世俗性政党——伊朗民族阵线（Iran National Front）。不幸的是，美国人的理解有误，这个政党虽然在革命早期很重要，但到革命的中期和晚期发挥的作用就很小了。此外，伊朗国内政治也不在中情局行动处的优先考虑范围之内。对他们而言，更重要的任务是确保用于截获苏联通信数据和导弹遥测数据的秘密设施安全（这些设施就是监听站）[1]，同时要防范伊朗共产主义以及反美恐怖分子带来的危险。

情报搜集工作的不足意味着，除了在报纸上看到的内容，分析人员对革命领袖阿亚图拉·霍梅尼（Ayatollah Khomeini）的言论了解甚少。虽然他的演讲磁带在伊朗自由流通，但美国驻德黑兰的大使馆和情报站要么找不到，要么觉得没有价值。中情局的首席分析人员曾经告诉中情局驻德黑兰情报站，在德黑兰哪个集市上能找到关于霍梅尼的磁带，但他们最后竟然只找到一盘磁带。

我没有阅读过多少来自其他国家首都的情报，因此不知道美国驻德黑兰大使馆和情报站的这种表现是否明显低于标准。如果真的低于标准，我本以为会听到他们抱怨。我担心自己看到的局面是相当典型的情况。我宁愿相信在之后数年里，这种情报搜集工作有了很大的改善，但事实上，美国驻德黑兰大使馆执行各类繁杂任务的负担逐渐加重，尤其是需要经常护送国会和商业代表团，导致他们发回的政治情报的数量不增反减。

关于时任美国驻德黑兰大使威廉·沙利文（William Sullivan），一种广为流传的说法认为他是个令人生畏的人物。我也听到过"他管理很严格"的说法。这种严格管理当然是有道理的，可以解释为什么来自德黑兰以外领事馆的情报往往能够提供更多的信息，以及为什么当沙利文在

---

[1] 参考洛克·约翰逊撰写的《间谍头子理查德·赫尔姆斯：对中情局前局长的访谈》（"Spymaster Richard Helms: An Interview with the Former US Director of Central Intelligence"），该文收录于《情报与国家安全》期刊 2003 年秋季第 18 卷。与此处相关的内容位于该卷第 33 页。

1978年夏季返回美国休假期间，使馆发回的情报在风格方面忽然发生了变化——显得更加深刻尖锐，并对伊朗局势充满担忧。

这位大使的个人特质及情报内容的局限性的确引人瞩目，但这可能算不上至关重要。据我所知，在1978年11月之前，没有哪个国家对伊朗局势深感恐慌。在1978年过渡到1979年的那个冬季，有公开报道称，几个月前，以色列情报机构曾表示，伊朗局势非常严峻，但即便存在这样的报道，美国分析人员也没有发现。我后来被告知，来自以色列的重要情报是通过美国军方渠道传递给中情局行动处的，但我一直无法证实这一点。我也无法询问石油公司的看法，毕竟他们在伊朗拥有大量利益和重要业务，而且可能比美国政府拥有更广泛的人脉。我的任务不包括探讨这个问题，该问题至今依然没有答案。

我获得的授权不包括评论美国政策。因此，一些比较宏大的问题，比如美国多年来一直不遗余力地支持伊朗国王是否明智，我将不予置评，但有几个具体问题不妨先提出来。首要的是，一旦美国意识到伊朗国王处于危险之中，应该采取什么行动？这一点已经有很多人写了。事实上，在我撰写事后分析报告期间，这种争论非常激烈。他们争论得兴致高昂，却在很大程度上忽略了一点：到1978年11月，美国的有效政策选项已经几乎完全消失了，伊朗国王再也无法同反对派达成妥协，即便美国推动双方妥协也没用，而且就算美国直接在伊朗搞一场军事政变，也可能以失败告终。[1] 尽管美国决策者希望能够影响事态的演变，但在这次事件中，当他们真正看到事态发展时，已经太晚了。那个冬季，美国关于伊朗的决策过程充满争议，显得支离破碎，描述起来却会令人很感兴趣。这个过程告诉了我们很多关于卡特政府的事情，但我没有理由相信更好的

---

[1] 这句评论出自查尔斯·库兹曼所著的《不可思议的伊朗革命》（*The Unthinkable Revolution in Iran*），这是关于伊朗革命的最佳图书，由哈佛大学出版社于2004年出版。正如尼基·凯蒂在《现代伊朗》（*Modern Iran*）第236页所说："（卡特的顾问里）轮流影响卡特的双方都没有多少机会影响革命。"该书由耶鲁大学出版社于2006年出版。

情报会催生有效的政策。[1]

甚至在伊朗局势得到高度关注之前，美国政府对于是否应该推动伊朗国王走向民主一直存在分歧。国家安全顾问布热津斯基等人对此持怀疑态度，但在 1978 年 11 月之前，美国国务院一直在提供日常指导，国务院的官员，尤其是工作人员层级的官员，一直敦促伊朗国王实施民主改革。正如苏联前总统米哈伊尔·戈尔巴乔夫（Mikhail Gorbachev）的经历给我们的启示，自上而下的改革是非常困难的，往往会导致解体，这是政治科学领域的一个基础知识。这个主题很吸引人，但本书要讨论的是它如何影响情报。我的报告明确指出，中情局预计如果伊朗局势不稳定，伊朗国王将会实施镇压，包括使用大规模武力。稍后我将讨论为什么这种看似明智的研判其实是错误的。这里的重点是，尽管来自美国驻德黑兰大使馆的电报明确表示，他们正在敦促伊朗国王继续实行自由化改革，但中情局分析人员从未指出如果局势恶化，他们对伊朗局势的研判与美国给出的建议之间将会出现严重偏差。[2] 中情局分析人员之所以没有指出这一点，是因为他们被要求不得对美国政策发表评论。这不难理解，因为决策者不希望别人对其政策指指点点，但当分析人员的工

---

[1] 美国国家安全委员会负责研究这个地区的工作人员加里·西克撰写的《全部坍塌：美国与伊朗的悲惨相遇》（*All Fall Down: America's Tragic Encounter with Iran*）对这一时期做了最好的描述，该书由兰登书屋于 1985 年出版。除了国务卿赛勒斯·万斯和国家安全顾问布热津斯基的回忆录外，还可以参阅罗伯特·休瑟撰写的《出使德黑兰》（*Mission to Tehran*），该书由纽约哈珀与罗出版公司于 1986 年出版。沙利文大使的观点可以参考他的《出使伊朗》（*Mission to Iran*），该书由纽约诺顿出版公司于 1981 年出版。

[2] 英国驻伊朗大使曾经讲述，伊朗国王经常说自己不会动用大规模武力，参考安东尼·帕森斯的《伊朗：骄傲与衰落（1974—1979）》（*The Pride and the Fall: Iran, 1974-1979*），该书由伦敦乔纳森·凯普出版公司于 1984 出版。尽管英国和美国驻伊朗的大使经常一起去见国王，但他们并没有报告过国王的这番言论。关于伊朗国王认为美国对其支持摇摆不定的看法，请参阅穆罕默德·礼萨·巴列维撰写的《历史的见证》（*Witness to History*）第 161—165 页，该书由纽约斯坦因和戴出版公司于 1980 年版。

作受到美国所作所为的强烈影响时，这就可能构成一个重大缺陷。[1] 分析人员接受了自己工作面临的这种局限性，并对美国的伊朗政策保持沉默。事实上，当我跟他们提及这种偏差时，他们很吃惊，甚至说没有注意到这一点。

我在这里只是简单地提一下这个问题。我在第一稿报告中用了好几页阐述这个问题，包括纳入一些完整的文件。但正如我前文指出的那样，我预料到报告会被泄露，并担心这一节内容会格外引人瞩目，被人用于攻击卡特政府，而我自认为不需要对卡特政府进行更多抨击，所以我删除了大部分细节，只留下了基本观点。如果我没有受到限制，就会强调这一点，因为我认为这一点具有普遍意义。具有讽刺意味的是，中情局的人在评论我的报告时，竟然批评报告缺乏对政治背景的关注。

虽然我怀疑美国的政策决定了伊朗国王的行为，但我过去和现在依然对国务院的立场感到困惑。因为鲍威不希望政府的其他成员知道我在做什么，所以我不能和国务院的人交谈，而我后来读到的材料也无法让我清楚地了解国务院这些官员在推动伊朗国王继续实行自由化改革时是怎么想的。如果他们相信伊朗政权足够强大，而且有足够的技巧来执行这一政策，那么他们的这种行为是有道理的。相反，他们似乎认为伊朗政权不仅卑鄙，而且腐败，这意味着他们应该早点敲响警钟（国务院情报研究局确实持悲观态度）。他们不应该急于推动伊朗国王实施可能导致政权垮台的自由化改革。他们之所以一直推动这种改革，或许是因为他们和一些非政府的观察人士对革命拥有同样的预期，即就算伊朗发生革命，对美国而言也不会是灾难性的，霍梅尼是一个温和派人物，不会谋求控制伊朗政府，追求自由的中产阶级改革者将执

---

[1] 关于这一原则的起源和部分操作的讨论，参见斯坦斯菲尔德·特纳撰写的《阅前即焚：总统、中情局局长和秘密情报》（*Burn Before Reading: Presidents, CIA Directors, and Secret Intelligence*）第 43—45 页及第 65 页，该书由纽约亥伯龙公司于 2005 年出版。

掌伊朗政权。[1] 在我纳入研究视野的那个时间段，中情局没有考虑过这个问题，因为中情局觉得伊朗国王的政权没有面临真正的危险。遗憾的是，美国在 1978 年春季和夏季，也就是拥有更多政策选项的时候，没有对伊朗局势进行充分和坦率的讨论。

鉴于最近的争议，我们应该问一下情报工作是否存在高度政治化的问题，也就是说，分析人员是否受到政策制定者的压力，或者更有可能的一种情况是，分析人员由于了解美国对伊朗国王的依赖程度而承受着心理压力，以至于即便知道美国对伊朗的政策不起作用也视若无睹。尽管中情局的一些人对我的事后分析报告持有不同看法，但我坚持认为这两种情况都不是真实的。在 1978 年初秋之前，美国政策制定者们对伊朗局势的关注程度还不足以令其重视相关情报，不会给分析人员施加政治压力。之后，虽然伊朗事态恶化，但美国政府忙于与以色列总理贝京和埃及总统萨达特在戴维营谈判，无暇顾及伊朗。我的访谈没有发现任何迹象表明分析人员为了避免得罪上司或决策者而压制了自己的怀疑，尽管伊拉克案例中讨论的这种偏见可能在当事人不知情的情况下发挥了作用。如果分析人员确实迫于政治压力而调整了分析方向，那么没有感受到这些压力的记者及其他国家的外交官应该能够更快地了解伊朗发生的事。虽然我相信可以找出一些这样的人，但与美国驻德黑兰大使馆发回的电报或中情局情报站发回的情报相比，大多数记者关于一波又一波骚乱的报道并没有给出更加深刻的见解。相似的，那些与伊朗国王关系不那么密切的国家似乎也没有更清楚地看到局势。

---

[1] 国务院的政策似乎受到伊朗事务主管官员亨利·普雷希特（Henry Precht）的强烈影响，他至今仍是一个有争议的人物。关于这一点，可以参考奥菲拉·塞利克塔撰写的《水晶球考验的失败：卡特政府和伊朗极端主义革命》第 84—86 页；詹姆斯·比尔撰写的《鹰与狮：美伊关系的悲剧》第 244—247 页，该书由耶鲁大学出版社于 1988 年出版；加里·西克撰写的《全部坍塌：美国与伊朗的悲惨相遇》第 5—7 章。

## 第二节　事后分析报告的实质内容

　　我希望这份报告能够清楚地说明一切问题，但在强调我的一些主要发现和几个令我感到震惊的方面之前，我想向读者保证，虽然有些内容被我"删除"（稍微文雅一点的说法是"略去"），但整个报告的主旨没有改变。许多分类标记、对其他文件的引用和名称都被删除，其他政府或情报机构提供的一些材料也被删除。在少数情况下，来自敏感线人的信息也被删除。然而，所有重要的信息其实都已解密。我想让报告尽可能完整，所以里面有很多段落引用和总结了来自一线的电报，并详细说明了中情局国家对外评估中心从中采纳的内容。为了便于控制篇幅，我删除了一些材料。这种删减用省略号表示，与用小括号表示的修订区别开来。这份报告还包括一篇15页的摘要（对于一份政府文件而言，这种长度非同寻常），其内容完全是从文本中摘录的，我之所以没有在本书中呈现，是因为我相信本书读者比官员更愿意阅读完整的报告。除了上述改动之外，我的其他改动只是为了纠正印刷错误。[1]

### 中情局令我感到震惊的七个方面

　　第一个令我震惊的方面是，美国为伊朗投入的情报资源非常匮乏。中情局只有两名政治情报分析人员和两名经济情报分析人员，国务院情报研究局以及国防部国防情报局都没有研究伊朗政治的专家，而是仅仅安排了名义上的负责人。中情局驻德黑兰情报站规模不大，提供的政治情报很少。如同许多人不了解政府内部情况一样，我之前也不了解情报机构的情况，原本以为情报机构的触角应该延伸到一个国家的每个角落。事实上，

---

[1]　完整的解密文本可从中情局获取。申请者可要求获取根据12958号行政命令解密的最新完整版本。

这一点遥不可及，现在依旧如此。针对伊朗的研究可能比针对许多国家的研究多一些，因为伊朗方向的首席分析人员喜欢做深入研究。他之所以能够做到这一点，是因为他对伊朗事态发表评论的压力很小。具有讽刺意味的是，1978年夏季，他完成了一篇关于宗教领袖的长篇文章，但如同我看到的其他诸多文章一样，这篇也是侧重描述性内容，而非分析性内容，只堆砌了很多事实，却没有试图加以利用。

第二个令我震惊的方面是，在这场危机之前，有关伊朗的情报很少受到关注。高级官员非常忙，30年前他们需要阅读的材料可能比现在还多，如果阅读完关于一个国家的情报后不需要他们立即做决策，就无法吸引很多人仔细阅读。这不仅削弱了分析人员的士气，还意味着分析人员做出的研判报告不会受到别人的质疑和严格审查；而如果有这些质疑和审查，原本可以促使分析人员在研判过程中提高警惕。（伊拉克案例表明，如果其他人过于关注情报工作，可谓有利有弊，当政策制定者知道自己想要听到什么样的答案而格外关注情报工作时，弊端尤其大。）

第三个令我震惊的方面是，我曾天真地认为，即便政策制定者不仔细阅读长篇大论的情报，情报机构成员也会形成一个相互审查、评论和批评的组织，就像知识分子社群一样。实际情况却不是这样，因为从事伊朗情报工作的人员之间相互接触很少。几年前，一位有魄力的国务院官员每月组织一次分析人员之间的互动会议，但这种互动取决于个人的主动性，所以是断断续续的。另外，中情局与外界处于相对隔离的状态，再加上30年前安全电话还很少见，而且很笨重，从而阻碍了工作人员之间的相互接触。[1] 如果在各个国家工作的情报分析人员组成同行评议小组，相互交流意见，评议彼此的分析结论，那么情报工作状况或许不会如此糟糕。但中情局的汇报方向是纵向的，而非横向的。中情局许多分析人员每隔几年就会从一个国家转向另一个国家，因此，对安全问题的担忧以及非正式的行

---

[1] 缺乏沟通也有助于解释这样一个令人不安的事实：当中情局分析人员说他们预计伊朗国王将采取"果断行动"时，他们的意思是国王将动用武力，而美国政府的其他人在解读、使用这句话时的意思却是国王将继续推动自由化。

为规范都阻碍了这类讨论。

第四个令我震惊的方面是，设在政治事务办公室（也称区域和政治事务办公室）的政治情报分析人员和设在经济事务办公室的经济情报分析人员之间的接触也很少。在我看来，局势动荡的一个明显根源是经济形势不稳。[1] 这显然需要联合开展政治经济分析。但每个部门都只顾埋头研究各自领域，几乎没有注意到经济变化引发的政治后果，也没有注意到伊朗会动用政治手段谋求经济目标。有趣的是，罗纳德·里根当选总统后，威廉·凯西出任中央情报总监（Director of Central Intelligence, DCI），用情报处取代了国家对外评估中心，还将其内部组织模式从职能导向转变为地理导向，从而使政治、经济和军事领域的分析人员有了更密切的联系。[2]

第五个令我震惊的方面是，中情局很少接触学术界及外部专家。当然，越南战争引发了外界对中情局的严重质疑和敌意，许多学者强烈反对美国的政策，或担心与中情局合作会妨碍自己的对外交往。中情局分析人员担心一旦自己同学术界人士接触，恐将在中情局内部受到冷遇，而且他们已经习惯了生活在严格保密的世界里，在没有明确许可的情况下很难与外部人员交谈。此外，尽管中情局曾在这方面做出过一些口头承诺，但整体上并没有加强与外界的联系。值得注意的是，即便中情局同外界有了更多接触，也不太可能让中情局比以前更早地发出预警。因为如同中情局的分析人员一样，外部专家也忽视了伊朗发生的事情，部分原因是他们与

---

[1]　一种观点认为，油价下跌给伊朗带来巨大痛苦，是 1976 年美国和沙特不顾国务卿基辛格的反对而采取政策的产物。关于这种观点，可以参考安德鲁·斯科特·库珀撰写的《多哈摊牌：加剧伊朗国王沉沦的秘密石油交易》（"Showdown at Doha: The Secret Oil Deal That Helped Sink the Shah of Iran"），该文发表于《中东研究期刊》2008 年秋季第 62 卷，第 567—591 页。当然，情报部门没有被要求预测这一政策的后果，但我相信，即便它预测了，也不会引发良好的反应。

[2]　当中情局成立时，情报的组织模式应该采取功能导向还是按地理位置导向的问题就出现了。参考谢尔曼·肯特撰写的《战略情报：为美国世界政策服务》（Strategic Intelligence for American World Policy）第 116—122 页，该书由普林斯顿大学出版社于 1949 年出版（中文版、中文修订版分别由金城出版社于 2012 年 1 月和 2023 年 10 月出版）。

中情局分析人员一样，在伊朗局势问题上持有相同的假设和先入之见。关于这一点，我将在后文详细阐述。中情局确实咨询过某些伊朗问题研究专家，虽然他们具有不同的政治偏好，而且明白反对国王的情绪十分强烈，但与当时占据主流的社会科学理论一致的是，他们也认为反对派代表着自由的、现代化的中产阶级。由此来看，各方人士几乎都不知道伊朗真正发生了什么。

　　第六个令我震惊的方面是，中情局分析人员与学者之间存在一个重要区别。我原以为分析人员的工作方式类似于学者，毕竟这两个群体都试图理解这个世界。然而，在伊朗事件和其他许多涉及国家政治的事件中，中情局分析人员在撰写伊朗问题相关报告时表现得更像记者，而不像学者。也就是说，中情局的分析人员过于依赖线人提供的情报，仅仅试图构建一个连贯的故事。大多数分析人员都不会运用明确的分析方法和分析框架对事实进行归纳总结，并提出替代性假设。这些分析人员会利用各种各样的消息，有时还会注意到事态的发展趋势和变化，但他们会尽可能地同线人的观点保持一致。如果来自一线的电报明确指出了一个结论，分析人员就倾向于接受这个结论，而很少会偏离这个结论，更不用说直接拒绝一线传来的情报了。

　　第七个令我震惊的方面是，行为规范、非正式的组织文化以及激励结构对情报生产过程所产生的重要影响。有人告诉我，中情局一位官员在阅读我的报告时评价道："杰维斯是一个研究误判的专家，所以他能找到这些误判不足为奇。"他的评论有一定道理，恰恰表明人们倾向于只看到自己预期的东西。他知道我研究误判，所以他只看到我在报告中指出了中情局对于伊朗局势的误判，但我真正希望的是这份报告不仅揭示误判等感性问题，还能揭示一个普遍性问题，即中情局整个组织的运作方式无法鼓励分析人员做出深思熟虑的政治分析。苏联固然是中情局最大、最重要的研究对象，但中情局对其他地区的深入研究严重不足，很少尝试着对这些地区正在发生的事情做出解释。他们只想在《国家情报日报》（现在的《高级行政情报简报》）及《总统每日简报》上发表文章，而且后者当时还没有达到小布什总统时期的那种深度和重要性。这些简报就像报纸上的故事，旨在告诉读者刚刚发生了什么，没有事件背景和个人观点，没有分析其他可能的解释，没有证据质量评价，也没有阐述研判结论背后的推理过程。另外一个与这种组织文化相一致的现象是，中情局的报告几乎没有经过同行评议。审查的确是存在的，但这是由中情局不同层级的官僚进行审查，毕竟没有经过几个层级的管理者的监督，任何事物都不可能出得了中情局大门，但这些审查并非试图进行深刻分析和探究。

当然，我针对中情局提出的反对意见在一定程度上基于情报机构类似于大学的隐性假设，但这个假设可能并不愚蠢。尽管大学和学术机构存在一定的缺陷，却在拓展知识方面做得很好，部分原因是存在严格的同行评议机制。这就是为什么我要求中情局允许我在同三位经验丰富的中情局分析人员及三位非中情局人士召开会议时，展示我的报告草案。事实上，1978年，关于伊朗局势的评估报告没有经过任何内部同行评议，几乎所有的事后分析都呼吁加强同行评议。当前，这种局面已经有所改善，重要的评估报告不仅要经过美国国家情报委员会的审查，还要由熟悉相关情况的外部专家进行评议。但这仍然不够，因为这些无法取代中情局内部持续稳定的同行评议。

**中情局的四个重大失误**

我的事后分析报告详细阐明了我在分析过程中发现的所有问题，在这里，我只想指出中情局的四个重大失误。

第一，情报机构固守的一些核心观念是不可靠的。中情局分析人员判断伊朗局势不危险，一个主要原因竟然是伊朗国王没有实施镇压。这种误判可以归咎于分析人员固守的一个核心观念，即如果局势危险，伊朗国王肯定会进行镇压。正是由于伊朗国王没有采取大规模镇压措施，他们才得出结论认为，尽管形势令人不悦，但依然可控。这个推论并不算愚蠢。事实上，一位优秀的社会科学学者也会认为，面对有效运转的安全部队，革命是不可能成功的。正如我在后文讨论的，直到革命几个月后，关键的事实才被曝光，这可能解释了为什么伊朗国王不动武镇压。直到危机变得非常严重时，中情局分析人员才意识到自己长期固守的这个观念是错误的。另外一个重要的观念认为，当时反对派构成过于多元化，最终将陷入内部分裂。等到这种观点被证明错误之际，一切为时已晚。这意味着情报分析人员缺乏早期预警指标，更糟糕的是，他们和政策制定者都没有意识到这一点。

第二，中情局分析人员及其他人普遍相信伊朗国王强大且果断，如果需要采取什么措施，后者肯定不会心慈手软。美国及其他国家的外交官也认为伊朗国王是一个自信甚至傲慢的人，不会踌躇不定。但正如我在后文指出的那样，直到最后，学者们才根据伊朗国王年轻时的经历和1953年政变中的行为描绘出一幅不同的人物画像。如果中情局分析人员回顾这段历史，或者阅读20世纪50—60年代的评估报告，就会看到一个不同的国王。中情局官员在评论我这份事后分析报告时也指出了这一点。

第三，美国政府内外当时竟然无人理解宗教和霍梅尼在这场革命中的角色。中情局那位从事伊朗政治情报分析的资深人士对宗教体制非常感兴趣，并对这一主题进行了详尽的描述性研究，但他没有发现我们现在所谓的伊斯兰教极端主义的起源。如今回头看，很容易发现如果当时伊朗国王镇压了所有形式的反对者，那就意味着宗教领袖可能成为凝聚反政府情绪和活动的焦点，而这位资深分析人员及其他人当时没有意识到这一点。他们的主要难点在于低估了宗教在许多社会中的潜在作用（如果作用尚未显现出来的话）。虽然现代化理论在20世纪70年代晚期遭到了重创，我们依然难以想象宗教出现如此严重的倒退，尤其是倒退回到宗教极端主义，而且竟然在伊朗革命中扮演了至关重要的角色。

第四，中情局分析人员忽视和误解了民族主义及由此衍生出来的"反美主义"在伊朗革命中的作用，因为中情局将这些力量与恐怖主义联系在一起，而恐怖主义是值得关注的首要风险。中情局分析人员知道霍梅尼曾在 1964 年领导过暴力抗议活动，反对伊朗签署旨在管理美国在伊朗小规模军事存在的"驻军地位协议"。（我曾向中情局提出查看这个事件的分析报告，他们告诉我，要从封存文件库里找出这些分析报告，需要几个星期。）让他们感到欣慰的是，这种针对美国的暴力抗议在伊朗这次革命过程中没有重复出现。中情局分析人员和其他大多数人没有注意到这样一个事实：伊朗的民族主义者虽然没有直接反美，但他们将伊朗国王视为美国的傀儡。如果美国驻德黑兰大使馆以及中情局驻德黑兰情报站能够满足分析人员的要求，提供更多关于霍梅尼的演讲磁带，或者能够深入伊朗当地街道、集市和清真寺，同当地人多交谈，那么情报部门或许就能发现伊朗民族主义的真实情况，而不会动辄将其与恐怖主义联系起来。可以说，中情局分析人员之所以迟迟没有理解伊朗的民族主义在这场革命中究竟发挥了什么作用，一个特别重要的原因是，他们都知道伊朗国王绝对不是美国的傀儡。

**中情局未能准确预测革命**

　　前面几点分析表明，在判定伊朗革命浪潮的原因和程度方面，中情局的表现可谓乏善可陈。无论这个方面，还是随后关于美国情报机构应该多了解大众舆论的呼吁（这个呼吁可能也没产生什么实际效果）方面，都不应该令人感到惊讶。首要的一点是，革命非常难以预测。运用社会科学方法也不能很好地理解革命。革命肯定会让许多熟悉情况的观察人士，尤其是那些权威人士感到惊讶。如果后者知道革命即将发生，他们就会逃跑、动武或做出让步。[1] 那些试图发动革命的人必须让自己相信成功是有可能的，而大多数人一定心存疑虑，因为革命不是由欲望和行动简单组合催生

---

[1]　关于一般讨论，可以参考埃里克·加茨克撰写的《战争是错误的术语》（"War Is in the Error Term"），该文发表于《国际组织》1999 年夏季第 53 卷，第 567—587 页。查尔斯·库兹曼所著的《不可思议的伊朗革命》一书中对伊朗局势提出了类似观点。

的，而是形成于大量个人、团体和权力中心之间的复杂互动。时任英国驻伊朗大使安东尼·帕森斯（Anthony Parsons）对此有一定的理解，他曾就伊朗这场革命发表过评论："我们对这个政权的受欢迎程度不抱幻想……我们的错误之处在于没有预料到反对派的每一个派系都有不同的理由憎恨国王统治，以至于众多反对派的涓涓细流最终汇聚成一股强大的抗议洪流。"[1]但这些革命组织并不是独立行动的，因为每个人的行为在一定程度上取决于他认为别人会怎么做：对于革命能否成功，信念具有核心意义，但这种信念反复无常，并受到自我实现效应的影响。[2]

情报机构不愿意承认这一点，但他们在理解革命和总体政治态势方面确实很少有特殊优势。中情局及其同行热衷于窃取秘密信息，而这种信息很少在革命过程中发挥核心作用。[3]这并不是说秘密信息完全无关紧要，我在后文将提到，如果提前掌握某个秘密，就会有助于解释伊朗国王的行为；如果能更好地了解伊朗政府内部运作方式的秘密，就会知道伊朗国王全面镇压革命是不大可能的；如果中情局在霍梅尼身边安插了特工或安装了监听器，后者就会向中情局透露许多有关革命者想法和意图的信息。然而，即便掌握这些秘密信息，也无法预测大众的反应。

---

[1] 参考安东尼·帕森斯撰写的《伊朗：骄傲与衰落（1974—1979）》一书第134页。该观点深思熟虑，见解深刻。同样有价值的是，美国驻伊朗大使馆主要政务官员（也是我的研究生院同学）约翰·斯坦佩尔的报告《伊朗革命内幕》（Inside the Iranian Revolution），该报告由印第安纳大学出版社于1981年出版。

[2] 参考罗伯特·杰维斯撰写的《系统效应：社会和政治生活的复杂性》（System Effects: Complexity in Social and Political Life）第150—155页及第163页，该书由普林斯顿大学出版社于1997年出版。另外可以参考查尔斯·库兹曼所著的《不可思议的伊朗革命》一书第7章。

[3] 研究情报的人常常能区分出哪些秘密是写在某个地方并可被窃取的，以及哪些秘密如果猜不出来，就只能坐等结果自己出现。革命属于后一类。参见格雷戈里·特雷弗顿撰写的《冷战后的评估》（"Estimating Beyond the Cold War"），该文发表于《国防情报杂志》1994年秋季第3卷，第5—20页；约瑟夫·奈撰写的《展望未来》（"Peering into the Future"），该文发表于《外交事务》1994年7/8月第74卷，第82—93页。

大众的反应才是决定革命成败的关键因素。事实上，就连霍梅尼自己的一些评估也是错误的。[1] 监视世俗反对派并非不可能，但由此获取的任何秘密都可能具有误导性，因为这些反对派自身也像美国情报机构一样陷入了误区。

质量较高的非涉密信息反而更有助于分析伊朗这场革命。与示威者混在一起，与反对派的普通民众交谈，有助于了解伊朗民众对国王仇恨的广度和深度，并有助于了解民族主义以及宗教领袖的角色。在德黑兰以外领事馆工作的美国外交人员与不同社会阶层的人混在一起，确实提供了较好的信息。然而，即使具备了相关的语言和人际交往技能，也不清楚长着一副外国面孔的人究竟能打听到多少消息。

显然，我们不禁想问，自20世纪70年代末以来，中情局的变化有多大？我无法给出一个完整的答案，因为我后来只详细研究过中情局的一个案例，即它关于伊拉克大规模杀伤性武器的情报失误（详见第3章），这个案例堪称一个迥然不同的类型。然而，无论如何，我的印象是中情局已经有了显著改善。尽管我在第3章讨论了中情局在伊拉克案例中的所有失误，但其能力和专业水平似乎比1978年有所改善。当然，2002—2003年的伊拉克大规模杀伤性武器问题比1978年的伊朗政治重要得多，因此得到了更多的资源、更深入的研究和更激烈的辩论。如果我们今天去看一个与伊朗在1978年享有同等优先级的国家的情报，情况可能会差不多。然而，我的感觉是，总体的培训水平、分析能力和对外界观点的接纳程度都有所改善，这在一定程度上是对伊拉克战争失败做出的反应。然而，中情局在组织文化方面的基本缺陷依旧存在，第4章将对此进行探讨。

---

[1] 参考查尔斯·库兹曼所著的《不可思议的伊朗革命》。

## 第三节 分析报告获得的反馈

这一小节的篇幅可以很短，因为据我了解，没有人对我的报告做出实质性的反应。我什么反馈都没有听到，真的什么都没有，甚至连一句形式上的谢谢都没有，更不用说邀请我去讨论这份报告了。尽管我已经习惯了中情局的一些奇怪习惯，但这种反应似乎太奇怪了。大约6个月后，我去中情局总部处理其他事情期间，提出见一见政治事务办公室的负责人海伦·波特娜（Helene Boatner）。我们聊得很愉快，她对我讲："我知道，我们没有给你反馈，你肯定对我们是否真正渴求变革产生严重质疑，但我向你保证，我们非常认真地对待你的报告，不久将与高层管理者举行一次研讨会，并邀请你加入我们，讨论一下我们应该做什么。"那是我最后一次听到的消息。

前文提到，我认为如果报告被泄露，会被用作攻击中情局过于软弱的把柄。因此，我很惊讶地听到谣言说，中央情报总监特尼特及其副手认为这种指控是极其严厉的。事实上，他们从一开始就拒绝让高级官员以外的任何人看到这份报告。我写这份报告的初衷是让它对中层管理人员和工作层级的分析人员发挥参考价值，所以我认为只让高层阅读，其实是一种浪费。过了一段时间之后，这份报告被公布出来，用在新设立的培训课程之中。有朋友说，通过这个渠道，报告最终得到了广泛阅读，产生了显著影响。

现在，我对这份事后分析报告的受欢迎程度有了更多了解，因为我读到中情局官员关于这份报告的备忘录，我在做出一些修订和删掉一些摘要的前提下将这些备忘录收入本书。只要读一读这些备忘录，一切都不言自明。我在这里只想补充几句。对于我这份报告，鲍威好像只征求了四个人的看法，一位是负责伊朗事务的前国家情报官大卫·布里（David Blee），另外三位是高级审查小组（Senior Review Panel，SRP）的成员。针对我在报告中说"国家情报评估结果是预先设定好的",布里在备忘录中指出我这个说法是错误的。我承认布里的评论具有一定的正确性,但我依然坚持这样一个主要观点,即针对伊朗局势的评估结果并非基于对局势动荡的严重担忧或深刻理解。高级审查小组的成员们则对我的报告发表了很多评论。这并不奇怪,因为他们经验丰富,虽然熟悉中情局,却是中情局的局外人。

克劳斯·克诺尔(Klaus Knorr)是普林斯顿大学的政治学教授,曾围绕古巴导弹危机写过一篇出色的事后分析报告,我肯定这是基于他协助中情局所做的工作。[1] 他对我这份报告表达了一些赞许,或许受此影响,我觉得他给出的评论非常符合我的心意。布鲁斯·帕尔默(Bruce Palmer)退役之前是美国陆军的一位将军,曾担任过许多高级职务,包括1965年在多米尼加共和国领导美国军队。他对我这份报告发表的评论不多。前大使威廉·莱昂哈特(William Leonhart)评论我这份报告的语气令我烦恼,但他还是表达了一些较好的观点。

他们都认为美国政府的政策对情报评估过程的影响大于我所说的。或许他们是正确的,但正如前文所说,我认为深入讨论美国政策对错并不合适。更重要的是,我没有看到任何能够证实这种影响的证据,我认为这种影响可能很难察觉。他们普遍觉得,美国政府对伊朗的政策缺乏一个替代性的方案,对局势严重性的认知被耽搁了,但我仍然觉得这不是情报失误问题的主要诱因。

鲍威和莱昂哈特询问革命是否必然发生。这是一个有趣而重要的问题,仍然有待讨论,但这并非我这份报告的核心。这份报告是1978年11月委托给我的,当时伊朗革命局势还不明朗,任务是探究为什么中情局国家对外评估中心迟迟没有意识到伊朗局势危若累卵。无论伊朗局势是否以革命告终,当时的确已经相当危险了。无论如何,我都认为革命在11月

---

[1] 参考克劳斯·克诺尔撰写的《国家情报评估的失败:古巴导弹事件》("Failures in National Intelligence Estimates: The Case of the Cuban Missiles")一文,载于《世界政治》1964年4月第16卷,第455—467页。

中旬或年底不可避免，尤其是在伊朗国王决定不动用大规模武力之后。

所有评论者都注意到我这份事后分析报告的局限性，而这些局限性的根源在于我不想越界评论其他情报机构及政府政策，毕竟我对中情局尚不熟悉，更别说情报界的其他机构了，而且我也不是全职为中情局做事后分析项目。莱昂哈特着重提出了一些重要问题，并说我批评中情局管理者发挥作用时，没有详细记录他们做了什么或没有做什么。他这个说法是正确的。这里涉及一个问题，即我主要根据书面记录开展分析工作，其中几乎没有中情局管理者的评论。国家情报官员和分析人员都没有说过中情局管理者促进了分析水平的提升或提出了深刻问题，我认为这一现象很能说明问题，但莱昂哈特说得没错，这些管理者并不具有决定性的作用。但我依然认为这些管理者起到了重要作用（第4章将讨论这一点），因此多了解一下他们在伊朗案例及其他案例中所做的工作是有价值的。

我感到不安的是，只有克劳斯·克诺尔提出了"如何补救缺陷"这个突出问题，但他没有提出建议。我写这份报告的最终目的是帮助中情局实现自我改善，而他们竟然没有要求我提建议。事实上，我能提的建议非常有限，而且我对中情局实现自我变革的可能性感到非常沮丧。如今，我对中情局的了解多了一些，也变得稍微乐观了一点，第4章将讨论这个问题。

一份备忘录显示鲍威曾与特纳讨论过我这份报告，但他们说了什么则没有记录。克劳斯·克诺尔和海伦·波特娜（在本书没有收录的一份备忘录中）都认为这份报告的分发范围应该更加广泛，但中情局国家对外评估中心主任鲍威的继任者小布鲁斯·克拉克（Bruce C. Clarke, Jr.）决定只把它分发给政治事务办公室的一些部门主管，不在中情局国家对外评估中心之外分发。我很想知道那些部门主管如何看待我这份事后分析报告。波特娜的备忘录以及她与我的谈话表明，波特娜可能希望在中情局内部对我这份报告开展更多讨论，并欢迎我的参与。无疑，这种讨论很有趣，而且我相信这将对政府有所帮助。但据我所知，一些富有成效的讨论却未留下书面记录，我认为中情局就这样错失了一个求变的好机会。

## 第四节　伊朗革命回顾

在我撰写这份报告之际，伊朗革命正在酝酿，分析其原因既为时过早，也偏题太远。与我相关的唯一任务是，弄明白究竟什么样的推理过程导致中情局得出了革命不太可能爆发的结论。即便现在，全面分析这场革命也属于偏题，超出了我的专业范围。[1] 但我有几点要说，尤其是关于一个当时不为人知的关键因素。

学者对研究革命的兴趣时高时低，往往与这类动荡在当前国际政治中的突出程度相一致。由于近年来革命并不突出（除非我们把苏联解体视为革命），因此革命沦为一个不怎么受欢迎的研究主题便不足为奇了。我们仍然缺乏一个关于革命的一般性理论，但正如前文所述，错综复杂的革命性质会导致这种理论面临很多难题，因为在专制政权中，难免存在不满情绪，这种情绪的广度和强度难以研判。

伊朗国王除了压制人民以外，还通过他所谓的"白色革命"寻求重大

---

[1] 一些比较好的论述，除了参考库兹曼的《不可思议的伊朗革命》之外，还可以参考以下书目：埃尔万·亚伯拉罕米安的《霍梅尼主义：伊斯兰共和国论文集》（*Khomeinism: Essays on the Islamic Republic*），该书由伯克利加州大学出版社于1993年出版；谢丽尔·贝纳德和扎勒梅·哈利勒扎德的《上帝的政府：伊朗伊斯兰共和国》（*"The Government of God": Iran's Islamic Republic*）第3章，该书由纽约哥伦比亚大学出版社于1984年出版；迈克尔·费舍尔的《伊朗：从宗教争端到革命》（*Iran: From Religious Dispute to Revolution*），该书由坎布里奇哈佛大学出版社于1980年出版；曼苏尔·莫德尔的《伊朗革命中的阶级、政治和革命》（*Class, Politics, and Revolution in the Iranian Revolution*），该书由纽约哥伦比亚大学出版社于1993年出版。

经济和社会变革。诱发革命的一个根本原因，也是当时情报人员和其他观察人士应该理解的一个原因，就是伊朗国王的改革计划本身就蕴含着高风险。因为经济变革必然既有赢家，也有输家，甚至一些个体和团体把自己的不幸遭遇统统归咎于国王，并迅速开始指责国王（在一些秉持客观立场的观察人士看来，这些不幸遭遇另有原因，而不能归咎于国王）。尽管在现代化理论蓬勃发展的时期，社会科学家简化和夸大了"期望上升诱发革命"这种说法的影响，但它仍然具有一定的有效性，而且伊朗国王诱导国民形成了难以满足的期望。因此，如果许多观察人士（包括创造"稳定之岛"这个词的卡特总统）认为伊朗是一个"稳定之岛"，或许就是愚蠢的念头。

20世纪70年代末期，伊朗国王启动政治改革，作为对经济改革的补充，结果为反对派逐渐浮现出来创造了契机。美国的确给伊朗国王施加了推动自由化改革的压力，而且伊朗人对卡特政府对伊政策的认知和预期，鼓励了伊朗世俗派的改革者。[1] 但比美国施压更重要的是，伊朗国王自己固有的一个信念，即他认为即便不搞西方式民主，更广泛的民众参与依然是发展的核心部分，能为他和他的政策赢得更多支持，毕竟这些政策是为了国家利益，将得到广泛赞同。然而，自上而下的改革一旦实施起来就难以管控，伊朗国王和外国观察人士都未充分考虑这一点。

伊朗国王还面临另一个障碍的困扰，如今回头看，这个障碍就显得比较明朗了，这就是他与美国的联系。在美国官员看来，伊朗国王是一个值得全力支持的重要盟友，但绝非美国傀儡。虽然美国、英国以及伊朗的一些中坚力量在1953年保住了国王的王位，但经过一代人的更迭之后，他在很大程度上是独立自主的，并非美国傀儡，至少美国人是这么认为的。但许多伊朗人顽固地认为他是美国的工具，这意味着民族主义可以被纳入革命事业。美国人持有不同于伊朗人的视角，所以中情局分析人员没有注意到伊朗民族主义因素的影响及其对伊朗政权构成的危害。

---

[1] 参考尼基·凯蒂的《现代伊朗》第216—217页。

当反对派逐渐壮大时，伊朗国王有节制地动用了武力，但从未实施全面镇压。这该如何解释呢？我在报告中承认自己也陷入了困惑。在伊朗国王倒台之前的最后数月，军队已然愿意执行国王的命令，而国王为什么不竭力拯救自己呢？对此，一些批评者指责卡特政府持续敦促伊朗搞自由化改革，导致伊朗国王不敢大规模动武。前文提到，美国一方面预计伊朗国王将在必要时动武，另一方面又敦促他继续推动政治自由化改革，这两个方面显然存在矛盾，伊朗国王对这种矛盾的认知比美国人更清楚。但如果简单地将伊朗国王没有动武自救的行为归咎于美国传递的混乱信息，则是错误的，这种错误类似于伊朗民族主义者将国王定性为美国傀儡时所犯的错误。伊朗国王有可能像外国情报机构一样，也误判了形势，等到想采取补救措施之际，为时已晚。外国情报机构普遍持有一个错误假设：假如伊朗局势不稳，国王就会动武镇压；反之，如果没有镇压，那就说明伊朗局势是稳定的。与外国情报机构不同的是，伊朗国王肯定不会依赖这个错误假设。事后，伊朗国王说："国王不能通过让国民流血去拯救自己的王位。"他说自己曾在1978年秋季和冬季向英、美两国驻伊朗大使表达了这一观点。[1] 但真实情况远非局限于此。

我怀疑，伊朗国王之所以没有全面实施武力镇压，主要有三个相关因素。第一个因素是他的性格。尽管当时大多数观察人士都认为国王性格坚强果断，但这是误判。正如马文·佐尼斯（Marvin Zonis）所述，纵观伊朗国王的整个职业生涯，他大部分时间其实是一个优柔寡断、犹豫不决的人。[2] 1953年政变后的10年间，情报机构对他性格的描述是正确的，但

---

[1] 参考巴列维撰写的《历史的见证》第167页，沙利文的《出使伊朗》，以及安东尼·帕森斯的《伊朗：骄傲与衰落（1974—1979）》。当然，国王确实动用了强大的武力，而全面攻击的后果是不确定的。

[2] 参考马文·佐尼斯撰写的《伟大的失败：国王的垮台》（*Majestic Failure: The Fall of the Shah*），该书由芝加哥大学出版社于1991年出版。特纳在《阅前即焚》第181页中遗憾地表示，中情局当时没有对国王进行心理剖析。沙利文大使报告说，伊朗国王并不像外界所预期的那样傲慢，但他似乎没有完全意识到自己的弱点。参考沙利文所著的《出使伊朗》第54—57页。

在之后的那些岁月里,他努力表现出对自己和国家的独立掌控能力,这在一定程度上是因为他不愿容忍任何反对意见。如果中情局和其他观察人士当初正确理解了伊朗国王的性格,就不会盲目相信他会大胆地采取行动去挽救政权。美国本可以更谨慎地发出一种声音,尽管这是否有可能或是否会产生影响还远不清楚。

第二个因素加重了第一个因素的影响:伊朗国王患有严重疾病。多年来,他一直在接受一种癌症的治疗,革命发生不久后他就去世了。有可能是疾病和药物影响了他的意志、精力和判断力。即使到不了这个地步,疾病也影响了他的考量。他不仅要把王位传给儿子,还要确保儿子继位后能牢牢掌握统治权。但他意识到儿子不如他那样经验丰富和手段老练,而且军队可能不会坚定不移地效忠他的儿子。他知道如果自己动用大规模武力,那么军队势力难免会借机壮大,在不久的未来,他儿子继承权力时,沦为军队傀儡而非成为军队主宰者的可能性也将随之加大。退一步讲,即使军队一直愿意屈居幕后,他儿子也无法在大规模镇压后的几年里维持必要的高压统治。武力可以拯救国王自己,但这不是他最关心的事。因此,他便押注于适度武力和持续自由化改革,希望借此平息反对派的不满,并创造合适条件使他的儿子能够在继位后发挥核心作用,这才是国王认为有意义的选项。

然而,中情局对伊朗国王的病情一无所知。事实上,据我所知,伊朗国王的法国医生甚至没有将这个消息透露给法国政府。[1] 如今回头看,伊朗国王当时已经表现出生病的迹象,现场报道中也有关于他身体不适的零星评论,但这主要是在他情绪大幅波动的情况下。当时,没有外交官或情报机构想到伊朗国王的行为是由疾病诱发的。他如果身体健康,或许会采取果断行动阻止革命,或者至少能够推迟革命发生的时间。无论在这个事件中,还是在其他事件中,社会科学领域的专家往往会低估疾病的影

---

[1] 有传言说国王的医生确实将其病情告诉了法国政府,约翰·斯坦佩尔在《伊朗革命内幕》第 104 页和第 289 页说,美国政府的某个人在 1978 年 10 月就被告知了这个消息。如果这个说法正确,那就说明这个信息没有传达给中情局或国家安全委员会。

响。[1]我们在探讨战争、革命等现象的"根本原因"时，经常忽视人类能力的局限和身体疾病的影响。

第三个因素就是伊朗国王笃信阴谋论。观察人士确实知道这一点，但可能低估了它的影响。我必须指出，在这一点上，国王跟他的伊朗同胞如出一辙，这可能会使我陷入对这个民族的刻板印象之中。革命后的几年内，我们许多人都遇到过受过良好教育的伊朗移民，他们满怀真诚地发问：美国为什么扶植霍梅尼上台？美国人总是对这种提问表示抗议，回答说，虽然美国对伊朗的政策可能存在严重失误，没能阻止霍梅尼夺取权力，但美国并没有寻求让霍梅尼赢得胜利。对于美国人的这种答复，伊朗人的反应总是说，伊朗发生的事情都没有违背美国的意愿，所以这一切肯定是美国希望看到的，只是原因尚不明朗。也许是因为在20世纪的大部分时间里，伊朗受到英国、美国的强烈影响甚至控制，因此伊朗人高估了这些国家的能力和狡诈。沙利文和帕森斯在回忆录中透露，他们无法说服伊朗国王摒弃一个执念，即国王相信，动乱日益加剧，必须由美国和英国情报机构的阴谋来解释，而伊朗国王在回忆录中也重申了这一观点。英国和美国对伊朗的支持本来是为了让伊朗国王强硬起来，但可能产生相反的效果，让他更加确信自己是英美阴谋的受害者。美国一方面敦促国王继续实施自由化改革，同时又希望他在必要时动武镇压反对派，国王肯定对美国这种自相矛盾的做派感到非常困惑，再加上他可能受到疾病和药物的影响，由此造成的一个结果就是，他的精神世界带来的威胁超过了他面临的现实世界带来的威胁。对于观察人士而言，国王的精神世界是难以参透的，尤其是当他们误以为自己了解伊朗正在发生的事情时。

---

[1] 罗斯·麦克德莫特的重要研究成果《总统领导、疾病和决策》（*Presidential Leadership, Illness, and Decision Making*）论述了这一点，该书由剑桥大学出版社纽约分社于2007年出版。

## 事后分析报告涉及的术语

备注：下文这篇事后分析报告的部分内容仍未解密，许多内部资料在报告发布之前被删了。一些背景材料和摘要也被略去了。报告涉及如下术语：

DIA (Defense Intelligence Agency) 国防情报局
D/NFAC (Director of the National Foreign Assessment Center) 国家对外评估中心主任
EIWR (Economic Intelligence Weekly Report)《经济情报周报》
GOI (Government of Iran) 伊朗政府
IIM (Interagency Intelligence Memorandum)《跨部门情报备忘录》
INR (Bureau of Intelligence and Research at the State Department) 国务院情报研究局
NESA (Near East South Asia) 近东和南亚
NFAC (National Foreign Assessment Center) 国家对外评估中心
NID (National Intelligence Daily)《国家情报日报》
NIE (National Intelligence Estimate)《国家情报评估》
NIO (National Intelligence Officer) 国家情报官
NSC (National Security Council) 国家安全委员会
OER (Office of Economic Research) 经济研究办公室
OPA (Office of Political Affairs) 政治事务办公室
ORPA (Office of Regional and Political Analysis) 区域和政治分析办公室
SAVAK (The Shah's internal security service) 萨瓦克（伊朗巴列维国王的国内安全组织）
SNIE (Special National Intelligence Estimate)《特别国家情报评估》
USG (US Government) 美国政府

## 第五节 关于中情局对伊朗情报失误的分析报告

（评估期限：1977年中期至1978年11月7日）

有人对我解释说，在抗议运动爆发之前，波斯各地就普遍弥漫着不满情绪，人们饱受苦难，导致民众转而对毛拉满怀希望，认为如果遵从毛拉的建议，那就可能找到一些补救措施。若非这种普遍不满，毛拉们断然无力成功地领导一场如此庞大的抗议运动。

——英国驻伊朗大使（1892 年）

要么我们做错了什么，要么（抗议者）都疯了，但这种人太多，难道这么多人都是疯子吗？

——伊朗国王（1978 年 5 月 8 日，摘自 Tehran 4355 号电报）

**备注**：这份报告旨在评价中情局国家对外评估中心在 1977 年夏季至 1978 年 11 月期间研判伊朗局势的表现。当时，伊朗国王政权显然可能无法维系下去。因此，我们只检视了当时中情局国家对外评估中心获取的信息，并讨论了已经或可能从中得出的推论。（我们没有分析这些信息的质量，也没有讨论如何改进它。）

## 一、前言

1. 中情局国家对外评估中心未能准确预判 1977 年年底至 1978 年年底的伊朗局势走向。这并非个例。这与它的主要信息源——美国驻德黑兰大使馆——几乎别无二致。其实，几乎没有观察人士预料到这场抗议运动竟能推翻国王。虽然有些学者和记者认为伊朗国王软弱，但我们没有看到任何公开发表的文章表明他们预测到伊朗国王会在 1979 年年初倒台。[1] 到 1978 年 8 月底，一些国家变得比中情局国家对外评估中心更悲观，但差异主要是悲观程度。美国国务院，尤其是负责伊朗事务的主管，持有的观点比中情局国家对外评估中心更准确，但他的观点很少被传达给中情局。（关于这一点的进一步讨论，见本书第 145—146 页及 192—196 页。）

---

[1] 此处将情报人员同记者和学者进行对比并无不妥，因为伊朗案例同其他案例的区别在于，伊朗案例涉及的重要信息很少是保密的，并非只有美国政府的分析人员才能获取。

2. 存在第二种意义上的情报失误，即当时有证据指出伊朗国王的弱点，却没有引起重视。如今回头看，大部分证据都非常引人注目，后文的报告将探讨这一点。由于这些信息比较零散和模糊，而且有很好的理由支撑国王可能幸存下来的预期（这些将在后文讨论），因此很难说是否存在第三种意义上的情报失误，即考虑到当时的信息，中情局国家对外评估中心的研判是否不合理？该中心忽视或误解了伊朗发生的事件，情报用户是否可以合理地预期这种忽视、误解的方式及程度本就不应、不会发生？虽然我们无法对这个问题给出一个简短、精确的答案，但后文的大部分讨论都围绕这一点展开。此外，我们试图解释情报分析人员出错的原因，注意到情报生产流程对良好分析的抑制作用，并讨论国家对外评估中心未来怎么才能做得更好。

3. 如果只看一个案例，许多问题是无法回答的，因为要弄明白我们发现的某些问题究竟有多普遍，以及某些因素究竟有多重要，只能通过不同案例的对比才能进行分析。比如，若要仔细探究（由于情报机构在伊朗反对派中缺少线人所导致的）情报不足对分析环节的妨碍程度，那就必须将伊朗案例（及其他情报搜集受到类似限制的案例）与那些情报机构在反对派中拥有大量线人的、大致类似于伊朗的国家进行比较。同样，若要探究情报是否受到政策的微妙影响，那就必须对比一下具有不同政策倾向的人员或政府所做的分析，或者对比一下国家对外评估中心对伊朗的分析及其对没有得到美国支持的国家的动乱所做的分析。同样，美国在伊朗问题上出现情报失误的一个原因可能是，国家对外评估中心倾向于高估右翼政权的持久性，但若要探究这个问题，只能对比一下它对这些右翼政权的分析及其对激进政权的分析。对于本报告正文涉及的一个问题，即若要探究情报分析人员在伊朗问题上缺乏分歧所引发的问题，那么可以将伊朗案例与情报界内部存在重大分歧的案例加以对比。

4. 如果我们对成功案例进行事后分析，并对虚假警报案例进行检视，然后加以对比，也可以揭示情报工作存在的缺陷。事实上，本就为数不多的事后分析主要关注有关人员为何无法预测不幸事件。尽管这很有用，但给出的结论可能有失偏颇。的确，人们通过关注情报部门未能及时发现潜在危险因素的案例，暗示这是最常见、最重要的问题，但也存在很多相反类型的情报失误，即高估危险因素。比如，中情局国家对外评估中心本来预判某国政府将要倒台，而它最终却幸存了下来，或者预判某国要采取敌对行动，而该国却保持了克制。情报机构不会系统性地自满自足，裹足不前，了解这类案例是否属实，以及究竟什么因素导致了虚假警报，都是很有用的。比如，情报机构是否系统性地低估了某些政权的持久性？我们在分析伊朗案例时发现的问题，是否存在于其他虚假警报案例之中？分析人员在伊朗案例中面临的困难，是否迥然有别于其他案例中存在的困难？

5. 查看中情局做出正确研判的一些案例也是有价值的，这个做法的一个明显意义就在于，了解分析人员在这些成功案例中的可用信息或分析过程，跟研判失误案例中的可用信息或分析过程存在什么差异。最有用的发现是，更好的情报与处理证据的特定程序和方法有关，这些程序和方法可以应用于广泛的案件。但几乎所有能够将中情局表现好的案例和表现差的案例区分开来的方法，都是有用的，即便它只是提醒我们运气、技巧和个别案例的特殊性发挥了重要作用。

6. 在事后分析中，检视者显然会关注究竟哪里出了差错。即便检视者努力区分那些只有凭借后见之明才能看得清楚的事情，以及那些根据当时可用信息可能进行合理预计的事情，这种事后分析依然很可能催生一种有失偏颇的描述。我们希望至少在一定程度上纠正这种局面，指出分析人员当初正确地降低了几个潜在问题的重要性。比如，分析人员几乎没有在图德党所起的作用上耗费多少精力，这是正确的，因为图德党在伊朗革命期间发挥的影响力的确比较小。此外，虽然分析人员一直跟踪恐怖主义活动，但并没有因此而忽略大范围政治动荡发挥的更大作用。分析人员很容易被这些主题分散注意力，但实际上并没有。此外，分析人员对军队团结和士气这一特别重要因素的研判，也被证明是基本正确的。伊朗的武装部队一直忠于国王，并愿意执行他为了维护国内安全而下达的命令，到1978年年底还是如此；只是当国王表现出下台迹象时，武装部队的某些成员才开始动摇并叛逃。

7. 回顾性检视究竟在多大程度上扭曲了当时的形势，是难以界定的。当时的工作环境会在亲历者的脑海中逐渐淡化，变得模糊，检视者永远不可能切身体会到当时的环境。检视者知道事态发展的最终结果是什么，不可能不受这一结果的影响。此外，检视者为了确定之前究竟发生了什么，当时的分析人员究竟了解什么，以及分析人员写了什么，不得不阅读大量资料。这些信息涌入检视者大脑，迥然有别于当初碎片化信息涌入分析人员大脑。检视者有机会以连贯的顺序通读材料。对于事件发生之际的分析人员来说，材料或信息必须花很多精力去慢慢理解，因为它们有时是碎片化的，而且往往无法及时获取。为了赶在截稿时间之前发布评估报告，情报分析人员可能被迫在远远未能获取最佳信息量的情况下完成评估，事实上，这种情况频繁发生。

8. 在这份报告的很多地方，我注意到有些分析人员的研判准确度高于其他人。我在这里应该强调一下，那些在伊朗案例中准确度较高的分析人员不一定比那些相信伊朗国王政权会幸存下来的分析人员更优秀，因为一个人有可能基于错误理由得出正确结论，也可能仔细检视所有相关证据之后得出错误结论。随着事态发展，政府内外的分析人员里，有人认为伊朗国王陷入了严重麻烦，有人则认为伊朗国王将幸存下来，这两类人对伊朗的普遍看法之间的区别，在最近的抗议活动爆发之前就已存在。一般而言，那些认为伊朗国王软弱、不是好统治者的人非常严肃地对待这场动乱，认为国王将要倒台，而那些认为国王很强大，为伊朗做了很多好事的人则认为他会安然度过动乱。前者的预测这一次终于正确了，但我怀疑如果看看他们之前的预测，会发现他们在许多情况下都错误地预期国王会倒台，或至少权力会遭受严重削弱。可以说，虽然这些人在"倒台时机"这一重要问题上多次出现失误，但他们至少比其他人对潜在形势有了更好的理解。但这样讲也不对，因为潜在形势可能已经发生变化，尤其是石油繁荣的终结，导致最近才出现了悲观论调的有效依据。

9. 如果说"乐观者"和"悲观者"的分歧归因于他们长期以来对伊朗

政权的看法，那么讨论这些分歧会有所裨益吗？也许吧，但政府中的主要"悲观者"是国务院的伊朗事务主管，不过他不是情报部门成员。其他的悲观主义者则在政府部门之外。即使进行了这样的讨论，也很难确定参与者能否从中汲取很多教训。从政府以外的不同意见来看，似乎对某个政权的信念与一个人是自由派还是保守派有关（并非完全由此倾向决定）。如果两类人的分歧根深蒂固，那么讨论这种分歧往往也不会对我们的事后分析产生什么启发。

10. 如同大多数情报失误案例一样，伊朗案例中的情报失误虽然可以归因于针对具体信息片段存在误读，但在更大程度上可以归因于对危机爆发之前总体局势的误判，这种早已存在的先入之见强烈影响了分析人员对危机期间诸般事件的看法。几乎政府的所有人都高估了伊朗政权的稳定性和国王的力量，并低估了反对派团体和个体的数量及情绪强度。1977年11月18日的《每周摘要》(Weekly Summary) 说："……伊朗国内无严重威胁，也无反对国王统治的政治力量，58岁的他身体健康，受到安全机构的精心保护，其统治极有希望延续至下一个10年。"1977年11月14日的《国家情报日报》及1977年10月12日一份名为《伊朗政治局势》("The Political Situation in Iran") 的备忘录做出了类似研判。美国驻德黑兰大使馆也做出了类似研判，还列举了"几个事实"，其中一个事实是"即便在许多反对者看来，伊朗国王依然被广泛视为当今伊朗唯一切实可行的管理者"，另一个事实是"他牢牢地控制着局势"。（参考美国国家档案和记录管理局编号为 Tehran 11408 的中央外交政策档案，档案日期为1977年12月27日。）正如《国家情报评估》草案所述："由于伊朗国王仍然权柄在握，伊朗的大多数行为、感想、反应和动向都是伊朗国王想要的。"

11. 从根本上说，大多数观察人士，无论是官方的，还是非官方的，都很难想象伊朗国王会倒台。尽管他们的观念背后有很多具体因素（后文会就此进行分析），我们很难摆脱这样一种感觉，即就算这些因素没有影响人们对伊朗政权的观念，还会有其他因素支持他们得出同样的结论。毕竟世界上最强大的国王之一会被一群手无寸铁的宗教狂热分子颠覆，这种想法简直令人难以置信。此外，就算观察人士意识到伊朗民众对国王的不满情绪何其深重，这种想法可能依然让人难以置信。

12. 其他普遍存在的观念，无论含蓄持有的，还是明确持有的，也可能一直在发挥作用。比如，一种观念认为美国支持的政权面临的严重威胁往往来自左翼，宗教并非一个重要的驱动因素。在论述伊朗事件的章节中，我们将讨论一些更为具体的偏见或倾向，以及他们是如何被感知的。[1]

（此处略去两个描述性段落）

## 二、内在问题

1. 关于情报失误的一些常见解释并不适用于伊朗案例，因为在这个案例中，其实存在许多有利于美国情报机构理解伊朗局势的独特因素。

2. 第一，情报部门面对的是一个同美国长期保持密切接触的国家。伴随石油价格高涨，伊朗对美国的重要性不断增强，但美国对伊朗的关注可以追溯到二战时期。（此处略去两行）许多伊朗官员在美国旅行，为进一步了解伊朗局势提供了机会。美国在伊朗商务领域拥有广泛人脉。

3. 第二，中情局国家对外评估中心的大多数分析人员都做了好几年的伊朗研究工作，资深政治分析人员（此处略去姓名）非常了解伊朗的语言和文化。（此处略去四行）

4. 第三，与第二项存在一定的联系，虽然种族中心主义往往是一个危险因素，但分析人员根据自己的历史经验，削弱了这个因素的重要性。首

---

[1] 在一些观察人士看来，中情局国家对外评估中心在伊朗革命中的注意力分布有些奇怪。这或许可以用另一种当时普遍存在的观念来解释，即大多数人认为伊朗国王面临的主要问题可能会在20世纪80年代中期浮现出来。因为到那个时候石油产量开始下降，工业化造成的各种困难逐渐累积，社会分化加剧，国王开始为他的儿子实施转型。国家对外评估中心还曾就此发表过几篇长文，为分析伊朗政权在这一时期面临的考验奠定了基础。

席政治分析家虽然不至于痴迷到被伊朗文化"折服"的程度,却一直潜心钻研伊朗文化,对这个国家形成了良好的总体感知,人们期待的感知水平也莫过于此。

5. 第四,在1978年夏末之前,关于伊朗的动态情报工作没有承受多大压力,尚不至于挤占情报分析人员进行更广泛、更长远思考的时间。事实上,中情局国家对外评估中心曾就重要性一般的主题写过几篇长文,包括《伊朗精英与权力分配》(Elites and the Distribution of Power in Iran)和《20世纪80年代的伊朗》(Iran in the 1980s)。虽然我们没有进行彻底调查,但在印象里,该中心很少对其他具有类似重要性的国家开展如此之多、如此深入的分析。

6. 第五,中情局国家对外评估中心试图预测的事态,并非对手试图隐瞒的突发事态。以往预测政变或突袭时存在的一些难题,并没有出现在伊朗案例中。情报分析人员有足够的时间去评估事态发展,并重新评估自己秉持的一些固有假设是否正确。事实上,在关键事件发生的那几个月里,一份《国家情报评估》的编写工作正在进行。虽然《国家情报评估》的编写方式可能无法为解决重要问题提供最佳途径,但仍然为中情局国家对外评估中心提供了很好的机会,这种机会在以往的情报失误案例中是不存在的。此外,在伊朗案例中,情报分析人员不必劳心费力地去应对形形色色的隐瞒和欺骗。

7. 从另一方面来讲,虽然存在上述种种有利于美国情报机构研判伊朗局势的因素,但伊朗案例有其特殊性,也给情报机构带来了一些特殊难题。第一个难题,也是最重要的一个难题,就是伊朗革命意味着历史经验遭遇了一次严重中断。事实上,我们认为这场革命在很多方面都呈现出前所未有的特征。没有人能够很好地理解和预测前所未有的事件。要知道,伊朗国王的政权不仅根基牢固,还得到了一支规模庞大、有效运转和团结一致的安全部队的支持,最后却被一场群众抗议推翻了,我们实在想不出近些年还有其他类似的案例。我们同样想不到的是,大量手无寸铁的抗议者明知许多人可能会被杀害,却愿意反复举行大规模示威。要知道,根据以往经验，骚乱的常见模式是一旦一两次大规模集会被枪声驱散，人们就拒绝继续抗议，手无寸铁的大规模示威活动就会戛然而止。这场革命还有另外一面也很独特，就算不是前所未有，也可以说非同寻常，即伊朗国王竟然没有动用自己掌控的所有力量去平息骚乱。（关于这一点的进一步讨论，见后文的"武力部分"。）要知道，大多数独裁者都会这么做，而且伊朗国王自己也曾在1963年采取过武力镇压手段。

8. 第二个难题是，难以正确评估伊朗国王面临的反对情绪究竟有多强烈。如今回头看，这个问题的答案似乎很明显，憎恨国王的伊朗人多到数以百万计的规模，但当时除了有一份电报称沙里亚特-马达里（Shariat-Madari）这位阿亚图拉憎恨霍梅尼之外（电报编号 Tehran Airgram A-105，日期1978年8月1日），"憎恨"一词从未在官方文件中出现过。然而，情绪的强度很难界定（如果没有付出一致努力去评估，则会是另一种情况，此处不作讨论）。中情局国家对外评估中心需要知道的是，人们为了推翻政权会付出多少努力以及将会承担什么成本。在没有实际检测的情况下，很难估计这一点。事实上，个人往往不知道自己愿意在推翻政权之路上走多远。在后文第159—164页，我们将讨论关于这个问题的现有证据和相关推论。

9. 第三个难题与第二个难题存在一定的关联性，即大部分的反对情绪是基于宗教因素，对于生活在世俗文化中的大多数人而言，宗教信仰的作用是很难理解和参透的，尤其是当他们对这种宗教感到陌生的时候。现代大多数情报分析人员倾向于淡化宗教的重要性，而相信行为方式背后的其他解释。此外，伊斯兰教什叶派是一个非同寻常的宗教派别，因此对情报人员理解宗教作用构成了一项新的挑战。我们无法概括中情局国家对外评估中心与伊朗相关的管理人员和分析人员如何看待宗教在这种情况下发挥的作用。该中心关注伊朗事务的资深情报分析人员对宗教在政治层面的重要性非常敏感，但我们怀疑其他许多人没有这么敏感，如果伊朗国王面对的反对情绪纯粹停留在世俗层面，那么观察人士肯定会更快地察觉到这种情绪的强度与广度。

10. 第四个难题与前面几个难题存在一定的关联性，即对伊朗局势的理解需要进行政治学分析，甚至需要进行社会学分析，而中情局国家对外评估中心通常不会这么做。评估范围必须涵盖伊朗社会的多个阶层，而不能仅仅局限于几个熟悉的人和机构。

11. 第五个难题是，反对浪潮从1977年秋季开始趋于高涨。心理学研究及针对以往情报失误案例的研究表明，在这种情况下，人们做出反应的速度往往偏慢，无法及时考虑到新出现的信息。换句话讲，突发性、戏剧性事件比那些进展缓慢的事件更有可能对人们固有的信念造成冲击。在后一种情况下，人们可以将每一条新出现的信息同化到自己的信念体系里，而不必被迫重新考虑这种信念的基本前提是否真正有效。对于某些与自己固有信念存在冲突的信息，他们逐渐习惯了，却没有意识到这些信息与自己信念发生冲突的程度。假如一位情报分析人员在1977年秋季陷入昏迷，并在次年夏季醒来，那么反对派的成功和伊朗国王在维持秩序方面的无能必然令其深感惊讶。他起初坚信伊朗国王的统治具有稳定性，但后来的事实证明国王遭到的反对情绪其实非常强烈且持久，这种差异可能足以让他质疑自己的基本假设。（此处略去五行）然而，如果他接触的一系列事件是逐渐发生的，一个个展现在他的面前，而且几乎没有令他感到惊讶的事件，那么这些事件对他的影响要小得多。如果分析人员能够再回过头去，重新读一读之前6个月的信息，那么前后的信息差异累积起来，或许会产生较大的冲击。但分析人员面临着很大的压力，必须及时关注最新事件，这妨碍了他们回头审视以前的信息。此外，反对派的发展也不稳定，抗议过程中经常存在风平浪静的时刻，人们预期的许多示威活动并没有发生（反对派可能做了相关计划，最终却没有实施）。因此，分析人员往往相信当前这波反对浪潮会像历次那样逐渐消退。

12. 理解伊朗局势的第六个难题是，伊朗王室在长达15年的时间里不间断地取得了一个又一个成功。中情局区域和政治分析办公室的资深政治分析人员在1976年年初指出："伊朗国王在位34年，比中东其他任何领导者执政时间都要久，不仅比大多数统治者寿命更长，还多次挫败了许多官方、非官方观察人士的预期，这些人在 20 年前就曾自信地预测他即将垮台。"（关于这一点，请参考 1976 年 2 月发布的《伊朗精英与权力分配》一文第 14 页）伊朗国王之前虽然遭遇了重重困难，却能屡屡化险为夷，这与大多数人的分析截然相反。我们认为，观察人士很可能因为了解到这个历史背景，才不愿意相信国王会在这次抗议中下台。与这次抗议浪潮相比，伊朗国王之前面临的挑战似乎更大，实力也似乎相对较弱。事实上，早在 20 世纪 50 年代末和 60 年代初，美国《国家情报评估》就指出，伊朗国王的统治可能无法幸存下去。可以说，美国情报部门在历史上曾经多次低估了伊朗国王，这次他们不愿意再像以前那样低估了。

13. 第七个妨碍美国情报机构理解伊朗政权所处险境的难题是，骚乱在伊朗并不稀奇。学生示威活动频繁发生，所以没有必要惊慌。与宗教相关的其他群体举行的示威活动相对较少，但也并非史无前例。早在 1963 年，伊朗就发生过由宗教群体主导的示威活动，迫使伊朗国王采取了残酷、短暂而有效的镇压。

### 分析过程中的可用信息

14. 中情局国家对外评估中心接收到的消息并不全面，本应获取更多关于伊朗局势的信息，分析人员只能在这种信息不足的基础上开展工作。虽然情报搜集的主题不在我们的调查范围之内，但要了解分析人员面临的问题，至少需要简单提一下现有信息的几个缺陷。其一，关于反对派的信息寥寥无几，关于精英阶层以外各个群体的消息也少之又少。这在一定程度上可以归结于中情局在 20 世纪 70 年代的一个决定，后文第 180—183 页将进一步讨论这一点。这意味着该中心不仅在危机期间缺乏关于伊朗局势的信息，也不了解危机早期的民心走向，这种走向为革命奠定了基础，是分析伊朗局势的重要背景信息。其二，伊朗国内政治的优先级被刻意降低到一个较低的位置。（此处略去两行）美国官员与反对派分子的接触有限，因为考虑到美国在伊朗还有其他诸多重要利益，美国认为不值得冒着触怒伊朗国王的风险去联络反对派。（此处略去一页）这样一来就形成了一个明显的循环：只要中情局国家对外评估中心认为伊朗国内政治局势是稳定的，就不会优先考虑它的影响；而另一方面，只要该中心对政府和精英阶层之外群体的言论和行为置若罔闻，就没有理由质疑自己对于伊朗政权稳定性的普遍信念。

15. 关于伊朗的政治情报，大多数是由美国驻德黑兰大使馆提供的，这与大多数国家的政治情报一样。1976年11月4日题为《聚焦伊朗》的备忘录第二页指出："总的来说，使馆关于大多数主题的报告是非常令人满意的。"1978年8月10日，一份更新之后的报告指出："关于伊朗国内政治关切的报告是一流的。"事实上，美国驻德黑兰大使馆发回美国的报告质量究竟如何，并不是我们要讨论的主题，但我们应该注意到，使馆仅仅接触到伊朗社会的一小部分人，而且如果使馆对事件的描述存在偏见或不足，将极大地妨碍情报分析人员的工作。（此处略去半页）

19. 其五，中情局分析人员只有有限的机会当面咨询从伊朗返回美国的外交官和情报站工作人员。比如，1978年夏季，美国驻伊朗大使返回美国期间，分析人员就没有见到他本人，只能多接触一些级别较低的外交官，但即便这种当面接触也是偶然的，因为这取决于分析人员通过小道消息了解哪些人将要回国。在与回国人员交流方面，经济分析人员似乎比政治分析人员做得更好。

20. 其六，来自其他国家驻德黑兰大使馆的信息非常有限。（此处略去九行）即使美国驻德黑兰大使馆在当地同别国驻德黑兰大使馆交换了意见，但并未对中情局分析人员透露他们究竟了解到什么。（此处略去一页）

24. 关于中情局国家对外评估中心获取的信息，有以下四方面总体观察。第一，分析人员对于究竟能够接收到什么样的信息，几乎没有影响力。虽然他们参与《焦点评论》，并对确定情报搜集主题的优先次序作出一些贡献，但这对其最终所获得情报的深度或广度没有太大影响。当然，关于搜集何种信息，决策过程必定涉及多重因素，但在我们看来，分析人员应该享有更大的发言权。

25. 第二，中情局要从其他机构获取信息，在很大程度上受到非正式安排的影响。非情报机构的人员获取的信息或形成的看法，不大可能传达给中情局国家对外评估中心的情报分析人员。（关于进一步讨论，请参考第145—146页）

26. 第三，除了美国驻伊朗各地领事馆的几份报告之外，其他官方报告都没有提供关于非精英群体的信息。（领事馆在各自辖区内同伊朗社会不同群体拥有更广泛的联系。）（此处略去四行）报纸上偶尔会有相关报道提供一些零碎信息，但总体而言，分析人员只能依靠自己的先验假设去研判不同类型的人群对局势作出什么反应。这就意味着分析人员没有关于示威组织及其人员的信息。没有人跟普通的异见人士交谈，以便了解他为何不满、尊重哪些领导者以及有何诉求。当然，考虑到伊朗国王对美国可能煽动反对派一直非常敏感，而且认为美国可能会这么做，则美国官方人员与反对派接触可能有风险。但如果不这么做，分析人员无法获取亟须的情报，在分析过程中就会处于严重劣势。虽然美国驻德黑兰大使馆和中情局驻伊朗情报站的人确实会见了国王的一些反对者，但这些反对者几乎都是西化的精英阶层成员，其中许多人对宗教在社会中的作用所持有的观点与西方国家的观点一样，不认同也无法为美国传达那些走上街头推翻政权之人的感受。（后文将讨论在接触反对派过程中获得的信息）

27. 第四，有些消息源本可以让我们更好地了解反对派，但我们没有加以利用。其中一个就是反对派的媒体，在伊朗和法国都有这类媒体。当然，从这类媒体上寻找有用信息，可能类似于开采低品位的矿藏。在1978年夏季之前，似乎不值得这么做，因为反对派的意见不重要。但在此之后，分析人员就没有多余的时间去关注反对派媒体了。如果多接触那些与伊朗反对派关系良好的美国人，可能会更有效率，但通过这个渠道只能获取伊朗反对派希望美国政府知道的消息。有些美国人与伊朗反对派建立了良好关系，其中主要是学者。（此处略去五行）

28. 第五，分析人员知道美国驻德黑兰大使馆成员对伊朗国内局势存

在不同看法，曾试图对此做个调查，但难度很大。（此处略去两页）

### 三、情报产品的生产流程

#### 介绍

1. 中情局国家对外评估中心在伊朗案例中出现的很多问题可以追溯至成品情报的生产流程。对于一些具体事件和源源不断传回的一线报告，该中心都能够做到很好地去追踪。鉴于人们对伊朗、伊朗国王和反对派存在先入为主的看法，鉴于来自一线的信息数量不足且模糊不清，鉴于该中心那套常规工作流程，鉴于预测一系列反常事件本身就存在难度，因此，美国直到 1978 年 11 月初才对伊朗问题的方方面面形成完整认知，看似出乎意料，实则在情理之中。

2. 在伊朗这个案例中，中情局的分析系统对最新事件做了持续不断的梳理总结，但对这些事件所做的评论、分析和预测却少之又少。这种情报分析模式在一般情况下可以充分发挥作用，但无法应对非同寻常的事态。如果来自一线的情报质量非常高，那么中情局这种分析模式就能奏效。但如果许多信息存在于非官方渠道（比如非政府机构的专家），那么中情局这个分析模式也无法发挥作用。更重要的是，如果我们需要对信息进行重新加工，把它们从持续收到的日常事件报告中抽离出来，对特定的重要问题进行深入分析，提出不同角度的解释，并尝试超越所获得的具体信息，那么中情局这个分析模式也无法发挥作用。中情局的分析系统好像并不是为了上述目的而设计的。如果真要这么做，那就不能指望工作层级的情报分析人员主动从常规的分析模式转向更符合实际形势的分析模式。事实上，当事件迅速发生时，工作层级的分析人员承受的最大压力是编写篇幅简短的形势简报，即他们每天编写的《国家情报日报》就属于这类项目。如果中情局国家对外评估中心要做的不仅仅是形势简报和肤浅分析，那么该中心的管理部门必须调整各项工作的优先次序，并安排某些深入研究任务。当然，这对他们而言无异于一场赌博，因为在特定时间内很难确定哪些问题最重要,以及需要研究哪些替代性的方案。此外,中情局国家对外评估中心实时追踪事态发展的能力也将受到影响。这些问题和代价需要更仔细地检视,而我们在这里所做的检视是非常简单的。但我们认为,至少在伊朗这个案例中,如果《国家情报日报》的数量减少一些,没有人会受到很大影响。

### 成品情报生产系统的性质

3. 在伊朗案例中,我们需要对最重要的问题开展持续、深刻的评估,这些问题包括伊朗国王遵循连贯政策的能力和意愿,反对情绪的性质和深度,以及反对派内部各个团体相互合作的能力。这种分析过程应该检视对事件的各种解读,并掌握一切能够找到的证据。与之相反,中情局国家对外评估中心的情报分析模式以及情报界固有的一些非正式规范,导致情报产品仅仅聚焦于最新动态及相关简报,只提出一种观点,却很少引用证据。

4. 中情局国家对外评估中心的情报产品往往能够及时准确地传达来自一线的最新消息,很少会因为在这方面出错而受到指责。然而,它们很少讨论究竟哪些因素影响了这些事态,也很少有人讨论最近某个平静期是暂时缓和还是持久好转。来自伊朗的最新电报称温和派担心抗议活动失去控制,这是否表明他们很可能与政府达成协议。此前,中情局分析人员一直先入为主地认为伊朗国王政权非常强大,反对派不仅弱势,还存在内部分歧,但这些分析人员阅读和传达美国驻德黑兰大使馆和中情局驻伊朗情报站发来的令人不安的报告之后,却没有思考伊朗局势为何偏离了自己的预期。中情局情报产品的生产系统过于注重对动态情报需求的梳理汇报,导致分析人员无法摆脱传统分析模式的禁锢,深陷于纷繁复杂的具体事件而无暇深思,看不到伊朗局势正在浮现的新格局。

5. 日常情报产品存在的问题。中情局每日都要梳理最新情报,编纂一份《国家情报日报》,呈交决策者参考;这种情报产品存在的最大问题在于,它仅仅注重讲述已经发生的事态,很少对政治趋势及动态做出深刻分析或预测。每天,中情局分析人员都要耗费大量时间去制作《国家情报日报》，这份日报在中情局国家对外评估中心制作的情报产品中占了很大比重，区域和政治分析办公室的大多数分析人员认为这份日报是中情局国家对外评估中心继《总统每日简报》之后最重要的情报产品。（对经济研究办公室的情报分析人员而言，在《国家情报日报》上发表作品得到的奖励，要少于在《经济情报周报》上发表作品得到的奖励。）情报分析人员即便不必每天去编纂情报日报，也要花费相当多的时间去做好准备，以防忽然接到编写情报的任务。上面刊载的几乎所有情报的篇幅都很短，因为每一期日报最多只有两篇较长的分析性文章（比如，1977年11月12日和14日，正值伊朗国王访问华盛顿期间，刊载的两篇特稿篇幅就比较长）。大多数超过两个段落的文章都会涵盖多个主题，结果导致没有一个主题可以得到深入分析，而且往往看不到重点何在。比如，1978年9月14日的《国家情报日报》刊载了一篇题为《伊朗：国王的前景》（"Iran: Prospects for the Shah"）的长篇文章，里面包含一段总结，两段概括性的介绍，三段讲述伊朗国王的情绪，四段讲述武装部队的忠诚和士气，五段讲述反对派的情况，每个段落的长度仅有两三句话。这种格式只适用于最肤浅的分析。此外，《国家情报日报》通常不会假定读者一直密切关注某个事件，在这一点上类似于经常刊发不同故事的报纸。因此，每期最新的日报不会回顾情报分析人员之前曾经说过什么，这不利于读者对事件背后发挥影响作用的潜在力量或动因形成更好的理解。因此，《国家情报日报》提到的很多主题都没有被详细地研究过。

6.通过这种方式生产情报产品，对于持续追踪迅速变化的局势确实具有一定的必要性。如果相关讨论赖以开展的前提是正确的，并且在整个讨论过程中都不出错，那么这种分析模式将会很好地服务于情报界和情报产品用户。然而，鉴于观察人士及情报分析人员对其他大多数国家的理解比较薄弱，如果他们认为只讨论最近事态就足够了，比如只讨论最近的示威活动、最近的局势缓和或最新的事件，而无须深入反思一些根本问题，则非常不明智。

7.《国家情报日报》上刊载的文章通常会得出结论，但不会解释这个结论是如何得出的，也不会说明排除了哪些替代性结论。此外，情报系统要求《国家情报日报》上的政治信息必须同一线发回来的情报直接联系在一起，因此，即便《国家情报日报》上的文章包括一些分析性内容，这种分析也往往停留在较为肤浅的层面，无法阐述相关情报的全部内涵。比如，1978年9月中旬《国家情报日报》刊载的几个事件都暗示了伊朗国王争取温和派的努力不会成功，如果把所有的故事整合在一起去阅读，而不是只阅读其中一个，就能明显得出这个正确结论。但这几个事件是逐个呈现给读者的，没有与之前类似事件整合在一起，没有直截了当地给读者呈现出结论，读者必定从孤立事件中得出悲观推论。相似的，在1978年9月下旬和10月，《国家情报日报》上频繁刊出一些关于伊朗罢工和持续动乱的文章，但每个事件都是单独叙述的，没有明确判断伊朗政权能否经得起这些考验。（此处脚注删除）

（第8段整段及第9段部分已解密，此处略去）

9. ……其中一篇（较长的文章）从宗教视角论述了反对派赖以存在的基础。我们在这份报告中的几处也讨论了这次革命的宗教基础。其他类似的文章包括：《伊朗局势》( "The Situation in Iran"，发表于1978年9月7日，对谢里夫-埃马米政府十日新政进行了评估)；《伊朗：负责任政府之前景》( "Iran: The Prospects of Responsible Government"，发表于1978年10月20日，对1978年10月下旬的伊朗局势进行了展望)；《伊朗：不满之溯源》( "Iran: Roots of Discontent"，发表于1978年10月20日，分析了伊朗人不满情绪的背后诱因，尤其是迅速现代化）。在上述文章中，《伊朗局势》和《伊朗：负责任政府之前景》总结了近期发生的事件，展望了不远的未来，这一点与《国家情报日报》的文风具有相似之处。从告诉读者发生了什么事件的角度看，这类文章很有价值，但对于一些核心问题，它们给出的相关证据和研判却是少之又少。有两篇文章在这方面做得比较好，题为《伊朗：关于反对派宗教根基的一些观察》( "Iran: Some Observations on the Bases of Religious Opposition"）和《伊朗：不满之溯源》，前者在深度分析方面堪称一个很好的开端，但这个势头没有延续下去，而后者如果出现得更早，分析得更彻底，就会发挥更大作用。

10. 中情局国家对外评估中心曾经发表过一些篇幅较长的分析文章，其中在我检视的时间段之内，出现了两篇关于伊朗的分析论文。一篇名为《20世纪80年代的伊朗》（发表于1977年8月）。我这份报告好几次讨论了这篇论文及其摘要（发表于1977年10月）。另一篇名为《后国王时代的伊朗》（Iran After the Shah，发表于1978年8月），在特定假设的前提下对国王政权有序继承的前景进行了评估，其完稿时间是1978年初夏，显然不是为了阐述当年事件之后数月的伊朗局势动态。《后国王时代的伊朗》序言中有这么三句话："伊朗现在不处于革命时期，甚至算不上革命前夜。伊朗人在各个阶段的生活中都面临重大问题，但经济并非停滞不前，社会依然具有流动性是一个不可否认的事实。伊朗国王对政治进程的严格控制令人不满，但目前尚未威胁到政府。"（这几句话被媒体广泛引用，一些人甚至认为它们可能出自美国某份《国家情报评估》。）在1978年8月下旬发表这篇文章是否合适，似乎没有受到任何层面的质疑。

11. 这些文章以及之前一篇题为《伊朗精英与权力分配》的论文（发表于1976年2月）主要是描述性的，而非分析性的，它们只是把大多数读者不知道的大量信息拼凑在一起。《伊朗精英与权力分配》在这方面尤其成功。这些文章或许达到了它们的目的，却没有训练情报分析人员或情报用户去仔细思考1978年出现的那类问题。

12. 中情局没有遴选真正需要深刻分析的问题。在我们看来，中情局管理层似乎没有注意到，应该对那些与国王能否幸存最直接相关的主题给予适当关注。事实上，令人惊讶的是，在这段时期内，没有任何一篇文章将国王政权是否会被推翻作为讨论焦点。之所以出现这种情况，一个原因可能是舆论转变得相当突然，在1978年10月中旬之前，几乎所有人都认为国王政权会幸存下来，而到11月初，几乎所有人都认为国王已经陷入了非常严重的麻烦。除此之外，另一个原因可能是中情局对于这方面的工作缺乏合适的程序和模式。但无论原因是什么，我们认为，随着抗议活动的扩大，情报分析人员和管理层应该坐下来，努力找出和分析重要问题，而其中许多问题与最新事件并无关系。这并不仅仅是我们凭借后见之明得出的结论。回顾过去，如果能就以下问题展开讨论，显然是极有价值的：伊朗国王何时以及是否会实施镇压；反对派在什么条件下会出现分裂；反对伊朗国王的民意究竟有多深重；自由化改革的可能性和风险。

13. 这些问题之所以值得特别关注，是因为对这些问题的回答，同关于国王政权前景的预测具有密切关系。事实上，中情局的报告里顺带提及这些问题，但从未深入研究过。我推测，如果不增加情报分析人员数量，或者不把现有分析人员的精力从当前各种报告中转移出来，想要持续深入地关注上述问题是不可能的。一个显而易见的问题是：中情局国家对外评估中心不遗余力地关注最新事态是否真的如此重要？这个问题超出了我这份报告的讨论范畴。然而，由于没有新增情报分析资源，而且大量人力资源又专注于编写各种日常报告，导致大多数涉及伊朗的成品情报在很大程度上受到最新事态的驱动。

14. 鉴于中情局国家对外评估中心在伊朗案例中的操作模式，即便分析人员拥有更多时间，我们也不知道他们能否写出这种围绕关键主题进行深刻分析的文章。首先，他们需要有人来确定哪些主题需要仔细分析。分析人员当然可以也应该参与其中，但他们可能太过于关注日常发生的事件，无法独自完成这些工作。此外，在遴选需要仔细分析的主题时，必须在一定程度上以决策者关心的问题及决策者采用的推理方式为指导。了解决策者想法的人必须参与这个过程。其次，情报分析人员可能缺乏这类工作的培训和经验，因为他们在平时工作过程中所做的大部分工作是描述和总结最新发生的事件。当他们不习惯撰写分析性的文章时，就不能指望他们在需要分析之时能够胜任，毕竟熟能生巧，只有平时经常做分析，才能培养出必要的分析技能。最后，必须存在一个由专业分析人员组成的共同体提出建议和批评，其中包括伊朗问题专家和优秀的政界多面手，不然即便写出分析性的文章，其质量也可能打折扣。正如我们将在后文讨论的那样（第143—145页），就伊朗案例而言，这种共同体是不存在的。

15. 在伊朗案例中，分析人员撰写的内容没有经过实质性的评议，于是有人说这是所谓的"情报管理失败"或"分析管理失败"。因为中情局国家对外评估中心的政治情报分析人员写完报告之后,其他人并没有参与讨论;这种讨论原本有助于找出报告中的薄弱之处,以及看看是否存在需要传达的替代性解读。(关于这一点的部分解释,见后文第32—37段的"讨论和同行评议"小节。)

### 如何纠正分析过程中存在的问题

16. 要注重证据。在阅读中情局国家对外评估中心的大多数文件时,人们无法判断分析人员是如何做出判断的,也无法判断他们认为哪些证据特别重要。人们无法理解分析人员为什么会这么思考,也无法理解什么样的推理方式或证据可能会导致不同结论。在他们的情报产品中,人们随处可以发现没有提供证据支撑的主观论断,这种论断是不合格的。篇幅限制可以解释为什么《国家情报日报》中的文章往往缺乏证据,读者缺乏耐心是其他报告缺乏相关证据的一个重要因素,但这些因素最终导致的结果是令人遗憾的。

17. 用一种稍微不同的方式说,如果中情局国家对外评估中心的某位分析人员从一开始就认为伊朗国王的地位很脆弱,那么成品情报中几乎不会存在任何可能改变其最初观点的内容。阅读该中心的情报产品,你会发现它们将呈现其他人持有的不同观点,但不能说明为什么某种观点具有可行性。大多数情况下,人们发现他们的结论本质上只能称作没有证据的主观论断,而不是有证据支撑的论点。通常来讲,只有当这些文章具有内在合理性时,人们才会接受它们的结论。

18. 当然,情报用户没有时间去阅读分析人员赖以做出判断的完整证据,但这种论证模式如果得到采用,将在情报界发挥重要作用。分析人员如果没有系统性地研究某个特定立场,可能无法充分意识到究竟有多少证据去支撑它。系统性的研究能够催生新见解,而且其他机构的分析人员也可以读到更全面的版本,因此他们既能从中获取更好的信息,也能更好地提出批评及发表不同观点。中情局国家对外评估中心的中层管理者可以研究那些证据较为充分的文章，从而能够发现哪些判断似乎有问题，哪些论点薄弱，以及哪些替代性解读需要进一步说明和探索。我们意识到，在情报领域，如同在其他领域一样，现有资源限制了人们可以做的事情，各种事情都需要投入一些资源，但如果多抽出一些时间去系统性地阐述支撑或反对某个特定观点的证据，很可能比抽出同样时间去汇报最新事件更有价值。

19. 注重寻求替代性解读。在证明一个结论为何准确的过程中，除了提供相应证据之外，明确考虑各种替代性解读往往是最有价值的。中情局国家对外评估中心针对伊朗的大多数分析并没有做到这一点。有时，它承认存在困惑，但通常给出的解释都是单一且连贯的。[1] 他们的很多解释后来证明是错误的，因为证据往往数量不足和模棱两可，但最重要的问题并不在于此，而是分析过程中没有给出一系列替代性解读。我们认为不同的替代性解读应该被提出来，而且要阐述支持或反对替代性解读的证据。

20. 理论上，可以提出替代性解读的问题的数量，以及替代性解读的数量都是无限的，但通常可能找到相对较少数量的关键问题。如果人们以不同的方式回答这些问题，将极大地改变对形势的理解和将要做出的预测。如果能够得到政策制定者的反馈，将有助于遴选出关键问题。

21. 这种做法具有三个层面的意义。第一，这将鼓励分析人员更明确地阐述自己的推理过程，让他们将自己秉持的观点与自己拒绝的观点进行对比。第二，这将引导他们以系统的方式整理证据。第三，研究替代性解读的过程，将鼓励分析人员更彻底思考自己秉持的一些重要观念。如果分析人员按照我们建议的方式去对一个问题开展多维度分析，那么我们在主导性的解释中发现的一些问题，就可以在分析过程中得到解决。比如，如果分析人员对"局势变得非常严峻时，伊朗国王就会实施镇压"的主观假设进行彻底的多维度分析，可能发现这种假设背后并没有任何证据支撑，

---

[1] （此处略去姓名）指出，单一的、连贯的解释一直是中情局国家对外评估中心及其前身的首要分析风格。它有时会采用替代性解读，不过通常需要付出巨大努力，并得到高级管理者的支持。

只有到最后一分钟才能出现确凿证据。同样，如果分析人员对伊朗反对派的人究竟笃信什么以及为什么笃信这些内容进行彻底的多维度分析，就会发现霍梅尼主张的多个观点的重要性，从而促使情报界围绕这个问题系统性地搜集更多证据，或至少对中情局国家对外评估中心掌握的信息及相关推论进行更详细的检视。

22. 一个明显的困难是，如果没有得到组织的奖励，那么让分析人员从多个维度看问题，或讨论其他人没有看到或拒绝过的替代性解读，则不可能实现。这就涉及一种认知，即在很多情况下，付出努力不会带来直接的好处。通常，主导性的观点是正确的，或者至少比其他观点更接近事实。现在可以很容易地看出，应该就伊朗问题提出替代性解读，但这么做并不是因为主流观点一定存在错误，而是因为多检视几种替代性解读将有助于实现更好的分析。然而，除非这种论证模式得到中情局国家对外评估中心的认可和奖励，否则不太可能得到大规模落实，因为它要求分析人员去讨论自己不赞同的那些观点，以及自己明知不太可能被其他人接受的观点。

23. 将预测作为分析工具。小理查兹·J. 霍耶尔指出，心理学研究表明，人们在面对存在差异的大量信息时，往往会维持自己的观念和想象。[1] 我们倾向于按照自己预期的方式去看待世界，所以我们改变固有观念的速度很慢。正如一些开源文献详细讨论的那样，这种倾向并不总是病态的，因为我们经常面对许多模棱两可的证据，以至于无法准确地理解这个世界，于是我们只能允许自己的预期强烈引导自己对这个世界的解释。[2] 但始终存在这样一种风险：面对越来越多不正确的证据，分析人员无法妥善地解释，甚至无法发现同自己固有观念存在矛盾的证据，以至于决定维持自己的观点，甚至看不到替代性解读。

---

[1] 参考小理查兹·J. 霍耶尔撰写的《情报研判评估中的认知偏差》（"Cognitive Biases in the Evaluation of Intelligence Estimates"），此文 1978 年 10 月发表于《分析方法评论》（*Analytical Methods Review*）。

[2] 参考罗伯特·杰维斯所著的《国际政治中的知觉与错误知觉》一书第 4 章。

24. 伊朗案例表明，分析人员需要做出敏锐、明确的预测，以便在一定程度上纠正自己观念可能引发的危险。这样做的目的并非为了夸大我们所掌握信息的数量，也不是为了给自己的预测能力打分，而是为了鼓励分析人员反思自己观念的含义，并让他们建立一些指标，这些指标有助于表明如果他们的观点是正确的，哪些事件不应该发生。这可以使他们敏感地意识到不一致的信息，不然他们就会忽略这些信息。当然，预测落空并不意味着要自发地改变自己的基本观念。比如，伊朗示威活动的规模之大，超出了大多数分析人员的想象，但这并不意味着他们会自发地改变自己观念，进而得出伊朗国王将要倒台的结论。由于大多数人在新信息出现时对自己观念纠正得太少，而不是太多，因此特别关注那些演变结果超出预期的事件，可能是一种有用的纠正方法。

25. 在伊朗问题上，提前做出明确预测格外有用，因为正如我们在其他部分讨论的那样，许多相互不一致的信息是在很长一段时间内逐渐浮现出来的。在这种情况下，人们很容易忽略正在发生的事情，而这些事情在一年之前是不可想象的。因此，这就需要通过一套系统的程序去让分析人员反思已经发生的事件与自己基本观念之间存在的偏差。比如，如果在谢里夫-埃马米被任命为首相并对反对派做出重大让步后不久，分析人员围绕其影响做出了明确预测，那么就可能非常有用。若没有事先做出预测，就很容易忽视正在发生的事件究竟在多大程度上不符合之前的乐观评估。同样，分析人员本应竭力阐明他们认为何种程度的威吓才能有效阻止反对派，并缩小异见人士能够召集的抗议游行和示威活动的规模。我们认为，分析人员之所以没有意识到当时示威活动的数量、强度和性质的全部意义，一个原因就是他们对示威活动太习以为常，以至于他们在内心暗暗地将示威活动的规模和伤亡人数与之前数周或数月发生的情况加以对比，而不是与人们对局势严峻程度的看法所产生的预期加以对比。因此，随着抗议范围的扩大，分析人员内心能够接受的抗议人数也增加了，但他们认为即使抗议人数增加，也不会影响自己对于国王可以幸存下去的研判。如果他们在春季、夏季的不同时间点做出明确预测，或许会更加迅速地重新评估自己的立场。

26. 如果对伊朗国王能够允许的混乱程度做出明确预测，那么认为伊朗国王将在必要时进行镇压的观念可能会遭到严重质疑。关于国王可能进行镇压的说法，早在 1977 年 12 月就出现了，骚乱开始后，许多观察人士认为国王能够容忍的动乱程度相当低。1978 年，中情局国家对外评估中心多次收到类似的说法，并且偶尔也会作出类似的研判。但没有人注意到，之前抗议活动温和得多的时候，也曾出现过类似的说法。如果一开始就逼着分析人员预测事态足够严重时将会发生镇压举措，以及预测抗议活动恶化到什么程度时才能诱发镇压举措，那么随着伊朗局势演变，他们将发现自己的预测被事实推翻了。这种情况下，他们更有可能重新审视自己内心秉持的观念。[1]

27. 不仅事先做出预测很有必要，想办法提醒人们回顾之前的预测也很有必要。以美国驻德黑兰大使馆为例，它曾认为，如果时任伊朗首相阿穆泽加尔（Amuzegar）及其内阁主要成员被撤换，再开展一场严肃的反腐运动，那么温和派可能会感到满意。电报原文为："这种性质的让步至少可以让温和派愿意加入伊朗政府主导的政治进程，从而使得政府能够指挥警察和情报部门打击极端分子……"（电报编号 Tehran 7882，日期 1978 年 8 月 17 日）在之后几周内，谢里夫－埃马米的新内阁在妥协之路上走得更远，采取了更多妥协措施，但温和派仍然没有被安抚。这时，回顾之前的分析可能会促使人们更仔细地审视这样一种观念，即温和派可以得到调和，从而将其与极端主义者分开，并使得大多数与温和派相关的政治团体能够接受对政府妥协。

28. 这些预测不需要被囊括在官方文件中，也不以预测未来为目的。

---

[1] 美国驻德黑兰大使馆差点采取了这种分析方法，它曾在一份电报中指出，"最初……伊朗政府对大不里士多起骚乱的反应令人惊讶，而且有点令人鼓舞。伊朗政府并没有像许多人担心的那样……进入镇压模式"。（电报编号 Tehran 1879，日期 1978 年 2 月 23 日）由于所有人都把注意力集中在伊朗国王"过激反应"的可能性上，而局势失控的可能性又微乎其微，因此，推翻前期预测产生的影响微乎其微。

相反，做出这种预测的过程是帮助分析人员理解自己固有观念的含义，将预测作为基准，帮助分析人员避免常见的陷阱，即认为太多的事件与自己的观念相一致。

29. 要恰当运用简化术语。情报资料中使用简化术语的现象由来已久，其优点是简洁明了，有些读者不一定熟悉被讨论的相关国家或主题，这些术语有助于读者迅速获得一定的理解，但这种做法存在陷阱。比如，"左翼""右翼"等来自西方政治进程的简化术语，通常不适用于那些专制独裁的最不发达国家。再比如，"极端主义"和"温和主义"这两个术语也会带来一定的麻烦，因为它们可能更多地反映情报用户的态度，而非描述个人或机构的态度。很多时候，这样一个过时或不正确的术语深深地根植于人们的术语库之中，只有意志坚强的人才能将其根除，而替代它们的新术语通常也存在僵化不变的问题。

30. 令人欣慰的是，中情局国家对外评估中心在关于伊朗的情报资料中没有犯这方面的严重错误。在描述反对伊朗国王的宗教势力时，该中心发布的资料使用"宗教极端主义的""保守主义的"作为形容词，偶尔使用"持不同政见的"。当分析人员不受篇幅限制时，会尝试定义自己使用的术语。（此处引文删除）尽管如此，还是有一些不准确的地方。比如，它用"温和的"形容反对派中的一些宗教群体，但这可能不太准确，因为对于这些群体，一种更恰当的描述是指准备承认伊朗国王的作用（尽管有限），并希望大大增强自己权力的群体。

31. 通过使用简化术语向读者传达误导性信息的可能性很多。我们认为，所有参与生产过程的管理者、分析人员和编辑都需要时刻牢记自己正在撰写的文件有哪些潜在读者，并质疑一个特定术语能否让读者对它所描述的现象获得一个正确的，而不仅仅是简化的理解。

32. 对成品情报的讨论与同行评议。在伊朗案例中，成品情报的生产流程存在一个基本问题，即分析人员之间很少进行尖锐的、批判性的讨论。中情局国家对外评估中心没有任何机制能够发挥评估产品质量和激励分析人员的功能，而这些功能在学术界是通过同行评议机制实现的。这样一来，中情局的分析人员发布研判结果之后，不会受到任何质疑，也不会尽可能多地面对相互矛盾的观点，更不会遭到别人的反驳。在中情局的操作中，关于成品情报的协调工作很少引起分析人员对基本判断的讨论。虽然同行评议肯定算不上万能药，但在成品情报的用户不是专家的情况下，它有助于评估情报分析工作的质量，还可以通过引导分析人员查看自己的观点有哪些地方可能得到修改或改善，从而对他们大有裨益。在这类讨论和评议机制缺失的情况下，很难做好分析工作。中情局国家对外评估中心具备同行评议的所有条件，唯独没有意识到这种评议的价值，甚至大多数分析人员和管理者好像认为这对他们构成了一种威胁，而没有意识到这是在帮他们。关于这一点，一个例证就是其他机构对于该中心的一篇关于伊朗长文的接受态度。美国国务院负责伊朗事务的主管曾经表示，《伊朗精英与权力分配》这篇文章"应该成为伊朗研究领域新人的必读文章"（国务院情报研究局的伊朗问题分析人员和五角大楼的一位高级官员也表示赞同这个提议），但几乎没有人对这篇文章提出过实质性的评论和批评。我们不认为批评必然会催生更好的分析，而是认为批评的缺失会使学习和改进变得非常困难，因为在某种程度上，分析人员是在与外界隔绝的"真空"状态下工作的，不容易看到其他不同的观点，没有同事指出他可能遗漏的信息或应该考虑的解释。

33. 中情局国家对外评估中心缺乏专门致力于分析某个问题、主题或国家的团队，这是一个非常值得关注的问题。该中心及其前身的学科划分是造成这个局面的重要因素。分析人员数量少（此处略去一行）以及跨学科交流不频繁也是这个局面背后的诱发因素。另外，区域和政治分析办公室前身存在这样一个传统，即分析人员从事各自母国的研究，从而建立了一个别人无法逾越的心理栅栏。

34. 专业团队的实际规模甚至比这些数字显示的还要小。在中情局国家对外评估中心内部，其他分析人员通常服从于某位资深的政治分析人员，因为这位资深人士对伊朗拥有长期感知和深入了解。这样导致的结果不仅是某一个声音占据很大分量，而且这个资深分析人员没有机会听取其他人对自己想法的评价，其他人可能不同意他的结论，或者会让他充分阐述自己的假设和推理过程。

35.（此处略去姓名）曾看到由各种组织形式产生的成品情报，注意到目前缺乏制度性竞争，以及这种机制可以提供的支持性批评。从不同角度看待问题的机制并不是万能的，但它确实能够为人们提出不同意见创造机会。这种交流涉及尖锐的论点，并促使人们重新审视自己的某些假设。这种机制存在过，但在我们检视的这个期限之内，它已经不存在了，没留下让人各抒己见的机会。这种机制的缺失堪称一个巨大损失。

36. 区域和政治分析办公室的分析人员与外界的相对隔绝，进一步缩小了相关专业分析团队的规模。[1] 他们很少与政府以外的学者或其他知情的专家有密切接触，很少与国务院或国家安全委员会的人交谈，即使在秋季也不参加任何关于伊朗问题的机构间会议，但涉及国家情报评估的会议除外。（中情局国家对外评估中心由一名国家情报官或其副手作为代表参加会议。）问题不仅在于国家对外评估中心的分析人员与其他机构的分析人员之间缺乏讨论，而且在于内部人员，如区域和政治分析办公室与经济研究办公室的分析人员之间，都很少就伊朗正在发生的事情开展深入讨论。

37. 这位资深政治分析人员与几位外部专家相当熟悉，但在伊朗危机期间，他却没有与这些外部专家保持密切联系。这一点尤其令人惊讶，因为他的许多担忧其实是"学术性的"，外部专家有助于解决这些担忧。就在几年前，中情局国家对外评估中心的前身——情报处里面，只有少数几个办公室鼓励密切接触，大多数分析人员并没有被敦促去会见外部专家，也不会获得专项差旅经费去会见他们。这种根深蒂固的心态很难改变。当然，政府之外的许多人不愿与中情局的人交谈，而对自己将会遭到拒绝的

---

[1] 经济研究办公室的分析人员并不与外界隔离，因为经济研究办公室是研究其他国家经济的政府组织里最大的，可能也是最重要的一个，而且与其他机构的经济分析人员组建了合作网络。1978年11月中旬，伊朗分析中心的建立可能缓解了后文将讨论的分析人员与外界隔绝的现象。

预期进一步抑制了中情局的分析人员与外部专家开展接触的意愿。

38. 中情局与国务院官员之间的关系并不密切。几年前，中情局负责伊朗事务的官员每周都会与其他政府部门的伊朗问题专家举行关于政策和情报的会议，但中情局任命一位新的官员负责伊朗事务之后，这种模式就被打破了。而一旦打破，就很难重建。中情局国家对外评估中心的分析人员认为自己无法重新建立这种合作关系，部分原因是要让外部专家前往中情局所在地兰利，显然存在一些难度，部分原因是外部专家对中情局国家对外评估中心资助的会议兴趣有限，因为它们与美国的政策无关。中情局经济研究办公室的分析人员经常与国务院负责伊朗事务的同行交流意见，他们告诉我们，这些交流非常有益，既有助于掌握一些信息，也有助于获得一些新的想法。然而，中情局区域和政治分析办公室的分析人员却几乎没有与国务院负责伊朗事务的官员开展交流。这是特别令人遗憾的，因为国务院这位官员可能是美国政府中对伊朗事务最悲观的官员。中情局分析人员与国务院情报研究局近东和南亚研究分析办公室主任乔治·格里芬（George Griffin）进行了相当频繁的讨论，但这些讨论几乎都是涉及具体紧迫的问题，并没有就诸如反对派是否会分裂或伊朗国王是否会采取果断行动等问题进行普遍的意见交换。此外，大多数通话是通过普通电话线路完成的（国务院情报研究局办公室工作人员手边没有保密电话可用），因此在通话中必须非常克制。

39. 因此，中情局区域和政治分析办公室与国务院情报研究局之间的意见差异从未被讨论过。乔治·格里芬阅读了《国家情报日报》，国务院伊朗事务主任亨利·普雷希特可能也阅读了。1978 年秋季，数份《国家情报日报》中几篇很长的情报，都得到国务院情报研究局的认同。中情局国家对外评估中心的分析人员阅读了国务院情报研究局在 1978 年 9 月 11 日的异议脚注和 1978 年 9 月 29 日略显悲观的《跨部门情报备忘录》，但从来没有坐下来仔细研究彼此之间的意见差异及原因。

40. 中情局分析人员和国家安全委员会工作人员之间没有任何联系。对于同国家安全委员会人员建立联系，中情局分析人员也觉得自己不能采取主动，因为他们几乎从未见过国家安全委员会的相关工作人员，所以他们没有机会养成交流意见的习惯。

41. 随着伊朗危机加剧，不同机构之间曾经专门开会讨论相关问题，但如上所述，中情局国家对外评估中心由国家情报官或其副职作为代表参会，工作层级的情报分析人员却没有出席这些会议。此外，国家情报官也不会对分析人员透露自己在会议上说了什么，其他机构的人在想什么，他们在《国家情报日报》中提出的观点在哪些地方可能会根据其他意见进行修改，或者其他人持有什么假设。

42. 到 1978 年 10 月，中情局的国家情报官开始变得悲观起来，对政治情报分析人员的判断失去了信心，这是可以理解的，但他没有同这些分析人员充分交流意见。这种局面导致分析人员和情报官员都蒙受了损失，因为分析人员的观点没有遭到过挑战和反驳，他们根本不知道国家对外评估中心内部的其他人以及外部人士并不赞同自己的观点，国家情报官则错失了分析人员掌握的一些信息及观点，无法通过向持有异议的专家求证的方式得出自己的观点。

43. 中情局国家对外评估中心的几位分析人员提到，在伊朗动荡不断加剧的大部分时间内，他们彼此强化了伊朗国王政权能够延续的信念。他们之间存在高度共识，这一事实增强了他们的信心，这没有错，但考虑到参与分析的人员数量相当少，而且预测未来将要发生什么的确存在很大难度，因此，征求更广泛的意见对研判过程大有裨益。1978 年 10 月底，国务院资助了一场有外部专家到场的会议，几位分析人员后来谈到这些学者掌握的信息和人脉，并对学者普遍存在的悲观情绪感到震惊。[1] 因此，在不刻意吹毛求疵的前提下，让更多人参与情报分析过程有助于挑战原有分析人员秉持的一些固有假设，并促使他们对那些不符合主流观点的信息保持更大的敏感度。

44. 分析人员必须集中大量时间和注意力对自己专业领域内纷繁复杂

---

[1] 其他与会者没有发现政府与参会的外部专家之间存在实质性的意见差异。

的现象进行总结和简化，使得那些忙于各种事务的多面手便于理解。因此，分析人员几乎没有什么动机和机会去尽可能充分地阐述复杂、深刻的观点。在伊朗局势的平静期，比如 1978 年夏季和秋季，我们认为某些文章很有必要，但在情报用户看来，这些文章可能没什么用处。情报产品的用户必须包括情报界的其他人，或许还应该包括国务院那些负责国别事务的职业外交官。但如果中情局的分析人员为自己同事和上级撰写分析文章的动机都不强，我不知道他们能否做好危机预测，也不知道他们能否在危机出现之后及时做出应对。（参见上文第 27 段）

45. 鉴于中情局国家对外评估中心在某个领域的分析人员数量很少，我们认为尽可能广泛地接触外部专家尤其重要。否则，分析人员可能无法对某个事态做出各种可能的解释，最终呈现出来的事实和解释将与其他有见识的观察者的看法相去甚远。当情报用户对分析人员研究的国家了解比较少时，这个问题就会变得尤其严重。一些重要的事实有可能遭到错误陈述或遗漏，有些非常值得商榷的解释可能会被武断地提出，好像它们得到了普遍认同，而情报用户却无法发现这些问题。比如，1977 年 8 月，《20 世纪 80 年代的伊朗》一文针对伊朗政府在计划生育、教育和经济等领域的计划做出了相当乐观的判断，该文第 30 页宣称："伊朗到 20 世纪 80 年代中期，可能近乎实现伊朗国王的目标，即人均国民生产总值达到西欧水平。"1978 年 8 月，《后国王时代的伊朗》一文第 21 页宣称："在国王的全面改革计划中，除了最反动、最保守的团体外，几乎没有什么会引起反对……改革总体上是成功的，因为国王有足够的权力来推动改革，以应对官僚机构一贯的低效和冷漠。"（关于这一点，也可参考 1978 年 9 月 6 日《国家情报评估》第 1—14 页。）这些判断可能是正确的，甚至可能是该领域所有专家的共同判断，但如果没有征询更广泛的专家圈子的意见，就无法确保这些研判符合实际情况。根据我们的判断，中情局国家对外评估中心应该花一番功夫，尽可能地加深对各个国家的理解；换句话讲，要确保其在解释特定事件时所依赖的关键基础信念尽可能深刻一些。正如上文所述，有助于加深这种理解的活动必须得到中情局国家对外评估中心的重视和奖励，由此带来的积极结果是长期性的，而不会立刻显现出来。

46. 在危机期间与外部专家接触会有一些帮助，但如果分析人员与外部专家建立了长期的工作关系，这种合作关系将是最有成效的。当然，当分析人员的流动率很高时，做到这一点就存在困难。无论在任何情况下，都需要中情局国家对外评估中心的管理层支持分析人员多旅行，多参加会议，以便建立一种鼓励接触外部专家的组织文化。

47. 除了与外部专家保持密切联系，中情局国家对外评估中心还可以让中情局内部一些与伊朗研究关联不大的人参与进来。这些人即便持有共同的基本认知，即国王是强大的，反对派是脆弱和分裂的，但当示威活动日益增多时，他们反而可能会更快地注意到自己的观点与实际情况之间的差异。由于之前的预测是否准确与他们没有任何利害关系，他们在心理上更容易以新视角看待伊朗局势。此外，由于他们不是伊朗问题研究专家，反而更有可能关注一些被经验丰富的分析人员视为理所应当的基本问题。考虑到这一点，1978年10月初，负责伊朗事务的国家情报官刚到任就显得比较悲观，或许并非偶然。

### 情报评估机制

48. 在伊朗动乱不断发酵的同时，美国正在起草一份关于该国未来的《国家情报评估》。这个起草过程早在1978年就开始了，在此之前，上一份关于伊朗的《国家情报评估》已经完成好几年了。这次起草的评估并不是对特定事件的回应。（此处略去半页内容）

49.《国家情报评估》的起草没有促成对重要问题开展富有成效的讨论，可能是因为撰写者之间原本就存在很多共识。[1] 与评估报告的初稿相比，终稿没有显示出更严格的论证、更尖锐的替代性解读或更为仔细的证据阐

---

[1] 国务院情报研究局对伊朗未来局势的态度比较悲观，1978年9月11日那份草稿的脚注非常清楚地表明了这一点。这种分歧首次出现在当年7月28日的第一次协调会上，并在当年8月30日的协调会上得到更有力的重申，但这种分歧并未对《国家情报评估》产生影响。

述，只是改变了一下报告的布局，添加了一些主题，删除了一些主题，并做出了一些微小改动，使得个人观点变成情报界的普遍观点。总体而言，这一切改动只是草案的不同部分被重新剪贴拼凑在一起，而不是整合在一起（比如政治和经济部分）。评估报告文风散漫，缺乏紧凑的布局和严谨的论证。在许多地方，段落似乎是随意放置的，甚至连段落本身也缺乏明确的连贯性。这份文件很难读，也很难记住，或许在一定程度上正是由于这些原因，这份评估并没有促使读者把精力集中在它的一些重大判断上。

50. 分析人员提交的报告证实了我阅读草稿时产生的印象：他们并没有从文章拼凑过程中学到什么。他们的想法没有受到情报界其他人的挑战，他们不必深入探究自己固有的想法或自视重要的证据存在哪些问题，他们固有想法存在的任何缺陷都没有被呈现出来，没有人对其他人的分析提出过犀利的批评或评论，没有人试图以不同的视角看问题。

51. 从《国家情报评估》报告草稿的历次变动来看，报告撰写过程中，撰稿人的大部分精力都集中在微妙的措辞变动上。只有同时看过几个版本的人才会明白这一点。为了表明这一事实，我们从 7 月 21 日和 9 月 6 日的草稿中各转载了一段话，以便突出说明一下这些措辞变动：

国王有时得不到当前权力结构中所有重要成员的极大支持。内阁、议会、官僚机构、安全部队以及大多数商界人士都站在他那一边。尽管许多人可能抽象地倾向于支持更民主的制度，但即便那些对君主制、巴列维王朝或两者都持冷淡态度的人，在考虑到一个没有强大国王领导的政府带来的不确定性时，也会感到不安。（摘自 7 月 21 日版本）

当前权力结构中大多数重要成员支持国王，但往往没有表现出极大的热情。内阁、议会、官僚机构、安全部队以及商界有影响力的人士一般都站在他那一边。尽管许多人倾向于支持更民主的制度，但即便那些对君主制、巴列维王朝或两者都持冷淡态度的人，在考虑到一个没有强大君主领导的政府带来的不确定性时，也会感到不安。（摘自 9 月 6 日版本）

52. 对于谁支持伊朗国王，以及支持程度如何这类重要问题，在《国家情报评估》中没有得到深入分析，部分原因可能在于撰稿人没有意识到，这份报告，尤其是报告的主体部分，需要对自己之前的主要判断提出挑战，也没有意识到这份报告特别重要。因为他们怀疑政策制定者是否会读到这份报告，更不用说是否会理解和吸收报告里的内容。

53. 回头来看，如果有一篇文章能够阐述一下伊朗国王面临的短期问题，显然更符合美国政府的利益。要撰写出这样一篇文章，就需要认识到伊朗国王已经陷入了严重麻烦，但根据当时分析人员普遍秉持的信念，伊朗国王陷入严重麻烦的局面最早也要到1978年8月底才会发生。事实上，国务院情报研究局在9月12日就对这样一份文件提出了要求。但中情局国家对外评估中心花了一周的时间去决定是否应该拿出这样一份文件，国务院又花了10天的时间去起草。显然，受到伊朗局势在9月中旬进入平静期的影响，该文章得出结论说："伊朗国王似乎不再面临被推翻的直接危险，但在接下来的18到24个月里，他是否有能力继续掌权还是个相当大的问题。"这篇文章的论点比《国家情报评估》的观点要尖锐得多，但没有论述《国家情报评估》其他部分提到的几个问题，而这些问题将对伊朗国王的命运产生强烈影响。很难说这份《跨部门情报备忘录》是否真正起到了作用，但中情局国家对外评估中心主任最终决定不研究这份备忘录提出的问题，"因为他认为时间太紧迫，现在需要的是一份新的《国家情报评估》草案……既要考虑短期问题，又要考虑长期问题"。（参考负责近东和南亚事务的国家情报官于1978年11月17日发给中央情报总监的备忘录之附件二，即《关于伊朗的〈国家情报评估〉之纪要》[ Chronology of Iran NIE ] 第4页。）这个评估报告的草案是由国家情报官办公室在10月底起草的，但到此时，这份评估报告已经跟伊朗最新局势没有多大关系了。

54. 显然，大量的时间和精力被耗费在这些事情上，却收效甚微。我们认为，管理者本可以更好地集中中情局国家对外评估中心的资源，及时分析最重要的问题。

55. 这份报告的一位撰稿人冒着给人留下眼光狭隘之印象的风险，指出情报界曾经存在一种评估机制，这个机制能够在几天或一周内就伊朗国王处境和短期前景等问题发布一份分析报告，即《特别国家情报评估》。这种情报生产流程，迫使人们对情报机构管理者以及政策制定者认为什么是重要问题开展分析。目前，中情局缺乏具备这种功能的评估机制，可能是造成伊朗案例中各种困难的原因之一。

### 四、情报汇报与分析

1. 本节概括性地研究了中情局国家对外评估中心在情报生产过程中如何运用关于伊朗的信息。这里先简要总结一下后面各部分将要详细讨论的事态……（此处略去 16 段事态总结）

18. 最终推翻伊朗国王的一系列事件，始于 1978 年 1 月 9 日发生在库姆的示威活动。此次示威造成数人死亡。伊朗政府最初的解释是暴徒袭击了一个警局，但后来的消息表明，伊朗警方当时是在惊慌失措的情况下向距离警局很远的人群开枪。美国驻德黑兰大使馆称这是近年来最严重的事件。（参考 1978 年 1 月 11 日的 Tehran 0389 号报告及 1978 年 1 月 16 日的 Tehran 0548 号报告）中情局国家对外评估中心在 1 月 20 日的《国家情报日报》中汇报了这一事件，指出实际死亡人数比伊朗政府所说的要多，并判断"如果宗教异议人士与其他反对派成员结盟，将被视为更严重的威胁"。同时，中情局在这份《国家情报日报》中还指出，这种联盟是有可能实现的，但相关资料很少。（参考 1978 年 1 月 20 日的《国家情报日报》）

19. 众所周知，1978 年，示威和暴乱活动大致以 40 天为一个周期。在 2 月 18 日大不里士再度爆发骚乱之前，中情局区域和政治分析办公室在其一份刊物上刊载了一篇分析文章，解释了宗教人士反对君主制的基础。这篇文章指出了伊朗国王面临的两难处境，即如果国王允许自己的基本改革计划受到挑战，那么无异于给反对派壮胆，抗议活动将继续下去；甚至可能加剧；反之，如果国王镇压示威活动，则会被指控为打压自由。这篇文章还解释了政府和什叶派神职人员之间的反感，并提到霍梅尼在 1975 年做出的一项决定，即穆斯林如果加入伊朗国王新成立的复兴党，则会被视为邪恶之举，应严格禁止。这篇文章得出的结论是："世俗当局和宗教团体之间的紧张关系似乎很可能持续下去，暴力事件将时不时地爆发。任何一方都不会完全获胜，但任何一方都不能承担屈服的代价。"（这篇分析文章发表于 1978 年 2 月 10 日，刊物名称略去）

20. 1978 年 2 月 18 日，大不里士爆发的那场骚乱波及范围很广。在美国国务院 1978 年 2 月 18 日那份编号 Tehran 1710 的电报中，（此处略去姓名）说："暴力程度令人惊讶。"美国驻大不里士领事对伊朗局势的看法特别悲观，说"向宗教和社会力量敞开的大门不会轻易关闭"。美国驻德黑兰"大使馆认为形势没有那么艰难"。（参考 1978 年 2 月 23 日的 Tehran 1879 号电报）1978 年 2 月 21 日的《国家情报日报》汇报了大不里士骚乱事件，1978 年 3 月 3 日的一份文件探讨了大不里士骚乱事件可能预示着伊朗境内阿塞拜疆族的民族主义情绪将会加强（这份文件名称略去）。

21. 1978 年 3 月底和 4 月初发生了一些骚乱，关于这些骚乱，发自伊朗一线的报告出现了明显分歧。（此处略去一行）给人的印象是，伊朗许多城镇的暴力事件相当严重。美国驻德黑兰大使馆发回的报告（电报编号 Tehran 3146，日期 1978 年 4 月 3 日）给出的描述比较令人欣慰，认为这些骚乱只是"低水平暴力"，只是一个小群体袭击银行、公共建筑、电影院等。中情局国家对外评估中心也对这些事件作了汇报，称这些事件源于保守宗教分子的普遍不满，并研判"最近几周发生在许多城镇的骚乱、示威和破坏活动不会威胁到政府的稳定"。（参考 1978 年 4 月 7 日的《国家情报日报》）这一研判与 1978 年 5 月 14 日《金融时报》的观点一致，与 5 月 18 日《纽约时报》一篇文章的观点也别无二致。（此处略去 5 行）1978 年 5 月 5 日的《国家情报日报》和 5 月 4 日的《人权评论》都指出，伊朗国王将对异议人士和麻烦制造者采取强硬态度。

22. 1978 年 6 月 17 日的《国家情报日报》预料，5 月初那场骚乱过去之后的第 40 天还会爆发新一轮骚乱。在这份日报中，（此处略去姓名）指出，伊朗国王试图改善与宗教领袖的关系，但在达成持久妥协的道路上还有许多障碍。（此处略去5行）事实上，伊朗局势在5月中旬之后平息下来，6月举行的第40天纪念活动是一场安静的居家纪念活动，直到7月下旬，一名什叶派牧师死于交通事故，事态才再次升温。从6月中旬到8月初，中情局国家对外评估中心忙于分析伊朗国王对于自由选举的承诺，《国家情报日报》没有汇报伊朗事态。中情局的分析指出，这个国家从来没有自由选举，而伊朗国王希望根据自己的期待建设这个国家，自由选举是那时计划的一部分，但国王同民族阵线及宗教反对派之间的问题也将持续存在。他能否成功，将在很大程度上取决于"总体上缺乏责任感的反对派是否愿意"放弃暴力，支持政治改革。（参考1978年8月10日的《国家情报日报》）

23. 经过大约两个月的相对平静之后，伊朗局势在7月底和8月初开始升温。除了8月11日实行戒严的伊斯法罕之外，其他地方发生的骚乱并不算很严重，但在整个8月，骚乱每天都会发生。数日后，阿巴丹市一家电影院发生火灾，造成约400人死亡，当局竭力将这场火灾的责任推给与宗教分子结盟的那些反对者，而这些反对者又竭力把责任推给当局。在公众心目中，这些反对者的努力取得了巨大成功，激发了强烈的反政府情绪。这起事故的后果向伊朗国王表明，宗教分子需要得到安抚。伊朗国王决定任命一位据说与宗教领袖关系良好的年长政治家出任首相。此人就是谢里夫-埃马米。中情局国家对外评估中心指出，这一任命显示了伊朗国王对局势的重视程度，但也表明这一任命可能被穆斯林领导者视为一种投降。（参考8月28日的《国家情报日报》）有理由相信他们中的一些人确实这么想。无论如何，宗教领袖不顾政府禁止示威的命令，于9月4日（伊斯兰教的一个节日）组织了大规模和平抗议，并于9月7日组织了第二次抗议。这些抗议活动导致9月8日德黑兰和其他11个城市实施戒严，当天晚些时候，伊朗国王的军队在德黑兰杀害了大批示威者（约300人）。

24. 我们现在都知道，1978年8月底和9月初的事件给伊朗局势带来了重大转折。到这个时候，国王与反对派相互妥协的可能性已经不复存在，只是当时各方尚未意识到这一点。就在实施戒严令之前，美国驻德黑兰大使馆在一封电报中总结了伊朗局势（电报编号 Tehran 8485，时间 1978 年 9 月 6 日），（此处略去姓名）指出宗教领袖以及不太重要的民族阵线拥有强烈的反政府立场，拒绝妥协或谈判。在 1978 年 8 月 30 日的《国家情报日报》中，（此处略去姓名）汇报了伊朗新内阁的情况，称他们正在努力与宗教领袖达成和解。在 1978 年 9 月 14 日的《国家情报日报》中，《伊朗：国王的前景》一文较为全面地论述了伊朗的政治事务，阐述了伊朗国王及其助手在试图应对各种反对派压力时面临的困难。该文指出，鉴于反对派的合作意愿对国王究竟愿意在多大程度上实现自由化存在限制作用，因此，如果要达成伊朗问题的解决方案，反对派领导者需要表现出更强的合作意愿。此文还指出，伊朗社会之前不存在这种合作，因此很难实现。在接下来数月里，其他情报类刊物又重复了这一内容，暗示这种合作实际上不会实现。然而，它们没有更进一步地得出这样一个结论：要想达成伊朗国王及反对派都可以接受的妥协，这种努力几乎注定会失败。

## 评论

25. 对于伊朗国王政权能够支撑多久，一些传统观点已在本报告的其他地方提及，这里无须再详细重述。很多人认为政权能够延续下去的原因是，国王之前曾经多次化险为夷，武装部队对国王忠诚，世俗政治力量薄弱，而且还相信国王已经准备好并且愿意使用必要的武力去镇压反对派。为确保自己的王朝安然无恙，国王打算打造一座在其去世之后还能够正常运转的政治大厦。然而，国王并没有让任何人知道他打算何时及以何种方式实现这个构想。他不断放松和收紧政治缰绳的行为令参与者和观察人士感到困惑，导致一些人得出结论，认为他正在失去控制力。

26. 1978 年 1—2 月的示威活动和人员死亡本身无须警惕，但 3 月底和 5 月初爆发的示威活动却值得警惕。6 月 17 日的《国家情报日报》反映了这种关切。当天是示威活动第 40 天纪念日，但纪念活动反而是和平的。直到7月下旬，示威活动才再度零零散散地爆发。根据我们所拥有的文件来看，这些活动没有得到很好的报道。到了8月，反政府活动的势头逐渐增强，示威成为常态，国王宣布实施戒严，禁止所有示威，但示威在9月8日达到巅峰，约300名抗议者被杀。

27. 有人可能会说，那些观察伊朗的人应该很好地、认真地看一下1978年9月初的事态发展，并得出这样的结论：伊朗国王陷入了严重的麻烦，可能有被推翻的风险。当时正在进行的《国家情报评估》提供了这样一个机会，国务院情报研究局确实表达了不同意见，只是这种不同意见相当温和。中情局国家对外评估中心的确考虑到当时的局势，但最终依然认为国王将继续掌权。中情局做出这种研判的原因无疑受到两个因素的影响，一是他们认为军队继续忠于国王，二是从伊朗发回的一线报告普遍对国王情绪持有这样一种基调，即"他曾有起有落，但起多于落"。9月6日之后的一个月内，伊朗局势相对和平，有助于支撑这种乐观的前景。与此相反的论点相对较少，这也是中情局做出乐观判断的原因之一。（此处略去6行）

28. 然而，中情局国家对外评估中心在其刊物中使用的措辞与几个月前有所区别。无论政治情报，还是经济情报，都开始谈论国王面临的问题和困难。没有任何迹象表明国王能够按照自己的意愿去主导一切。但总体印象仍然是，他可能会在策略上战胜对手。直到10月底，当局公开分裂霍梅尼和不那么极端的阿亚图拉的努力最终失败，而且随后建立了军政府，中情局国家对外评估中心才得出结论："伊朗国王迟迟没有采取果断行动，这大大降低了他用之前那些权力维护巴列维王朝的概率。"

### 五、伊朗国王的"白色革命"

1. 回顾过去，对于伊朗国王在推动"白色革命"时面临的困难度，中情局的分析有点肤浅和过于乐观。如同许多非政府机构的观察人士一样，中情局分析人员或许也被伊朗国王许多真实而显著的成功所误导，因此忽略了他一边掌控伊朗局势，一边实现现代化、自由化是何其困难。历史上很少有领导者能够长期做到这一点。伊朗国王之前所做的一切的确能够证明他的足智多谋，我们也认为谁都无法肯定地预测他最终会失败，但我们认为这个问题非常严重，值得对他所处的境况和面临的问题开展更仔细、更连贯的分析。我们的结论和评价在第 94—97 页。

**政治经济问题**

2. 这个问题包含三个显而易见的方面。这些层面并非仅在如今回头看时显得比较突出。第一个方面是大量涌入的石油收入对该国的影响。在这一点上，中情局国家对外评估中心的情报产品受到政治分析与经济分析相互分离的严重影响（我们将在后文回到这个话题）。这种分离是一种普遍缺陷，既存在于政府内部，也存在于政府外部。情报分析人员接受的训练要么是政治方面的，要么是经济方面的，而且制度障碍也阻碍了这两类分析人员共同开展分析，结果导致同时涉及政治主题和经济主题的问题没有得到足够重视。因此，中情局国家对外评估中心的分析文章仅仅给出有关经济增长和变化的事实及数据，谈到通货膨胀率、经济瓶颈和效率低下，但从未解释这些经济因素对政治体系造成了什么影响。更具体地说，经济类情报很少提及伊朗政治权力层面正在发生的变化，也很少提及那些在经济上蒙受损失的人（至少是相对意义上的损失）以及在政治上失去影响力的人（即便在绝对意义上也是这样）。但经济情报有时也会简短地提到经济因素对政治层面的影响。比如，1978 年 9 月 6 日《国家情报评估》草案的经济部分有一个小节，题为《人民动乱的基础》（"Basis for Popular Unrest"），内容如下：

就生活水平而言，大多数伊朗人从石油和建筑业的繁荣中获益很少，而对伊朗国王在经济、军事方面优先事项的不满可能会在未来几年加剧劳工动乱……贫富差距扩大，穷人受到通货膨胀的打击尤其严重……由于信贷缺失和税负沉重，私营部门的小工匠、零售商、服务和简单工业制成品供应商日益衰弱……与过去一样，扩大住房和社会福利的计划实施得非常缓慢。国王的发展计划可能导致城市穷人日渐不满。

其中一些分析出现在中情局 1978 年 9 月 18 日《国家情报日报》里，类似的分析也出现在 1978 年 9 月 14 日的《经济情报周报》中（引用出处略去）。这个分析虽然有点平淡无奇，但比《国家情报评估》中论述"权力结构"那部分的分析要好一些：

国王有意将他的计划瞄准普通人，希望获得大众支持，使伊朗更容易建成一个现代工业国家，并确保他的儿子和平过渡和统治。然而，在这一点上，尚不清楚伊朗国王是获得了民众的积极支持，或者只是为了避免民众的不满。

3. 伊朗局势需要做出进一步分析，尤其是经济变化在政治层面产生的影响。情报机构不仅需要搞清楚工人阶级对国王的支持是否被削弱（工人阶级通常被视为国王政权的受益者），还需要分析工商业人士及其他中产阶级的立场和态度发生了什么变化。1977 年年中之后经济放缓产生的政治影响应该得到认真研究。中情局国家对外评估中心公开发布的许多资料都提到，人们普遍持有的一种看法是，伊朗国王面临的最大危险将出现在 80 年代中期，因为到那时，石油收入将减少，社会问题不断积累，国王试图安排儿子接班。这种关于未来的普遍看法分散了人们对伊朗在当前阶段存在的各种问题的关注。如果这一普遍看法被证实，那么中情局国家对外评估中心无疑会因其高瞻远瞩而受到称赞。事实上，这种看法并没有得到证实，但这并不意味着要阻止对潜在问题做出预判的尝试。

4. 这些经济变化产生了几种影响。第一，一些人的生活质量实际上降低了，尤其是那些受到通货膨胀严重打击的人。第二，许多重要的集团失去了权力和影响力，因为新崛起的企业家往往凭借与国王政权的关系发家致富。因此，工商业人士强烈支持反对派也就不足为奇了。第三，外国人在伊朗经济变革中发挥了重要作用（这种作用实际上并没有伊朗人认为的那么重要），导致伊朗的民族主义情绪日渐增强。由于伊朗国王与外国利益密切相关，因此他沦为这种情绪的主要目标。第四，混乱、迅速的社会变化导致伊朗传统价值观，即宗教价值观的复兴。如今回头看，上述这些社会变化模式显得比较清晰，但它们在经济快速增长的社会中是常见的，我们认为中情局国家对外评估中心的分析人员和管理层都应该知道，这些变化亟须密切关注。

5. 第二个方面是石油繁荣的特殊性带来了一些特殊的问题。政府收入增速很快，增幅很大，而且政府也不需要建立高效的国家机器去从公众那里征用或榨取资源，这使得政府能够避免采取各种不受欢迎的措施。但不幸的是，石油繁荣有两个副作用，中情局国家对外评估中心的文章热议了这些副作用。第一，政府有了石油收入之后，就能避免向富人征收重税。这会带来一些政治好处，但导致收入差距显著扩大，并引发其他社会阶层的不满。第二，石油繁荣促使政府逐渐放弃了与基层的联系，包括对基层的压制和动员。因此，政府很容易失去对大众意见的了解。政府不注重组建相关的组织和干部去引导民众需求，传递信息和笼络地方领导者，并借助较为柔性的手段控制民众（与萨瓦克采取的手段相比，这种手段对民众的侵扰较少）。当然，这些接触和笼络民众的努力非常困难，经常以失败告终，但在大多数情况下，没有在这些方面取得一些成功的国家根本无法带来巨大的社会变革，因为它们缺乏成功实现变革所需的工具。总而言之，石油繁荣导致伊朗政府实施了大规模社会变革，导致很多领域陷入混乱，而政府却没有一套完整手段去解决问题，疏导和控制异议。伊朗政府显然意识到这一点，曾经尝试设立一些官方的政党和辅助机构，但这些努力最后都失败了。这个时期伊朗政府的脆弱性比表面看起来的还要严重。（参考美国驻德黑兰大使馆发给国务院的多份电报，编号分别是1977年7月23日 Tehran Airgrams A-124号，1977年9月19日 A-157号，1977年9月14日 PR AME 77-054号。）

### 伊朗国王的自由化改革计划

6. 对于伊朗国王面临的困境,中情局国家对外评估中心未能给予充分分析的第三个方面,就是一个专制政权迈向自由化的问题。这个问题时常被提及,但它究竟有多严重以及国王如何才能妥善处理,并没有经过详细、仔细的讨论。这个问题在 1977 年秋季之后显得尤为重要,因为当时伊朗国王开始实行自由化改革,美国政府必须决定要在多大程度上推动伊朗国王实行自由化,但在随后的一年内,中情局国家对外评估中心对于这个方面的讨论一直停留在寥寥几句话的程度。当国王在 1978 年 8 月初承诺将要举行完全自由的议会选举,当一个月后谢里夫-埃马米推出一系列改革举措时,中情局就应该开始思考伊朗政府能否在掌握国家控制权的情况下执行改革计划。但中情局当时更加关注各种突发事件,忽视了对这些改革举措和这一问题的分析。当时,中情局还意识不到这一点,如今回头看确实感到惊讶。到 9 月初,伊朗政府开始允许组建新的政党,并批准解散政府资助的复兴党,允许议会自由辩论,媒体可以畅所欲言地发表观点,这些都堪称巨变。

7. 关于这些问题,来自伊朗一线的报告很少。伊朗国王推动自由化改革的行动是否存在速度过快的问题?是否会释放自己无法控制的力量?[1] 美国驻德黑兰大使馆的报告没有就此表达担忧,也没有提供任何有助于评估自由化改革计划将给国王带来哪些机会和风险的信息。偶尔有报告会担心伊朗国王在这方面经验不足,可能导致他犯战术错误以及显得犹豫不决(电报编号 Tehran 4836,日期 1978 年 5 月 21 日)。到 9 月中旬,自由化改革加速推进,局势也日趋动荡,美国驻德黑兰大使馆

---

[1] 1978 年 6 月 1 日,美国驻德黑兰大使馆在编号 Tehran A-80 的电报中指出:"我们没有理由怀疑伊朗国王对自由化的承诺……然而,他显然很难一直让潘多拉的魔盒只打开一部分。"相似的,1978 年 8 月 17 日,美国驻德黑兰大使馆在编号 Tehran 7882 的电报中指出:"伊朗国王处于紧张状态,一边试图最大限度地减少暴力,一边试图将政治冲突引入选举领域。"虽然这很好地阐述了一般性的问题,但电报的其余部分对一些主题做出了尖锐的评论,本报告的其他部分引用了一些内容,没有添加太多的信息或分析。(此处略去一行)

感到"关键问题……是伊朗政府能以多快的速度实施谢里夫－埃马米的改革计划,并让中立派和反对派相信伊朗政府是在认真对待政治自由和社会正义"(电报编号 Tehran 8659,日期 1978 年 9 月 11 日;电报编号 Tehran 9157,日期 1978 年 9 月 21 日)。因此,美国驻德黑兰大使馆认为,解决困难的出路在于伊朗国王要坚决推动自由化改革计划,一旦改革步伐停止,将导致国王在国内、国外承受高昂的代价。但美国驻德黑兰大使馆无法说明伊朗民众对自由化改革的接受程度,部分原因在于使馆缺乏与非精英群体的接触。使馆似乎假设国王在全国拥有广泛的支持,并假设某种程度的自由化会令民众认为国王正在朝着正确的方向前进,进而打消许多人对国王政权的疑虑。(此处略去脚注)

8. 1977 年,美国驻德黑兰大使馆的一份报告曾经对伊朗国王究竟愿意在多大程度上推动开放持有怀疑态度,因为使馆认为"只有在国王认为更大的反对浪潮在安全层面可控,而且体制的稳定性足以承受住国王所谓的'大量异议'时,国王才可能推动自由化"(电报编号 Tehran Airgram A-124,日期 1977 年 7 月 25 日)。由于伊朗国王的动作比任何人预期的都要快得多,没有人回归到这种常识性的分析。国王以前认为,温和得多的改革会危及自己的政权安全,为什么现在又认为改革不会变得非常危险呢?国王如何能在实现高度自由和维持大部分权力之间实现平衡呢?使馆的报告没有提到伊朗国王能否在一场自由的政治角逐中获胜的问题,但前文引用的部分内容暗示获得了肯定的答案。同样,使馆还曾汇报前首相荷维达(Hoveyda)的预测,即"近三分之二的现任议员(268 名议员)可以通过诚实的自由选举再次当选"(电报编号 Tehran 9689,日期 1978 年 10 月 5 日)。(此处略去一页历史摘要)

11. 中情局在伊朗的情报站只提供了两份关于自由化改革问题的报告,但内容相当丰富。在第一份报告中,(此处略去消息源)说,戒严和政治自由化相结合,在"将表达异见的场所从街头转移到正常渠道"方面非常奏效。政府允许议会和大众媒体持不同意见的意愿,"在很大程度上证明了政府的诚意,并充当了一个重要的'安全阀'……过去几个月积聚的危机感大部分已经减弱。一个总体上稳定、有序的社会迈向重大政治和经济改革是可行的"。[1] 在第二份报告中，（此处略去消息源）悲观得多，虽然第一份报告认为戒严和自由化相结合有助于遏制暴力活动，且有助于合法表达异议，但第二份报告认为两者结合构成了一个"错综复杂的困境"，将导致政府的垮台。比如，进一步推进反腐计划将牵连许多高级官员，而如果遏制这一反腐趋势，则表明改革是空洞的。（此处略去一行）

12. 中情局国家对外评估中心通过分析很早就警觉地意识到自由化带来的普遍问题，而且总体来看，这一分析不仅很好地总结了来自伊朗一线的报告，还表达了比美国驻德黑兰大使馆稍微悲观却较为准确的观点。但该中心的情报产品并不是非常透彻，也不是非常具有洞察力和连贯性，而是过多地停留在事件的表面，部分原因是他们面临着汇报最新事件的压力，以至于没有认真对待这样一个基本问题：伊朗国王的独裁政权能否在允许高度政治自由时维护自身安全？他们之所以没有顾及这个问题，部分原因在于1978年8月下旬之后的自由化改革速度最快，当时发生了太多事情，分析人员不得不谨慎地为不同事件分配自己的注意力。示威、罢工和骚乱这类事件更加紧迫，必须及时汇报。

13. 早在1978年2月10日，（此处略去姓名）在分析前一个月的抗议活动时，指出了问题的一个方面：

最近，世界范围内对人权的关注，以及政府迫于外国批评而试图采取稍微宽松的政策，都鼓励了这种示威活动。伊朗政府以及国王正处于进退两难的窘境。如果政府允许其最基本的改革计划受到挑战，示威活动将会继续，而且可能加剧；如果政府用武力对付这样的示威，则会被指控镇压公民和宗教自由。除了投降之外，政府可能几乎无法安抚大多数反对者。

---

[1] 关于自由化与强硬手段相结合产生的影响，美国驻德黑兰大使馆在之前两份电报中曾提出一个比这一判断较为温和的观点。这两份电报的编号分别为 Tehran 4526，日期1978年5月12日；Tehran 4583，日期1978年5月14日。

关于这个观点,也可参考 1977 年 9 月 14 日的《伊朗:国王的"百花"运动》("Iran: The Shah's 'Hundred Flowers' Campaign")一文。

14. 因为国王继续实行允许公众批评其政权的新政策,并试图以尽可能少的流血去应对冬春两季的骚乱,(此处略去姓名)指出:"国王采取容忍异见的新路线,给安全部队提出了一个难题,即如何控制公众混乱,而不诉诸过去 15 年内普遍采取的、行之有效的严厉镇压措施。"(此处略去引用来源,日期 1978 年 4 月 7 日)在国王宣布将会实行议会自由选举之后,(此处略去姓名)指出:

国王是在冒险,但这种冒险是经过权衡的。前两年,他对异见采取了较为宽容的态度,导致那些希望迫使国王做出更多让步的人发起暴力示威;同样,国王做出的自由选举承诺也很可能催生新的政治骚动……他的承诺能否成功实现,将最终取决于不负责任的反对派是否愿意放弃暴力,以换取合法的政治角色……伊朗的下一年可能会像 1906 年、1941 年或 1953 年一样,成为伊朗历史的转折点……(此处略去引用来源,日期 1978 年 8 月 9 日)

次日,即 1978 年 8 月 10 日,这份备忘录的缩减版就刊登在《国家情报日报》上面,但略去了最后两句话。

15. 在此之后,中情局国家对外评估中心的情报产品几乎没有谈到自由化的后果。1978 年 9 月 11 日的《国家情报日报》刊文指出,戒严令的实施并没有削弱伊朗国王对自由化的承诺。9 月 14 日,中情局分析人员提出了一个重要观点:"激进分子正在将伊朗国王的自由化改革计划及其最近对宗教团体的让步……描述为其弱点的体现。他们辩称现在必须利用这一点,要求进一步的、更广泛的让步。"(参考 1978 年 9 月 15 日的《国家情报日报》)这与两周前《国家情报日报》的评论相呼应,即"国王任命以谢里夫–埃马米为首的新内阁,可能被一些穆斯林神职人员解读为国王屈服于他们的要求。这可能鼓励穆斯林领导者逼迫国王做出进一步的政治让步，比如赋予穆斯林神职人员否决议会立法的权力，伊朗国王肯定会拒绝这一点"。（参考1978年8月28日的《国家情报日报》）这些文章指出了伊朗国王无法控制的动态过程，并指出了有限的自由化不可能成功的原因。但这一点从未得到更详细、更深入的强调或分析，没有将这几种力量与那些有利于和平解决的力量进行对比，也没有注意到伊朗国王实施自由化改革愿望与其在抗议失控情形下的动武意愿存在潜在冲突（见后文第103—106页）。[1]

16. 9月16日，《国家情报日报》刊文指出，戒严和政治自由化相结合可能是有效的，并针对前文所述的中情局驻伊朗情报站发回的第一份报告给出了谨慎评价，其中包括一个重要的保留意见，即神职人员仍然没有谈判意愿。（参考1978年9月16日的《国家情报日报》）（此处略去一页半）

18. 激进的反对派是否有能力制造足够的动乱，迫使伊朗国王不得不终止自由化改革并建立军政府（事实上，国王最终在11月初采取了这一举措）。一份发自伊朗一线的报告提到，温和派反对穆哈兰姆月（伊斯兰教特别重要的月份，始于12月初）期间大规模示威的原因之一，就是希望阻止这一结果。10月份，美国驻德黑兰大使馆的一份电报指出，即使宗教组织与政府达成协议，其他因素也可能继续引发动荡，政府将不得不面对持续不断的骚乱，而强力镇压可能意味着发生流血事件，进而迫使宗教领袖回到战争道路上，以维持自己在民众之间的地位。（电报编号Tehran 10061，日期1978年10月16日）

19. 中情局国家对外评估中心的分析人员在1978年10月下旬重新审视伊朗自由化改革可能引发的窘境时，提出了与一个月前相同的论断："伊朗国王曾经认为政治自由化将终结自己的困境，但现在似乎意味着要

---

[1] 1978年9月11日，国务院情报研究局在《国家情报评估》草案中标示的脚注更尖锐地指出了这个问题：自由化计划与限制暴力反对派的必要性之间的冲突，导致人们对伊朗国王分享权力的能力以及在推动伊朗现代化进程中维持稳定的能力产生了严重质疑。

面临更艰巨的任务。"（参考1978年10月20日《国家情报日报》）"伊朗国王认为，他必须向温和的反对者和有政治觉悟的伊朗人证明自己已经放弃了独裁统治，并打算建立一个基于共识的自由政府，同时还必须说服他的批评者，令其知道自己没有下台的意图，进一步的内乱也不会有任何益处。"（参考1978年10月23日《国家情报日报》）这些论断的问题并非它们自身存在什么错误，而是它们应该更早被提出来，并开展更多分析，而不是就此戛然而止。中情局没有分析伊朗国王能否在相对自由的政治环境中生存下来的问题，更不用说分析国王在相对自由的政治环境中能否获胜。事实上，中情局甚至从来没有以足够尖锐的姿态去提醒别人关注这个问题的重要性。[1] 相似的，中情局也没有注意到伊朗国王对继续自由化的承诺可能会促使他越来越难以对抗议者实施镇压，或者可能促使他形成一种不愿诉诸镇压的心态。

## 结论和评价

20. 回头看，即便1978年10月和11月的伊朗局势没有演变成危机，国王实施自由化改革依然可能导致国内发生更大的反对浪潮。对于国王而言，实施镇压将变得越发困难，代价越发沉重；而如果他不实施镇压，允

---

[1] 《国家情报评估》提出的观点并未发挥多大作用。一份篇幅较长评估报告的终稿，做出的一个主要判断是："伊朗民众对国王的自由化政策的反应……将引发更多的异见活动及针对国王的攻击。"这份报告中关于"伊朗国王的自由化改革"的五页内容给出了一个乐观的结论，即"他的自由化改革计划不太可能被抗议者破坏……"这个结论虽然存在苛责之处，但更应该苛责的是它缺乏充分论据。（参考1978年9月6日《国家情报评估》）1978年9月29日的《跨部门情报备忘录》指出，为了生存下去，国王必须扩大"公众对政治进程的参与"，"行使足够的权力阻止那些试图挑战政权的人"，并指出"伊朗国王面临的一个两难处境在于，这两个行动方案在很大程度上存在冲突"，但《跨部门情报备忘录》没有得出结论。1978年10月22日那份篇幅较短的《国家情报评估》草案也给出了相似的结论。这份《跨部门情报备忘录》在另一小节里指出："伊朗人对政府的态度普遍是消极的，只有当国王表现出更大的威权时，民众才倾向于屈从他的政治意愿。因此，政府的宽容可能比展示武力更容易破坏伊朗的稳定。"

许反对活动继续下去，则会削弱他的统治，甚至削弱整个王朝。这个问题本应引起更多的关注和分析。参考 1961 年《国家情报评估》刊载的《伊朗的前景》("Prospects for Iran")一文。(此处略去 5 行)

21. 五个因素似乎可以解释关于伊朗国王镇压意愿的分析为何缺失。第一，来自伊朗一线的信息质量不是特别高，分析人员没有多少数据可以依赖。第二，汇报最新事态的压力很大，特别是在秋季，发生了很多与这个问题无关的事情。从年中开始，分析人员就不得不应付不断增加的汇报工作量，而且为《国家情报日报》撰写备忘录和简报的需求也越来越大。此外，分析人员认为，讨论一个在未来数月内都不需要情报用户立即关注的问题是毫无意义的，选举前一两个月才应该是分析这些问题的时机。第三，自由化进程伴随的诸多困境并非伊朗独有，但如果分析人员能理解其他专制国家应对自由化进程的方式，就能很好地论述伊朗自由化进程面临的问题。然而，这些分析人员并非那种博闻广识的专家。他们的专长仅仅局限于伊朗和类似国家。关于伊朗当前事态的详细事实几乎无法为这种深入分析提供足够的指导。熟悉其他国家自由化进程的分析人员或学者或许能够帮助界定伊朗面临的关键问题，并明确哪些指标能够表明伊朗国王是否成功推进自由化，但这些人没有被请进来，因为这被视为伊朗的问题，而且这种磋商没有惯例。(关于这一点的进一步讨论，详见第 63 页的"情报产品的生产流程")

22. 第四，那些研究伊朗问题的人可能和美国人一样，普遍认为自由化是可取的。这可能对分析产生了影响。如果真有这样的影响，那也是微妙而无意识的。

23. 第五，可能也是最重要的一个因素，就是 1978 年 9 月中旬中情局驻伊朗情报站发回了一份乐观的报告。这份报告不仅被收入《国家情报日报》，而且中情局国家对外评估中心主任在 9 月 27 日的参议院外交关系委员会听证会上作证时，证词也采纳了这份报告的观点，指出伊朗危机明显缓解的主要原因是戒严令与新闻自由、议会选举自由结合在一起发挥了作用。这种说法不仅看似合理，而且符合这样一种信念：大多数热衷于政治活动的伊朗人只是想要改革体制，而非推翻体制。这种说法是有道理的，因为当时很多美国人认为伊朗国内的分歧还没有大到无法妥协的程度。第113页讨论到，很多人之所以预期反对派会陷入分裂，部分原因在于他们相信伊朗的一些重要人物想要把国王保留下来，作为对抗极端主义的堡垒。西方观察人士似乎也有类似的考虑。大多数西方观察人士认为，国王为伊朗做了很多好事，他的许多伊朗同胞也承认这一点。因此，直到10月25日，美国驻德黑兰大使馆还提到伊朗"沉默的大多数"赞成保留国王，只是可能会削弱国王的权力。（电报编号 Tehran 10421，日期1978年10月25日）国王显然愿意满足抗议者的许多要求，各派势力在自由化改革计划上达成妥协是讲得通的。但我们认为，这其实是典型的美国式视角。（关于种族中心主义究竟在多大程度上影响了情报研判，这份报告的两位作者存在分歧。）

24. 关于伊朗局势缓解，还存在另外一种可能的解释，它基于这样一个前提：伊朗反对派虽然不会在相互让步的基础上达成妥协，但会由于屈服于国王的强势权力而妥协。分析人员认为，由于伊朗人相信国王很强大，而且军事和安全部门依然支持国王，因而推断足够多的反对派人士担心伊朗国王的强势权力会对自身产生影响，从而选择接受自己已经争取到的成果。事后看来，很明显的一点是，许多伊朗人看到权力从曾经无所不能的伊朗国王手中流失，他们更容易受到绝不妥协的霍梅尼的影响，而且这种影响的强度超出了观察人士的理解。

### 六、国王的动武意愿

1. 关于伊朗局势，支撑乐观分析的一个关键信念是国王能够掌控局势，这一信念几乎没有遭到异议。[1]1977年，（此处略去姓名）指出，反

---

[1] 美国国务院伊朗事务负责人亨利·普雷希特显然不认同这种说法，但他的观点在9月份才传达给国务院情报研究局近东和南亚研究分析办公室主任，而且没有直接传达给其他分析人员。

对政权者对学生和宗教抗议过于信任，因为他们回顾 20 世纪 60 年代早期相对成功的抗议活动，并没有意识到伊朗国王现在的地位要强大得多。（此处略去引用来源，日期 1977 年 7 月 27 日）第二年，也就是 1978 年，大部分时间内发生的事情并没有动摇这种信念。美国驻德黑兰大使馆以及分析人员认为，如果国王的政权真的面临迫在眉睫的危险，虽然镇压的代价很高，但他会进行有效镇压。这一观点得到许多新闻记者的认同。1978 年 4 月 7 日，威廉·布拉尼根（William Branigan）在《华盛顿邮报》发文指出："大多数外交观察人士和异议人士都认为，伊朗国王拥有足够的资源去粉碎其政权面临的任何重大挑战。"1978 年 4 月 17 日，《今日阿拉伯日报》一篇报道指出："国王的政敌也同意，他仍然有能力粉碎其统治面临的任何重大威胁。"就连一个反对国王政权的马克思主义者也认同这一点。弗雷德·哈利迪（Fred Halliday）在其最新专著《伊朗：独裁与发展》（*Iran: Dictatorship and Development*）第 243 页指出，伊朗恐怖分子"低估了镇压和 1963 年后的繁荣在多大程度上把新武器交到国王政权手中"。[1]

2. 正如《国家情报评估》的终稿所言："伊朗政府有能力根据实际所需动用足够的武力去控制暴力活动，而且最近广泛发生的城市骚乱失控的可能性相对较小。限制伊朗国王动武的因素是，他公开表达了允许一定程度自由化的愿望，以及采取严厉镇压措施会造成不利的国际影响。这些限制因素可能鼓励反对派进一步发起示威活动，但如果伊朗国王被逼得太紧，那么他所能施加的武力威胁将阻止所有人，那些恶意最大的反对人士除外。"（1978 年 9 月 6 日，第 I 小节第 14—15 页）这种说法只是将之前一年经常说的话正式重述了一下而已。早在 1977 年 12 月，美国驻德黑兰大使馆就表示，如果学生抗议继续下去，"毫无疑问，当局准备强力恢复秩序"。（电报编号 Tehran 10777，日期 1977 年 12 月 6 日）大不里士骚乱发生后，美国驻德黑兰大使馆在一封报告里解释说不赞同美国领事的

---

[1] 至少在一些分析人员的头脑中，这一观点的内在合理性得到了加强，因为他们将这一观点与 1963 年伊朗国王用武力镇压抗议示威进行了类比。

悲观看法，因为"伊朗政府迄今一直避免施加全面的社会管控"。（电报编号 Tehran 1879，日期 1978 年 2 月 23 日）1978 年 8 月 8 日，美国驻德黑兰大使馆争辩说，伊朗国王"到目前为止，除非别无选择，依然不愿采取强硬手段，这并不意味着他不会或不能再次控制局面，因为他能做到这一点，尽管他将面临比 1963 年更大的问题"。（此处略去引用来源）10 天后，使馆认为："在某种程度上，如果伊朗国王想要维持秩序，可能被迫采用铁腕手段去镇压暴力事件，而非采取怀柔手段。我们毫不怀疑，如果有必要，他将这样做……他还记得巴基斯坦的阿尤布·汗和布托的迟疑不决带来了什么。"[1]（电报编号 Tehran 7882，日期 1978 年 8 月 17 日）就连国务院情报研究局在 9 月下旬起草的相对悲观的《跨部门情报备忘录》也宣称："军队和安全部队垄断了伊朗国内的强制力量，对国王是否继续掌权拥有终极发言权。"（日期 1978 年 9 月 29 日，第 9 页）

3. 中情局国家对外评估中心的分析人员持有类似立场。1978 年 5 月 11 日，《国家情报日报》给出了这样一个结论："伊朗国王赌的是他的现代化计划能够获得足够的政治支持，从而使其在必要时可以对保守的穆斯林采取严厉措施。"（此处略去姓名）在 1978 年 6 月 17 日的《国家情报日报》中重复表达了这个观点。（此处略去相关文本）1978 年 9 月 14 日，中情局国家对外评估中心在《国家情报日报》中汇报："伊朗国王并未低估其统治目前面临的挑战，但他似乎下定决心承受考验，并牢牢掌握权柄。"

4. 那些不太密集关注伊朗日常事件的人也有同样的假设。负责近东和南亚事务的国家情报官及其助手报告说，危机爆发很长一段时间后，他们依然预计伊朗国王愿意并且能够使用尽可能多的武力去重获控制权。时任中央情报总监回顾道："我个人坚持认为……一直到 10 月份，伊朗国王都有足够的能力对付（反对派）。在事态失控之前，我认为他会在适当时机动用足够的权力介入……"（参考 1979 年 3 月 17 日《洛杉矶时报》）

5. 这种说法的问题不在于它被事实证明是错误的，而在于除了最大规

---

[1] 至少在一些分析人员的头脑中，这一观点的内在合理性得到了加强，因为他们将这一观点与 1963 年伊朗国王用武力镇压抗议示威进行了类比。

模、最具破坏性的抗议活动之外,几乎没有任何证据可以证明它是错误的。这类抗议一旦爆发,就很可能标志着伊朗国王政权的终结。伊朗国王在某个时间点不实施镇压,不代表他不会在不久的未来动武。1978年前9个月并没有重大事件表明伊朗国王可能会遭到武力驱逐,而且人们相信伊朗国王依然掌握着尚未动用的权力,很难看出有什么事件可以促使国王动武。这种观点导致人们低估了春季、夏季抗议的严重性,因为人们想当然地认为如果形势真的严峻,国王就会实施镇压;由此推断,如果国王不实施镇压,则表明事情还没那么严峻。(事实上,这一推断可能支持这样一种信念,即自由化改革计划将加强而非削弱国王政权。)

6. 一种观念没有得到大量证据的支撑,并不意味着它是错误的。此外,这种观念不仅乍一看具有一定的可信度,而且得到伊朗国王以往行为方式的佐证,比如伊朗国王曾在1977年11月动武驱散异见者集会。但如果情报分析人员持有这种观念,就应该格外谨慎了。情报分析人员不仅应该格外努力地调查一切可用的证据,还应该提醒情报用户提防这样一种风险,即在形势严重恶化之前,不太可能获得足以反驳这种观念的信息。此外,意识到这些问题的分析人员和情报用户可能会降低他们对自己固有观念的信心。无论自己固有的观念看似多么合理,多么不易推翻,都不能毫无限制地执拗于它。

### 被疏忽的预警信号

7. 至少有一些信号表明,伊朗国王对于镇压极度犹豫不决,这些信号本应得到及时关注。如今回头看,它们才显得引人注目。然而,即便分析人员当时把它们遴选出来,也不可能确切地说它们有多么重要。我们认为,如果分析人员充分意识到"伊朗国王会在必要时动武"这一重要观念并没有太多直接证据支撑,那么他们就能关注到这一迹象。在整个危机中,伊朗国王摇摆不定,动用的武力比大多数人预期的要少。1977年11月初,美国驻德黑兰大使馆注意到,和平抗议并没有引起"许多人预期的镇压"。(电报编号Tehran 9692,日期1977年11月4日)11月底,伊朗国王派出萨瓦克的一队打手驱散了一场大型和平抗议集会,以此表明他对异议的容忍限度,但国王很快又对萨瓦克的行动施加了限制。1978年春季,伊朗国王首先表现出克制,之后却对持不同政见的领导者秘密施加暴力(这令美国官员非常失望);接下来,虽然骚乱并未减少,国王却停止了暴力行动。到了夏末,伊朗国王再次表明他对动武举棋不定。他不得不在将军们的劝说下于9月份在十几个城市实施戒严。所有这些事件虽然不能证明他未来不会进行动武镇压,但完全可被视为不会动武镇压的一个预警信号。(此处略去脚注)

8. 伊朗国王的犹豫不决,不仅使人们对其必要时动武镇压的预期产生了一些怀疑,而且可能是动荡日益加剧的一个重要诱因。一方面,国王之前实施的打压进一步疏远了伊朗社会的大部分人,可能使人们更加怀疑伊朗国王公开宣称的自由化改革愿望。另一方面,萨瓦克是国王政权的主要支柱之一,而国王对抗议者的让步和对萨瓦克的限制削弱了这个支柱,更重要的是导致人们误以为国王是脆弱的。美国情报指出了国王从镇压到让步的转变,但没有指出这可能会大大增强反对派的力量。在这一点上,如同在本报告其他地方讨论的主题一样,中情局国家对外评估中心在汇报具体事件方面做得比较好,而在分析事件的原因及影响方面做得有所欠缺。

9. 同样,伊朗国王对自由化改革的持续承诺与他的镇压能力和意志之间的紧张关系本应受到关注。这两者并不是完全矛盾的,因为伊朗国王本可以将自由化作为他的第一道防线,并将镇压作为最后手段,但在许多方面,这两项策略并没有很好地结合在一起。面对日益加剧的动荡局势,伊朗国王不仅愿意继续推动自由化,还切实加快推进自由化步伐,这可能令人怀疑他是否愿意大规模动武。

10. 另一个证据可能动摇了伊朗国王会实施镇压的观念。分析人员知道,美国政府的政策是强烈敦促伊朗国王不要诉诸武力镇压。这一要求最早出现在1977年秋季骚乱伊始,之后延续了下来。到1978年10月底,虽然当时中情局国家对外评估中心的分析人员得出结论认为,伊朗国王政权的延续存在很大问题,但美国这种不得诉诸武力的要求反而变得最强烈。在我纳入事后分析范围的整个时期，美国一直认为国王有可能且有必要实现自由化。1977年年底和1978年年初，不得诉诸武力的要求意味着国王要遏止安全部队滥用职权。1978年中期，这意味着政治自由化改革趋势要维持下去，而且这一趋势有望在自由选举中达到巅峰。1978年秋季，这意味着敦促伊朗国王将戒严视为通往更开放政权之路上的暂时挫折，并强烈反对组建军政府。对暴力示威者采取强硬手段可能符合自由化改革计划的某些方面（美国驻德黑兰大使馆经常得出这种分析，可参考大使馆发回的两份电报，一份编号Tehran 4526，日期1978年5月14日，另一份编号Tehran 4583，日期1978年5月15日）。但1978年8月17日，美国驻德黑兰大使馆在Tehran 7882这份电报中承认，自由化改革与动武镇压手段这两个策略之间往往存在紧张关系，而且这种紧张关系随着动乱规模扩大而加剧。到1978年夏末，已经很难看到广泛、有效的镇压如何才能与自由化改革并存。（这一观点并没有得到普遍认同，这可以从前文"白色革命"一节提及的报告中看出来。）

11. 1978年年初，人们可能认为虽然美国敦促国王保持克制，但这与国王在必要时进行镇压并不矛盾，因为1978年年初的伊朗局势并没有那么严峻，主要风险因素在于伊朗国王可能做出过度反应。但到了9月和10月，实际情况并非如此。虽然人们仍旧相信国王的政权能够延续下去，却觉得他的优势非常微弱。如果他打算动武镇压，那么此时此刻就必须付诸行动了。

12. 当然，对美国政策制定者进行事后评判并非分析人员的分内之事，但分析人员既然事先知晓美国对伊朗的这个政策，就应该对"国王将在必要时采取镇压手段"的先入之见提出质疑。伊朗国王可能不会接受美国的建议。事实上，多年来，分析人员可能已经意识到，美国大使在伊朗国内事务上的言论并没有对国王产生多大影响，而且美国的交涉似乎在冬末春初也没有产生多大影响。考虑到美国的强硬立场，分析人员应该注意两点。首先，伊朗国王面临着巨大的压力，这种压力要求他即便在局势极度紧张的时候也要避免实施镇压。当然，国王可能会实施镇压。但所有人都认同这样一个事实，即伊朗国王和人民都认定无论自己国家发生任何重大事件，都与美国无关。美国驻德黑兰大使馆曾经指出，伊朗国王经常声称"某些人"认为美国是抗议活动的幕后黑手。分析人员大概明白，美国在1953年伊朗政变中的作用主要是，通过强调我们有多支持伊朗国王，来增强他的勇气。因此，一个显而易见的危险是，美国这次对于不得镇压的强烈要求将与伊朗国王扭曲的观点相互作用，导致他对美国是否仍然全心全意地站在他这一边产生怀疑，并担心如果自己动武，就会被美国抛弃。[1] 其次，美国驻德黑兰大使馆和国务院的观点，似乎与中情局国家对外评估中心分析人员的观点截然不同——前者似乎认为镇压既没有效果，也没有必要。这一观点与中情局国家对外评估中心的基本假设存在矛盾。"镇压没有必要"的观念表明，中情局国家对外评估中心的假设是偏离现实的，因为它假设的那种偶然紧急情况不会出现。中情局国家对外评估中心的分析人员本应试图搞清楚为什么国务院不认同他们的假设，并权衡各种证据和观点，进而得出与固有观点相反的结论。

### 改变固有观念的事件

13. 两波事件最终动摇了伊朗国王会在必要时通过动武镇压重新掌控局面的观念。第一波事件是骚乱规模越来越大，导致分析人员开始怀疑动武镇压是否可行。直到1978年11月，这个结论才出现在成品情报中，但似乎从10月中旬开始，它就在人们的脑海中形成了，只是不同的人得出这个结论的日期略有不同。[2] 在一些人看来，发生于10月初，并很快蔓

---

[1] 中情局区域和政治分析办公室的分析人员向我们解释说，虽然他们不太关注美国这方面的政策，但在关于伊朗国王对美国压力的反应的报告中，他们会提到这一因素。

[2] 1978年9月11日，国务院情报研究局就《国家情报评估》草案提交了一个脚注，其中部分内容为："我们怀疑，伊朗国王在短期内如果不大规模动武，可能无法镇压城市暴力事件，而一旦动武，反过来又会增强反对派的势力，进一步加剧他自身的困境，并可能导致武装部队和安全部门的忠诚受到质疑。"但国务院这个观点似乎没有受到重视，也没有得到进一步研究，至少在送达中情局国家对外评估中心的材料中没有。（此处略去6行）

延到石油工人的罢工浪潮是最严重的事情。武力可以用于驱散示威者,但无法用于生产石油。在另一些人看来,全国持续的动乱至少同样重要,因为这表明未来会有越来越多的人走上街头,骚乱时间比以前更久,并提出这样一个尖锐的问题:军队是否有能力提供镇压所需的武力?

14. 第二波事件也与国王会动武镇压的观念存在矛盾。在前文中,我们研究中情局国家对外评估中心对国王情绪变动的分析时,已经比较详细地讨论了这一点,但在这里应该指出,一些分析人员认为这波事件表明伊朗国王缺乏动武的意愿。1978年10月初,国王对各种罢工团体的经济诉求几乎全部做出让步,后来,国王发布的戒严令又遭到广泛忽视。在分析人员看来,有些关键证据出现得比这早一点,表明即使国王试图重新掌控局面也无能为力,但其实这些早一点证据的出现时间仍然算是很晚了。(此处略去一行)国王告诉他们,他不会实施镇压。除非国王的某个历史行为告诉分析人员,他不会坚决果断地实施镇压,否则分析人员必须等待国王在处理当前危机方面缺乏意志的直接证据。从1978年春末开始,来自伊朗的报告就关注了伊朗国王的情绪,其中很多都出现在成品情报中,但人们阅读这些报告的大背景却是,人们对伊朗国王强硬性格和果断镇压抱有基本信念。虽然这些报告表明国王经常感到沮丧(鉴于他面临的局势,这种情绪是可以理解的),但并未明确做出国王即便在必须镇压时也不会果断下令的结论。另一方面,有些分析人员从一开始就认为伊朗国王很软弱,不需要等待他不愿意镇压1978年10月罢工和抗议的直接证据,就断定他不会承受住考验。国家情报官记得美国国务院办公室官员曾经在一次会议上说:"你们必须记住,伊朗国王是个懦夫,1953年他逃跑了。"[1] 国家情报官报告称,这是一种不同寻常的看法,一旦他确信这种看法是正确的,就不再指望国王政权能幸存下来。但如果人们像中情局分析人员那样,从一开始对伊朗国王持有那种较为普遍的看法,恐怕只有等到

---

[1] 这句话很精辟,但可能不准确。回顾过去,更有可能的情况似乎是伊朗国王缺乏自信的问题再次浮现出来,中情局国家对外评估中心在几篇文章中都提到这一根本问题。

国王未在 10 月份镇压罢工及骚乱时才会改变自己的固有想法。(此处略去一页)

### 结论和评价

17. 总之，虽然"伊朗国王会在必要时通过动武镇压重新掌控局面"的观念具有一定的可信度，至少在 1978 年秋季之前是这样，但中情局国家对外评估中心在认真分析证据方面做得不够好，而且本应提醒情报用户——要意识到能够明显颠覆固有观念的信息不会及时浮现出来，伊朗国王已经深陷困境。该中心没有发表任何关于这个问题的文章，虽然针对国王情绪发表了一系列评论，却没有分析他一旦决定动武可能造成的影响。国王的态度从宽容变为镇压，最后又回归宽容，中情局分析人员没有根据这种态度转变来探究其未来行为的模式和线索。虽然很多人关注国王是否会动武（比如着眼于分析军队士气），但很少有人提及他是否愿意这么做。中情局国家对外评估中心既没有探究美国政策对国王的影响（国王对美国力量的高估可能放大了美国政策的影响），也没有探讨自身同国务院以及美国驻德黑兰大使馆的研判存在的明显差异。

18. 我们认为这些失误的主要原因可以分为两个方面。首先，关于国王会在必要时动武的观念得到中情局国家对外评估中心所有分析人员的认同（至少在 1978 年初秋之前是这样），这看似非常可信，符合伊朗国王先前的观点，因此成为一种普遍持有的信念。政府之外的大多数观察人士也持有这种观点，即使现在回想起来，也很难说清楚国王为何没有实施镇压。挑战这一信念的动机很弱。其次，中情局国家对外评估中心在关于日常事件的汇报或分析中，不需要提及国王究竟会不会镇压。当伊朗国王决定进行镇压时，此事将成为大新闻，但在此之前是否镇压尚无定论。只有当骚乱越演越烈、规模极大时，国王仍能保持克制才会对当前事态产生重要影响，分析人员才会认真分析国王的态度。因此，分析人员的主要任务是及时汇报最新事件，以至于没有仔细检视这一关键信念是否正确。

## 七、反对派是否会分裂的问题

1. 另一个至关重要的信念是反对派会分裂。在研究现有证据以及由此得出推论之前，我们应该注意到，这种信念同"如果局势变得非常严峻，国王将通过动武镇压重新掌控局面"的信念存在一个类似之处，即只有到最后关头，决定性的反面证据才能浮现出来。在最后关头之前，我们只知道这种分裂尚未发生。反对派内部的确明显存在紧张关系，人们永远无法确定他们是否会继续团结在一起。事实上，在1978年10月的最后几天，人们对反对派出现分裂的预期非常强。问题的关键不在于这些想法是愚蠢或错误的，即使今天回头看，我们也说不清反对派究竟在多大程度上接近于分裂状态。中情局国家对外评估中心应该意识到，反对派会分裂的信念不容易被证实，并且应该给情报用户发出预警，让他们意识到这一点。

2. 此外，"反对派会分裂"的观念与"国王会在必要时进行镇压"的观念并非完全一致。诚然，温和的反对者可能与极端的反对者分裂的一个原因是，他们担心如果自己不与伊朗国王达成协议，国王会诉诸武力（10月的几份电报都提到过这一点），但在其他方面，这两种观念却背道而驰。如果国王进行镇压，可能会促使反对派更加团结，而如果伊朗国王等着反对派分裂，那么等得越久，就越难以进行镇压，因为骚乱会越来越严重。如果国王在武力镇压和等待分裂这两种解决方案之间犹豫不决，那么最终可能换来最坏的结果。尽管人们相信国王会首先试图分裂反对派，如果失败了再进行镇压，但这种想法的前提是假设国王的失败非常明显，导致他失去太多权力或勇气。

3. 在纳入事后分析范围的整个时期，我们发现反对派会分裂是一种普遍信念。1978年8月23日的《国家情报评估》第1—15页的那篇文章指出：

伊朗追求自由解放运动组织想要成为所有反对组织的代言人，但这几个组织在基本观点及性质上的差异导致这一目标很难实现,也不太可能实现。即便它们之间建立某种合作,或许仅仅限于书面声明和最低限度的联合活动。事实上,反对派不可能制订具有实质意义的、能够吸引民众支持的联合计划。

美国国务院在 9 月 29 日的《跨部门情报备忘录》第 7 页论述伊朗近期政治前景时,总体语调比《国家情报评估》悲观,但提出了这样一个略有不同的观点:

伊朗追求自由解放运动组织远非一个纪律严明的联盟,但它在伊朗政权的各派反对力量之间发挥了些许协调作用。联盟中的每个派系都认为有必要与其他派系合作。

4. 这一观点得到美国驻德黑兰大使馆和中情局国家对外评估中心各级官员的赞同。(此处略去一行)中情局国家对外评估中心分析人员共同持有的一种信念是反对派会分裂。1978 年 9 月 27 日,该中心主任在参议院外交关系委员会作证时的证词就强调了反对派构成的多样性。(参考参议院外交关系委员会关于这场听证会的简报,标题为《伊朗局势》),中情局局长也说他认为反对派不能保持团结。(参考 1979 年 3 月 18 日的《洛杉矶时报》及 1979 年 2 月 7 日的第 39 号《局长记录》[*Director's Notes*]。)

5. 反对派可能有好几种分裂的方式,比如在伊朗追求自由解放运动组织内部各派之间的分裂,世俗人士和宗教人士之间的分裂,宗教体系内部温和派和极端派之间的分裂。虽然前两种形式的分裂具有一定的重要性(反对派的一个主要政治人物甚至在 1978 年 12 月成为首相),但世俗的政治反对派本身没有足够的人数或力量去影响国王的地位。后文集中讨论一个关键问题,即国王想在宗教体系的领导者之间造成分裂,进而在其追随者之间造成分裂。据我们所知,这类分裂在伊朗现代史上并不罕见。

6. 美国驻德黑兰大使馆在 1978 年 5 月下旬的一份电报中，给出了预期反对派会分裂的基本理由：

大多数宗教领袖……发现加入霍梅尼领导的极端分子是有用的，或者是必要的，但其动机与霍梅尼不同。霍梅尼毫不掩饰自己的意图是推翻伊朗国王……这些宗教领袖的目标则较为有限。主要是，他们只是希望促使政府关注一下自己的不满。如果政府不关注他们，他们就有理由去支持霍梅尼。现在有迹象表明政府开始倾听他们的诉求……由于许多宗教领袖认为君主制是一个必要制度，有助于保护伊斯兰教免受共产主义的挑战，且没有人能明显地找到国王的替代者，因此，他们可能通情达理；而且政府在不做出重大体制变革的情况下采取一种理性的、负责任的态度，他们也乐于接受。他们不愿意改变国王政权的体制，只是希望政府实施更加宽容的法律法规，并更广泛、更公开地承认宗教在伊朗人民生活中具有持久的重要性。（电报编号 Tehran 5131，日期 1978 年 5 月 20 日）

6 月 1 日的一份电报表达了类似的观点：

使馆对宗教领袖的意见调查表明，他们对君主制及国王设想的独立自主有一定的拥护，而且这种拥护是有潜在基础的，但对宗教领袖和国王之间沟通渠道的中断日渐不满……因此，国王正在试图为宗教领袖开辟更好的沟通渠道，并且无疑会回应他们的一些抱怨。如果处理得当，将大大缓和宗教领袖们的情绪，并导致反对派的分裂。（电报编号 Tehran A-80，日期 1978 年 6 月 1 日）

截至 1978 年 10 月底，这种观点一直是美国驻德黑兰大使馆对伊朗局势的核心看法，只是具体表述方式略微存在差异。这种观点固然是有道理的，而且可能具有很强的真实性，但由于同反对派中的宗教人士缺乏接触，要证实这种观点，必须在很大程度上依靠间接推论和二手报告，因此人们充其量只能对这个结论给予有限的信任。

7. 中情局国家对外评估中心对伊朗宗教团体的基本分析是在当前危机爆发之前进行的，与美国驻德黑兰大使馆的看法一致，但更加注重突出宗教团体反对伊朗国王的一面，强调"穆斯林神职人员是伊朗国王最激烈的批评者之一"。（参考《伊朗精英与权力分配》一文第43页，发表于1976年2月）比如，此文指出：

可能不超过10%的神职人员……可以算作国王的坚定支持者。他们是神职人员中影响最小的人……大约50%的神职人员是完全反政府的，依赖追随者的支持，这几乎包括任何地位的宗教领袖。其余40%的神职人员持中立态度，他们拥有广泛的追随者，但避免公开攻击政府。

此文还指出：

宗教领袖的根基在于传统的伊斯兰教……他们的信众和支持者来自下层阶级、传统的中产阶级以及现代中产阶级的一部分。他们代表的是"人民的宗教"（din-e-mellat），这与"政府的宗教"（din-e-dowlat）形成鲜明对比。（参考《20世纪80年代的伊朗》一文第35页，发表于1977年8月）

8. 为方便起见，可以将关于反对派是否会分裂的一线报告和成品情报划分为四个时期：一是1978年春夏两季；二是1978年8月下旬至9月中旬（谢里夫-埃马米的改革以及民众对实施戒严令的反应）；三是1978年9月下旬；四是1978年10月（最后一次尝试分裂反对派）。如果读者希望跳过关于这些材料的详细分析，可以直接翻到第131—132页看我们的结论。

### 发自伊朗的一线报告和中情局国家对外评估中心的分析

**第一个时期：1978 年春夏两季**
（此处略去两页描述）

13. 美国驻德黑兰大使馆偶尔就伊朗局势发出警告，其中，1978 年 8 月 17 日编号 Tehran 7882 的报告发出的警告最为严重，值得详细引述：

虽然以伊斯兰教什叶派领袖沙里亚特－马达里为代表的温和派，据报道仍在为促进温和的宗教运动而努力，但他们目前觉得自己没有能力公开反对霍梅尼，而且这种温和派无疑会对参与选举进程的机遇持有欢迎态度，这或许不会让他们完全屈从于目前仍在国外的霍梅尼。在什叶派中，没有制度化的等级制度，阿亚图拉们（什叶派领袖）凭借各自教区内的共识获得显赫地位，我们在这里目睹的一些暴力就是由他们对地位的激烈角逐所导致的。很明显，此时对国王政权采取温和立场并不利于获得工人、小店主和工匠的追随。伊朗不存在国王政权同反对派对话的传统，而且无论是双方的性情，还是伊朗的传统，都不喜欢西方的政治和解与斡旋理念。

……

早期，伊朗政府曾经试图同较为温和的反对派领导者建立对话，但这些努力没有取得很大进展，而且伊朗政府促使宗教领袖走向分裂的目标迄今也没有取得成效。后者失败的部分原因在于，霍梅尼派系的狂热分子组织严密，并对温和派进行威胁和骚扰。此外，如前所述，没有任何阿亚图拉愿意因为表现软弱而失去自己的追随者。贾姆希德·阿穆泽加（Jamshid Amouzegar）内阁在处理宗教因素时，只会采取"要么接受，要么放弃"的强硬原则（同国王及之前历届内阁相反），表现出令人惊讶的无能，这与伊朗国王及其他内阁处理宗教因素的方式大相径庭。

如果我们的总体评估是正确的，那么伊朗国王必须找到一种方法，与温和的宗教人物及世俗政治人物认真地互谅互让。一方面，国王很难接受这一点，因为他非常蔑视神职人员；另一方面，我们应该从一开始就认识到这种做法最终行不通，因为反对派的终极诉求（与他们在当前进程中提出的部分诉求相反）意味着让宗教控制政府，并将伊朗国王的地位削弱为立宪制下的君主。国王永远不会接受前者，而且只有在统治地位传给他儿子之后，后面这种情况才可能出现。

这些评论既谈到温和派的目标，又谈到温和派的能力，美国驻德黑兰大使馆在之后的报告中没有驳斥这些评论。当然，这份报告提供的证据并不是决定性的，之后的事件可能会导致温和派愿意或能够扮演一个更独立的角色。但到 8 月中旬，温和派还没有这么做，他们似乎有充分理由对与霍梅尼决裂非常谨慎。

14. 在这个时期，中情局国家对外评估中心的分析很少对这些问题发表评论。尽管 1978 年 2 月 10 日的一份关于反对派宗教人士的文件曾经谈到宗教人士内部的分歧，但由于伊朗政府当时并没有试图分裂宗教领袖，就没有回应使馆后来设想的可能性。(此处略去这份文件来源) 1978 年 6 月 2 日，(此处略去姓名)简短地回顾了这个话题，暗示宗教人士可能分裂："对于神职人员之间的派系之争，我们所知甚少，无法确定，很可能有相当多的神职人员虽然对现政权缺乏热情，但他们中间也有相当多的人不愿意冒着地位和权力蒙受更大损失的风险去对抗政府。"前文几个段落总结的美国驻德黑兰大使馆以及中情局驻伊朗情报站的报告，并没有纳入最终的成品情报之中，也没有讨论反对派是否会分裂，温和派的目标是什么，以及温和派究竟能在多大程度上承担与霍梅尼决裂的后果。除了上面提到的例外情况，中情局国家对外评估中心在春季和夏季的情报产品似乎认为宗教分子是团结一致的。在某些情况下，这样做或许是为了让分析保持简短，比如 8 月 10 日的《国家情报日报》就是如此。即便在 6 月 17 日那份篇幅较长的《国家情报日报》中，《伊朗：宗教异议的增加》("Iran: Increase in Religious Dissidence")这篇文章也没有提到沙里亚特－马达里和霍梅尼之间的任何分歧。

**第二个时期：1978 年 8 月下旬至 9 月中旬**

15. 谢里夫－埃马米于 8 月底就任首相后，对宗教团体做出了一些让步（比如恢复伊斯兰历法，关闭赌场，罢黜掌握政府权力的巴哈伊教教徒）。但伊斯兰教的那些领袖非但不愿同政府和解，反而提出了更多要求。1978 年 8 月 31 日，美国驻德黑兰大使馆在编号 Tehran 8351 的电报中就此评论道："神职人员迟迟没有做出积极反应，但鉴于他们与伊朗政府的关系史，即便在最好的情况下也不会令人乐观……当地宗教领袖之间的竞争不利于他们展现出与伊朗政府的合作姿态。"此外，编号 Tehran 8548（日期 1978 年 9 月 7 日）和编号 Tehran 8485（日期 1978 年 9 月 6 日）的电报，列出了其他宗教团体提出的诉求。然而，这种对立并没有真正解决问题，也没有验证之前关于反对派最终会分裂的预期是否依然成立。

16. 在实施戒严令之前，9 月初发生的事既有令人鼓舞之处，也夹杂着令人沮丧的迹象。回头来看，后者占据主要地位。1978 年 9 月 6 日，编号 Tehran 8485 的电报称，温和派之所以无法保持克制，部分原因是他们误以为伊朗国王"由于惧怕暴民的恐怖活动"才不得不做出诸多让步，沙里亚特－马达里拒绝与谢里夫－埃马米新政府谈判，也是基于这层考虑。但这两份电报也带来了一些乐观的消息。编号 Tehran 8485 的电报指出，虽然沙里亚特－马达里公开表示他和霍梅尼完全一致，但"在其他接触中，沙里亚特－马达里要谨慎得多，为最终出现意见分歧留下了余地"。这份电报还称，温和派现在不能克制自己，也指出"温和的反对派领导者担心，国民情绪激化到这个地步，进一步的暴力……恐将威胁到推动代议制政府的整个运动"。

17. 这时，一些成品情报开始提及温和的宗教人士，并暗示伊朗国王的策略是希望通过做出合理让步，使这些温和分子同极端分子走向决裂。（参考 1978 年 8 月 28 日和 8 月 30 日的《国家情报日报》，以及 9 月 1 日的《每周摘要》）这些成品情报还指出，之前的尝试都以失败告终（参考 8 月 30 日的《国家情报日报》），并得出结论认为，虽然"一些温和的反对者可能对国王承认自己的重要性感到满意，但那些反对国王的极端宗教人士不这么认为……除非国王辞职，否则事态不会平息"。（参考 9 月 1 日的《每周摘要》）几天后，（此处略去姓名）认为，尽管"新首相对他的主要任务——与伊斯兰教神职人员达成一项临时协议——持乐观态度，但神职人员的唯一反应是要求做出更多让步"。（此处略去引用来源，日期 1978 年 9 月 7 日）这一言论具有深刻洞察力，但其含义并未被关注到，温和派即便愿意同霍梅尼决裂，其实际上是否有能力真正做到这一点也未得到讨论。鉴于国王任命谢里夫－埃马米内阁开展改革的初衷是同温和派达成协议，疏于讨论这个方面的确算是一个严重的疏漏。

18. 戒严令的实施和 9 月 8 日的屠杀，转移了人们对反对派内部关系的关注。尽管谢里夫－埃马米向伊朗议会宣布了自己的改革计划，美国驻德黑兰大使馆依然暗示，即便温和派还没有被争取过来，但如果伊朗政府实施有效的自由化改革计划，这个可能性仍然可以实现。（电报编号 Tehran 8659，日期 1978 年 9 月 11 日）使馆似乎在每个时期都持有这种观点，正如我们在前文提到的那样，几乎没有证据可以推翻这种观点。此外，使馆和分析人员都没有注意到，政府让步虽然不足以赢得任何反对派的支持，但以仅仅数月之前的标准来看，这些让步尺度不可谓不大。1978 年春季，谁也不会料到国王竟然做出如此之大的让步，更重要的是，大多数观察人士可能会预测，在 8 月和 9 月做出的那些让步会让大部分反对派满意，进而引起观察人士所预期的反对派分裂。因此，温和派反对者对国王让步做出的反应不温不火，应该足以表明要么温和派不会被国王可能做出的任何让步所折服，要么温和派没有实力，无法承担与霍梅尼决裂造成的后果。我们之前引用的报告也暗示了这个结论。无论发生哪种情况，人们都会对反对派将要分裂的观点提出质疑。

19. 在这个时期，关于此问题的成品情报有所增加，相关分析在数量和质量上都有些单薄。9 月 14 日的《国家情报日报》比过去更充分地讨论了这个问题，我们在此引用所有有关章节：

有责任感的反对派领袖，无论是宗教领域的，还是政治领域的，如果要配合国王的努力，安抚那些希望在制定国家政策的步调和方向上享有更大发言权的批评者，就必须表现出比以往更强烈的意愿。周五发生在德黑兰的流血事件将使温和派的反对者更难驾驭示威者，更难阻止那些呼吁伊朗国王下台的激进分子……

反对派里的宗教派系和世俗政治派系之间存在分歧，这将阻碍首相谢里夫－埃马米同那些具有责任感的批评者启动谈判。那些有可能倾向于同首相进行对话的温和反对者迫切希望避免激进分子的围攻，因为激进分子会谴责他们向国王投降。

1978年9月15日，《每周评论》补充说，温和派的合作将极其重要，但"到目前为止，温和派拒绝合作"。同样，9月16日的《国家情报日报》指出："穆斯林神职人员……仍没有迹象表明他们有兴趣就政治妥协进行谈判，该妥协将使穆斯林领导者在影响宗教的政府政策中掌握更大发言权，但国王的最高权威也将保持不变。"两天后，《国家情报日报》指出："一位主要的宗教人物一直敦促人们规避暴力行为，发誓说自己不会与谢里夫－埃马米合作，并宣称谢里夫'不适合执政'。"

20. 1978年9月下旬，温和派与极端派之间的关系受到更多关注。美国驻德黑兰大使馆在一份相对悲观的电报中重申，在过去几个月内，"以沙里亚特－马达里为代表的温和派神职人员不敢让自己遭受极端派的围攻，不愿让自己的大量支持者转投极端派"，并也强调反对派不像表面看起来那样团结。（电报编号 Tehran 9158，日期1978年9月21日）然而，使馆没有解释为什么迫使温和派跟随极端派步伐的那种压力将不再发挥作用。一周后，中情局驻伊朗情报站发回的报告表明使馆可能是对的，因为沙里亚特－马达里及其他温和的反对者"私下表示，非常担心反对伊朗国王及政府的活动变得日趋激进。这些宗教领袖担心如此可能引发'政治混乱和完全失序'，从而导致共产党掌权或军事独裁。由于以上担忧，这些阿亚图拉敦促他们的追随者保持温和，并积极寻求与国王进行有效的谈判……"

另一份报告（此处略去报告名称）也提出了并行不悖的观点。这两份报告都持悲观态度。第一份说："到目前为止，宗教领袖对国王派去接触他们的使者缺乏信心，导致谈判一直受到阻碍。"在第二份报告中，一线人员的评论强调，温和派既不信任国王派遣的使者，也不信任国王本人，指出了霍梅尼对温和派的强大影响，并得出结论说，"一些温和派宗教领袖的要求很可能令国王无法接受……目前还不确定政府的哪些行动可以被宗教领袖接受"。

21. 9月29日的《国家情报日报》记载了这些报告的摘要，但不同段落的排列顺序凸显了乐观主义态度。其中一个开头段落大胆地写道："伊朗重要的宗教领袖渴望与政府达成和解，以解决政治危机。"后来，报告中又出现了一些悲观情绪，指出"双方的分歧仍然很大"。（此处略去三行）当然，这种悲观论调曾经出现在前文引述的9月14日《国家情报日报》中，只是没有强调或详述这种论调。如果这些报告属实，那么许多令人觉得乐观的理由恐将不复存在，因此值得予以更加彻底的分析。至少，应该向情报用户发出警告，使其意识到温和派希望达成和解的愿望无足轻重。鉴于能够获取的信息不足，能做的也仅限于此了。

22. 1978年10月中旬，政府与温和派和解的希望增加了。这基于三方面不完全一致的考虑。第一，据报道，民族阵线领导者越来越渴望与政府达成和解，并提出如果伊朗国王做出适当让步，他们将尝试推动包括霍梅尼在内的宗教领袖参与进来。第二，有迹象表明霍梅尼可能会允许温和派同政府打交道。但美国驻德黑兰大使馆指出，我们阅读了霍梅尼在巴黎发布的接受采访文稿，这并不能使我们完全认同民族阵线消息人士的乐观态度，即霍梅尼可能愿意与地方领导者合作。（电报编号Tehran 10281，日期1978年10月22日）第三，美国驻德黑兰大使馆报告说："一位接近温和派的消息人士告诉我们，下周可能会有公开证据表明温和派领袖沙里亚特－马达里同霍梅尼之间发生分裂。"（电报编号Tehran 10059，日期1978年10月16日）不久，霍梅尼与温和派及政府之间似乎开始了错综复杂的谈判。10月22日，使馆指出重要一点："温和派已经收敛了表面上的勃勃野心。就在两三周前，他们还曾公开要求国王下台，但现在大部分人都在私下表示，如果采取民主宪政社会的架构，他们也能接受国王继续领导的必要性。这些人物开始谨慎地与霍梅尼划清界限，并敦促毛拉们自我克制。"原因是越来越多的人担心，如果动乱继续下去，军政府将掌权，温和派宗教人士的自信心增强，他们正在与政府谈判达成谅解，这将要求他们效忠国王。此外，温和派有更多的回旋余地，因为霍梅尼的光环似乎正在趋于黯淡。（电报编号 Tehran 10267，日期 1978 年 10 月 22 日）这份报告与早些时候同沙里亚特－马达里一位代表的谈话一致。这位代表在谈话中"证实了我们以前从其他人那里听到的情况，即尽管戒严令造成了一些问题，但温和的宗教领袖尊重谢里夫－埃马米，似乎准备与他合作……我们对温和派领导者能否把霍梅尼拉拢过来产生了更多的质疑，但我们研判只要稍微压制一下反对派的声音，给温和派喘息空间，结局就会令人满意。"（电报编号 Tehran 9904，日期 1978 年 10 月 11 日）这似乎也是谢里夫－埃马米的观点，因为他说自己即将与温和派达成协议，霍梅尼将"保持沉默"。（电报编号 Tehran 9990，日期 1978 年 10 月 15 日）

23. 萨瓦克一名官员提供了一份令人沮丧的说辞。他强调："只要宗教领袖担心霍梅尼这位阿亚图拉对任何允许保留巴列维王朝的协议做出负面回应，谈判就无法取得成功……萨瓦克深信，温和的阿亚图拉希望与政府和解，以缓和目前的紧张局势，但这些阿亚图拉知道，如果协议达成后遭到霍梅尼谴责，那么他们的追随者就会抛弃他们。"（此处略去引用来源；也可参考 1978 年 10 月 29 日的《华盛顿邮报》）（此处略去 6 行）

24.《国家情报日报》大致反映了这些报告。10 月 14 日，（此处略去姓名）说谢里夫－埃马米"在与温和派宗教领袖的谈判中取得了一些进展。""温和派反对者现在意识到，他们掺和的激进行动可能会引发政府权威的彻底崩溃。"（10 月 20 日的另一份材料也提到这方面，此处略去材料名称）大约一周之后，10 月 23 日的《国家情报日报》汇报称："谢里夫－埃马米似乎有信心与温和派神职人员达成一项临时协议，从而孤立霍梅尼领导的极端分子。"对于这一预期,这份材料既没赞同,也没反驳。几天后,《国家情报日报》宣布了谢里夫-埃马米和温和派之间的初步协议,但指出"其中一些陷阱……可能会破坏恢复稳定的机会"。10月26日的《国家情报日报》谨慎地得出结论,指出"温和派的使者正试图说服极端宗教领袖霍梅尼……放弃推翻伊朗国王的要求,并与政府达成协议。鉴于霍梅尼坚决反对向伊朗国王做出任何妥协,这一前景相当黯淡。因此,温和派反对者可能要么被迫与极端分子正式决裂,要么拒绝与政府达成脆弱的协议"。10月31日,《国家情报日报》汇报说温和派选择了后一种行为方式。

### 结论与评价

25. 我们认为,反对派是否会分裂的问题在成品情报中没有得到很好的阐述。成品情报充其量只是总结了来自伊朗一线的报告,而且时常带有略微悲观的语调(情报机构悲观一点是可取的)。直到9月中旬,它们在这方面仍然做得不太好。早在1978年5月,人们就认为伊朗国王能够促成反对派分裂,这种先入为主的观念是导致人们预计国王能够安然度过这场风暴的主要依据之一。但在9月份之前,中情局国家对外评估中心的成品情报几乎没有提及此事。美国驻德黑兰大使馆8月17日的电报质疑温和派是否有能力同霍梅尼决裂,但这一观点并未被收录到成品情报之中。

26. 1978年春季,反对派是否会分裂的话题很少受到关注,因为分析人员当时专注于解释骚乱发生的一般诱因,汇报骚乱情况,并讨论是否会发生国王在某次"过激反应"之中实施残暴镇压的风险。此外,到7月份,虽然《国家情报日报》的编纂工作仍在继续,却没有制作任何成品政治情报。鉴于反对派不同团体之间的关系似乎很重要,分析人员提出要注意温和的左翼组织(民族阵线)和激进的宗教右翼组织之间可能基于短期利益而结成临时联盟(事实上,这种联盟是不大可能实现的)。(参考1978年6月17日《国家情报日报》)宗教右翼组织是否走向分裂的问题起初并未引起重视,但后来,随着局势逐渐明朗,这类组织为抗议活动提供了大部分支持，国王认为形势严重到需要对温和派宗教人士做出让步，这个问题的重要性才充分凸显出来。中情局国家对外评估中心在认识到这个问题的重要性方面有点迟缓。分析人员向我们解释说，他们之所以在《国家情报日报》中那么写，是因为温和派与霍梅尼在这一时期存在事实上的合作。我们认为这体现了中情局国家对外评估中心存在的一种不良倾向（我们在"情报产品的生产流程"一节提到过这种倾向），即往往忽视对那些可能严重影响未来事态的问题开展深入分析。

27. 1978年8月下旬之后，成品情报中不仅总结了最新的报告，而且比大多数其他观察人士的研判更加悲观，也更加准确，但依然存在一些问题。比如，这些文章没有把很多重要信息明确阐述出来，没有指出他们的推理应该在很大程度上弱化普遍存在的乐观评估，没有得出政府和神职人员之间不太可能达成协议的结论，也没有指出伊朗国王可能很快就会面临窘境或退位的选择。这类问题或许应该归咎于工作风格和规范，毕竟分析人员多年来一直习惯于尽可能接近事实，而至于这些事实能够产生什么影响，则留给情报用户自己去研判。此外，分析人员注意到来自伊朗一线的报告相对乐观，倾向于认为这些报告可能是正确的，从而影响了自己的观点。中情局国家对外评估中心的情报产品值得苛责的方面，或许包括没有明确阐述分析人员的观点，没有注意到不同报告之间存在的差异，没有把固有的证据汇总起来（中情局的情报产品在许多问题上列出的证据都不够广泛），提出问题的方式不够尖锐，分析不够深入。温和派的愿望和独立性是最关键的两个方面，不需要事后回头看就知晓，但这两方面都没有被单独挑出来给予特别关注。比如，有报告说，温和派在国王做出让步后得寸进尺，提出了更多要求，中情局分析人员注意到这些报告，但没有深入探究它们的意义是什么。此外，有些报告指出凡是霍梅尼反对的事情，温和派觉得自己也无法对其表示赞同，中情局分析人员从未否认这些报告的真实性，但也没有解释如果这些报告属实，国王是否有可能同这些温和派达成和解。由于中情局分析人员的疏忽，这些报告似乎没有产生什么影响。（此处略去7行）自8月中旬起，中情局就收到了类似报告，甚至早在春季就收到过类似报告，只是当时的语调比较温和，比如有报告称温和派没能力同霍梅尼决裂而单独决定自己的行动。这并非说这些证据都是确凿无疑的，分析人员应该自动接受它们，但分析人员至少应该对这些报告进行调查，并深入讨论温和派为何与霍梅尼决裂，在何种情形下才能决裂，以及如果真的决裂，温和派是否还能继续维持自己的权势。

28. 此外，没有任何分析足以支撑这样一个隐含假设，即如果温和派与极端派决裂，那么极端派将缺乏继续实施暴力抗议的意愿和能力，从而可能使政府做出武力回应，令温和派处于无力维持的处境。（1978年10月16日，编号Tehran 10081的电报汇报了这种危险的观点，只是具体说法略有变化。）事实上，也几乎没有任何分析能够证实这样一种信念，即温和派人数众多，足以独立成为一股重要力量。在春季和初夏，这种观点似乎很有道理，但到了夏末和初秋，随着抗议规模越来越大，力度越来越强，分析人员需要更多的证据才会接受"如果政府与温和派达成协议，就能挽救局势"的结论。中情局国家对外评估中心主任在9月27日参议院外交关系委员会的证词中含蓄地质疑了这种观点，指出温和派宗教人士的数量远少于极端分子的数量。但即便如此，9月29日的《国家情报日报》以及10月中下旬分析人员对于温和派与国王之间谈判的讨论，都暗示着温和派的行动具有决定性意义。

29. 同样遗憾的是，成品情报没有解答这样一个问题，即在反对派保持团结的情况下，国王政权能否延续下去？如果答案是否定的，那么由此带来的一个好处是促使人们将更多的注意力集中在反对派的内部关系上，另一个好处是有助于明确阐述"反对派会分裂"这一预期与"国王会在必要时进行镇压"这一观念之间的关系。

30. 在很多问题上，让中情局分析人员给出明确答案是不可能的，但他们完全可以对相关证据进行更彻底的权衡，并对问题进行更深入的分析。在这一点上，以及在其他诸多方面，我感觉中情局国家对外评估中心忙于汇报日常动态似乎分散了他们的精力，导致他们无法对一些根本问题开展深入分析。

### 八、反对派中的宗教人士

1. 中情局国家对外评估中心的分析，存在的一个主要问题是误判了反对派中宗教人士的号召力，这颇具讽刺意味，因为曾经最关注宗教团体的是该中心的一名资深伊朗政治分析人员。对于该国伊斯兰教，他了解深入，在其著作中分析过宗教及宗教领袖的影响力，并一直致力于掌握更多情报。多年来，他致力于搜集更多数据，这很费时费力。(此处略去一行)最近发表的《伊朗精英与权力分配》一文第75页指出，他意识到相关信息的匮乏。没有这个背景，他不可能在1978年2月10日发表名为《伊朗：关于反对派宗教根基的一些观察》的文章，其中阐述了宗教活动的重要性，我们稍后将加以讨论。

**情报分析过程中的可用信息**

2. 尽管付出了这些努力，但关于反对派中的宗教团体情况，中情局国家对外评估中心获得的信息仍比较匮乏。对于可能掌握相关信息的非政府机构的专家，该中心并没有主动接触（即便中情局联系了这些专家，也不确定他们是否会作出回应）。更重要的是，直到1978年夏末，美国驻伊朗的一线机构很少关注到这个问题，而且多年以来都是如此。虽然美国知道霍梅尼是反对派中最重要的宗教领袖之一，但直到1978年2月，美国才得知霍梅尼之子死于1977年10月份（此处略去引用来源），而且直到1978年5月，美国才知道霍梅尼把其子之死归咎于伊朗国王政权（参考1978年5月21日的《曼彻斯特卫报》），在此之前他就已决定带领反对派发起更加尖锐和紧迫的活动。直到国王倒台以后，美国情报人员才汇报了伊朗国王曾下令大幅削减对宗教团体补助的消息，而且这个消息最早还是由开源渠道发布的。同样，直到国王倒台两周半之后，来自伊朗一线的报告才发现，库姆骚乱的诱因是伊朗政府授意报纸发布了一篇攻击霍梅尼的报道。[1]

3. 中情局国家对外评估中心清楚地知道自己了解什么以及缺乏什么信息，尤其是对宗教领袖的影响力认识不足。（参考1976年发表的《伊朗精英与权力分配》一文第43—47页及第75页）在接下来的两年内，相关信息虽然有所增加，但增加幅度很小。该中心得知霍梅尼和其他阿亚图拉都有来自民间的经济支持，同时霍梅尼对恐怖组织给予经济上的支持。然而，从1978年夏末开始，相比其他宗教领袖来说，霍梅尼的权势影响力明显不断扩大，到1979年1月其影响力已十分突出。在危机的早期阶段，该中心没有完全意识到这一点。回想起来，我们的确不知道霍梅尼是如何或何时取得统治地位的，也不知道其他阿亚图拉为什么追随霍梅尼。这是因为他们都赞同霍梅尼的主张，还是因为他们担心自己若不跟随霍梅尼便会失去自己的追随者？1964年，霍梅尼因反对伊朗国王的某些改革而被流放。他曾在伊拉克南部城市纳贾夫（Najaf，伊斯兰教什叶派圣地）讲授神学和法学，并吸引了一批追随者。霍梅尼一向主张推翻巴列维王朝，而其他宗教领袖并没有考虑这么长远。

4. 可以说，霍梅尼早在1978年之前就已经在阿亚图拉群体中获得了主导地位。1972年发表的一篇学术文章中已经指出了这一点。[2]此外，在霍梅尼遭到流放之前，美国驻伊朗大使馆在1963年的一封电报中也说明了这一点。（电报编号A-708，日期1964年6月17日）但关于霍梅尼与

---

[1] 关于库姆骚乱，美国驻伊朗大使馆的第一份报告显然来自官方新闻机构，称"该事件发生于1963年通过土地改革立法的周年纪念日"。（电报编号Tehran 389，日期1978年1月11日）一周后，使馆表示当时是"禁纱令的周年纪念日"。（电报编号Tehran 548，日期1978年1月17日）虽然使馆收到了这篇文章，但他们对文章背景了解不足，没能完全理解此文给霍梅尼造成的侮辱性有多么强。（电报编号Tehran Airgram A-27，时间1978年2月12日）1978年1月11日，《华盛顿邮报》准确地报道了库姆骚乱事件的原因。

[2] 参考哈米德·阿尔加撰写的《乌理玛在20世纪伊朗的对立角色》，此文收录于尼基·凯蒂的《学者、圣人和苏菲派》（Scholars, Saints, and Sufis），该书由加州大学出版社于1978年出版。

其教派的情报，实际上从20世纪60年代中期开始就已中断。(此处略去脚注)由于信息匮乏，分析人员无法对霍梅尼及其他阿亚图拉受支持的程度加以对比。在来自伊朗一线的报告中，霍梅尼被提及的次数甚至少于沙里亚特-马达里。许多学者认为，从政治角度看，霍梅尼是伊朗最关键的宗教领袖，但我们没有尽力去确定他们这种看法的背后是否存在一些学界掌握而中情局国家对外评估中心却未掌握的证据。

5. 一线对于宗教抗议者明确表达出来的信仰鲜有汇报。中情局国家对外评估中心的分析人员想确定抗议群体中宗教人员的势力，但几乎没有可以依赖的信息。对于在伊朗传播的霍梅尼演讲磁带和宣传册，没有任何数据来评估其传播速度。对于宗教领袖对信众发表的言论，分析人员没有得到任何信息。霍梅尼送回伊朗的磁带，有一盒被截获和转录，反对派的一些传单也被翻译出来，但这些不足以完整地描述霍梅尼和其他宗教领袖宣传的全部内容。这些情报信息当然无法让我们知道这些领袖会如何行动或者有多少追随者，然而要是没有这些情报信息，这些反对派的动机、信仰以及价值观就更难理解了。这一点尤为重要，正如我们之前提到的，对于西方人来说，宗教运动本身很难被理解。

6. 同样，虽然美国设在伊朗的一线机构在多起骚乱发生之前就关注到反对派中的宗教势力不断壮大(电报编号 Tehran Airgram A-124，标题为"风中的稻草：伊朗的知识分子和宗教反对派"，日期1977年7月25日)，但其提供的信息并不详细。电报中只是偶尔描述一些他们观察到的现象，比如"我们听说……库姆的宗教领袖通过信使和电话协调了许多宗教异见人士的活动"。(电报编号 Tehran 4583，日期1978年5月14日)然而，中情局国家对外评估中心当时对霍梅尼那个派别的方方面面都不了解(现在依然不了解)。比如，霍梅尼究竟采取什么样的管理架构和组织方式？信众如何从霍梅尼那里接受关于是否举行示威、是否交战、是否将政府军士兵视为兄弟的指示？骚乱针对的目标是否事先选定？宗教领袖和商人阶层关系如何？

7. 一线报告匮乏与政府内外几乎所有人持有的一种基本倾向是一致

的，即宗教团体不再是伊朗社会和政治的中心。这种基本倾向形成的部分原因是，人们对现代化发展持乐观态度（本报告接下来的小节中有所讨论），还有部分原因可能是西方普遍的世俗偏见。与中情局分析人员相比，一些非政府人士认为国王力量更弱，但他们也不认为宗教团体在推翻伊朗国王过程中会发挥重要作用。[1]

### 被低估的因素

8. 如今回头看，我们可以确定宗教人士发起的反对活动中，有四个因素对各阶层的大批民众颇具吸引力，而这些因素并没有在成品情报中得到很好的阐述。这些因素如下：

（1）攻击伊朗国王改变伊朗的一些方式，包括忽视毛拉，无视许多伊斯兰习俗，否认伊朗历史的重要部分，对富人的援助多于对穷人的援助；

（2）民族主义，即攻击国王是外国（即美国）的傀儡；

（3）什叶派的"民粹主义"传统，宗教领袖通过被追随者认为是智慧和虔诚的人来获得并保持其领导权威，在这种环境下鼓励追随者表达自己的诉求和愿望；

（4）什叶派神职人员作为政治抗议代言人的传统角色。

9. 针对伊朗国王"现代化"方式的攻击吸引了大量民众。在中情局的分析中，这一因素（第一个因素）被描述为来自宗教领袖的观点，即现代化的推进正在削弱伊斯兰教对民众的约束。事实上，这种攻击更多的是针对伊朗国王给伊朗带来的改变。在伊朗国王的统治下，尤其是自1973年"石油繁荣"开始以来，收入差距显著扩大；德黑兰人民的生活质量开始恶化；贪腐和政府扶持增加了新兴利益群体的权力和收入，损害了小商

---

[1] 比如詹姆斯·比尔为美国国务院在1978年3月10日举办的那场研讨会撰写的文章《危机中的君主制》（"Monarchy in Crisis"），预测伊朗国王将遭遇严重危机，却并未提及宗教。1978年完稿的两本书，罗伯特·格雷厄姆的《伊朗：权力的幻觉》（*Iran: The Illusion of Power*）和弗雷德·哈利迪的《伊朗：独裁与发展》，对于反对派中宗教因素的论述篇幅均没超过两页。

贩以及商人阶层的利益。（第 165—168 页对此作出进一步讨论）中情局在这方面的研判失误，在多大程度上可以归咎于必须使用缩略术语的制度压力，又在多大程度上可以归咎于分析人员理解能力欠缺，目前尚不明确。但明确的是，无论中情局分析人员，还是美国驻伊朗大使馆，都未能从线人那里获取有用信息。

　　10. 中情局分析人员之所以相信伊朗国王能够安然渡过难关，在很大程度上可以归咎于他们对霍梅尼等宗教领袖的错误看法，因为分析人员感觉很多重要行业的人对这些宗教领袖的观点比较反感。在这种反感的影响下，即便那些反对国王的群体（比如学生）和团体（比如民族阵线），也很难加入霍梅尼的麾下，因为他们的基本政治倾向与霍梅尼大相径庭。事实上，伊朗人民可以欣然接受现代化，但仍然强烈反对国王，霍梅尼的众多追随者也是如此。学生和很多中产阶层人士虽然不完全赞同霍梅尼的主张，但也能找到与霍梅尼的关键共同点。比如，新富阶层的利益显著增加，而社会底层却依旧贫困，成为众矢之的，这就在霍梅尼和政治左翼之间建立了一个重要的共同纽带，也让霍梅尼赢得了更广大的选民。（理查德·科塔姆 [Richard Cottam] 教授在 1978 年 10 月 3 日致《华盛顿邮报》编辑的一封信中指出这一点。1978 年 9 月 20 日，美国驻德黑兰大使馆在编号 Tehran 9157 的电报中也提到这一点。）考虑到当时存在的主流观点以及可用情报不足，尽管使馆提到库姆骚乱可以归咎于国王授意报纸发表攻击霍梅尼的文章，但毫不意外的是，1978 年 2 月 10 日的成品情报依然汇报说，示威者一直在"抗议 1963 年的土地改革和 1936 年的禁纱令"，或者笼统地说示威者在"反对国王的现代化改革计划"。（参考 1978 年 2 月 21 日的《国家情报日报》）

　　11. 尽管这里阐述的观点已经在事后得到证实（部分观点确实源于事后认知），但仍然存在争议空间。我们没有指责分析人员当时未能接受这一观点，毕竟当时的证据比较模棱两可，但我们确实认为，他们应该表明对于宗教领袖存在的替代性看法。就连霍梅尼及其追随者也没有宣称完全反对现代化，尽管他们的声明不一定完全正确，但至少表明这个团体的想法颇受欢迎，更重要的是表明大量伊朗人相信他。15 年以来，霍梅尼一直致力于攻击巴列维王朝及其罪行。如果这一观点得到广泛相信，那么分析人员强调宗教反对派是反现代化的，就大大夸大了其与更广泛社会的隔绝程度。

12. 第二个因素是民族主义扮演的角色。（此处略去脚注）除了大众媒体偶尔会提到这一因素之外，所有官方报告或国家对外评估中心的分析报告都没提过，可能是因为分析人员认为民族主义不能算作骚乱的驱动力。但我们怀疑事实并非如此。一些涂在墙上的标语叫嚣"美国人的国王去死"。在大不里士骚乱期间散发的传单上，提到"反伊斯兰的国王政权和篡权的美国君主"。在伊朗民间流传的演讲磁带中，霍梅尼用民族主义的口吻猛烈地抨击美国。国家对外评估中心曾在文中写道："美国人……给伊朗人民扶持了一个统治者……这个统治者已经导致伊朗沦为美国的殖民地。"霍梅尼还在磁带中嘲讽伊朗国王所说的把伊朗带入"最发达的工业国之列"，实际情况却是"在首都的大部分地区，人们居住在茅屋和地下室，连一桶水都要到很远的公共水龙头那里接。大家知道，伊朗拥有丰富的自然资源，有成为富裕国家的潜力，但大家看到外国人在政府高层安插代理人，以免这些财富落入贫苦大众之手"。（电报编号 Tehran Airgram A-60，日期 1978 年 4 月 17 日）

13. 伊朗人都知道美国在 1953 年政变中所扮演的角色，当然，他们知道的情况可能有点夸张。美国为伊朗国王政权提供了重要支持，过去几年尤甚。美国驻德黑兰大使馆经常指出，伊朗各界人士都认为美国插手伊朗国内事务，国王政权的支持者和反对者一致夸大美国对伊朗的影响力。因此，我们有理由相信，大部分民众把国王视为美国的傀儡。对许多民众而言，国王不仅是个令人鄙夷的统治者，还是一个不折不扣的外国代理人。迅速发起的社会动员促进了这一观念的传播，从而几乎无可避免地加剧了伊朗的民族主义情绪。我们相信，霍梅尼在很大程度上被视为民族主义的领袖。他屡屡批评美国，并一再呼吁削弱外国人在伊朗的影响。[1]

---

[1] 1978 年年末，关于霍梅尼排外言论的大量情报开始涌现，但在 11 月之前，官方报告或其他报告中少有提及。

14. 如果这个观点没错，便可以解释霍梅尼为何能在伊朗社会的世俗群体之间获得大量支持。虽然我们不能确保自己的想法正确，但国家对外评估中心在分析中完全没有提及民族主义因素确实令我们深感遗憾。分析人员知道，伊朗人都认为美国对伊朗发生的大部分事件负有不可推卸的责任，但在 1978 年的成品情报中并没有对这一事实及其影响进行讨论。之所以出现这种局面，首先，部分原因可能是分析人员只想汇报事实，而不愿意做主观推测性质的讨论，这是可以理解的。其次，在分析人员的意识中，往往把民族主义同针对美国人的恐怖袭击联系在一起，而在 1978 年 10 月之前，这种恐怖袭击非常少。最后，分析人员认为美国其实并未主导伊朗，伊朗国王也是一个独立自主的人。大多数美国人认为伊朗人的世界观是扭曲的，所以很难跟这些伊朗人产生共情。

15. 第三个因素是什叶派的民粹主义传统，这种传统形成的部分原因是什叶派内部没有公认的等级制度。毛拉和阿亚图拉不是由上级任命，而是被信众公认为智慧与虔诚之人，从而掌握权力。这就鼓励有抱负的现任宗教领袖表达信众的不满和诉求，从而激励他们站在民众运动的前线。8 月 17 日，美国驻德黑兰大使馆指出："在伊斯兰教什叶派中，没有制度化的等级，宗教领袖凭借其教区信众的一致认可而获得声望。我们所看到的一些暴力事件，都是由阿亚图拉们对其地位的激烈争夺引发的，而温和派显然没有从工人、小商店老板以及工匠那里获得支持。"（电报编号 Tehran 7882）虽然什叶派宗教领袖不会一直充当民众运动的领袖，尤其是当民众运动与其基本价值观和利益发生冲突的时候，但什叶派的激励机制意味着宗教领袖很可能会积极表达民众诉求，而且这种情况在过去时常发生，这就意味着大部分人（甚至那些不是深度信教的人）也指望宗教领袖来充当民众运动领导者。

16. 由于其他大多数反对派都遭到伊朗国王的压制，宗教领袖为更广泛的群体充当代言人，表达他们的普遍政治关切的倾向得到了加强。宗教领袖有来自忠实追随者的支持，所以相比一般人而言，他们可以更自由地发表言论。宗教领袖明白，国王如果禁止他们发表言论，付出的代价将会很大。他们备受瞩目，民众会因为宗教领袖是反对派唯一有辨识度的团体而追随他们，他们成为反对派的象征时，就会获得更多势力。（罗伯特·纽曼 [Robert Neumann] 大使在《国家情报评估》草案第 6 页的评论中指出了这一点。）在许多问题上，与霍梅尼持不同政见的人有很多，但他们加入了霍梅尼的麾下，原因或许在于这是唯一可以推翻政府的手段。1978 年 6 月 17 日的《国家情报日报》指出了这一现象："政治化的神职人员打着宗教旗号反对国王，成功利用了民众对于通货膨胀、居住条件恶劣、基本物资分配不均等问题的不满情绪，而这些都是城市工人阶级长期面临的问题。"1978 年 9 月 21 日，编号 Tehran 9157 的电报也指出了这一点。虽然把政治和世俗问题割裂开来也许有点牵强，但基本落脚点是重要的。很遗憾，在成品情报里没有出现这种观察问题的角度。

17. 第四个可能助长宗教反对派力量的因素，得到了分析人员的更多关注，尽管还存在重点强调与跟进的问题。正如分析人员所指，对于什叶派来说，"所有政府的存在都是不合理的"。（电报编号 78-006，日期 1978 年 2 月 10 日；电报编号 Tehran Airgram A-19，日期 1978 年 2 月 1 日，及 1976 年 2 月发布的《伊朗精英与权力分配》一文第 43 页）西方认为，什叶派混淆了世俗与宗教的界限，但在什叶派看来，神职人员作为政治抗议的代言人是理所应当的。事实上，即便我们非常清楚政治和宗教之间的界限，什叶派却很难意识到。在国家对外评估中心对宗教反对派进行的最深入讨论中，首席分析人员提出了以下观点："由于宗教、社会、政治和经济事务息息相关，穆智台希德（即宗教学者）可以在政治事务上提供指导，反对国家意志，成为反对派领袖。"（此处略去引文出处）遗憾的是，这个主题以及关于宗教反对派的其他相关主题，没有在春季和夏季得到详细阐述。如果读者完全了解什叶派传统，就没有必要去着重强调和详述了，但鉴于非专业人士很难理解美国正在打交道的这些陌生人，因此，更全面的论述还是有必要的。这些因素在大多数文章中都没有被提及（这或许是因为它们一直没有发生变化，而分析人员又觉得读者记得它们），也没有出现在 1978 年夏季正在起草的《国家情报评估》之中。

### 结论与评价

18. 总之，即便国家对外评估中心在当前危机开始前几年就对宗教团体所发挥的重要作用有所警觉，但如今回头看，我们可以发现，宗教反对派的很多因素在推翻伊朗国王的过程中发挥了有力作用，而这些因素在国家对外评估中心的成品情报中没有得到详细阐述。之所以出现这种情况，问题并不在于他们缺乏一两条关于宗教团体性质的重要线索，而是在于他们普遍不相信宗教领袖和广大民众不满情绪之间的联系。这一看法极大地影响了他们对所接收到情报的解读（这类似于所有先入为主的信念对情报解读过程造成的负面影响），尤其是导致分析人员未能敏感地意识到反对派可能集结于霍梅尼麾下。

19. 当然，我们在第9—18段中讨论的因素和相关论点是有争议的，因为这些论述得益于后见之明。之前，由于信息不充分，存在几种不同的分析思路，国家对外评估中心的分析人员没有考虑到这些因素是不难理解的。但令人不安的是，这些因素并非被否认，而是被忽视了。（这些因素至少出现在一些学术专家的想法中。）当然，分析人员不可能对每个观点的真实性加以评估，但这些因素当时应该得到仔细核查。因为如果这些因素切实存在，那就意味着宗教团体将会得到更多支持，反对派将变得更加团结，而伊朗国王面临的难题更大。

20. 如果有些分析人员能普遍意识到上述因素，就会对一些被掩盖的指标更加警觉。首要的是，很多学生和学生团体支持霍梅尼的抗议。一线报告中有时会指出一些看似奇怪的事实，比如，学生提出了"极度保守的诉求"（此处略去引用来源），或者学生与宗教领袖联手合作。1978年6月17日的《国家情报日报》指出，"激进的学生……加剧了今年宗教示威活动的影响"。但总体来看，美国情报人员对这股学生力量的关注寥寥无几。其实，学生力量应该得到更多关注，这主要不是因为他们的力量多么强大，而是因为很多学生没有支持反动计划。如果连学生群体都支持霍梅尼，那就表明要么霍梅尼的主张不像大多数美国官员所想的那样令学生反感，要么是学生单纯为了增强伊朗国王最强劲敌的力量，愿意支持在很多问题上意见相左的人。同样，也有零星报告指出，霍梅尼"在不同阶层的反对者中受到广泛的尊重，这些反对者不一定认同霍梅尼的宗教信仰，尤其是左派学生……该国虔诚的商人们以霍梅尼的名义筹集了大笔资金。这些资金都是大家自愿的，并不是强迫募集的"。(此处略去引用来源)这与许多妇女开始穿黑色罩袍的报告相一致，并非因为她们接受了保守派的宗教观点，而是因为穿这种传统服饰是她们加入抗议的一种方式。[1]

21. 1978年9月29日，编号Tehran 9157的电报指出，沙里亚特-马达里和霍梅尼"不会遭到逮捕"，而且霍梅尼的回归将对伊朗政府构成严重威胁。这份报告出炉的时间已经是抗议活动的后期，分析人员本应深入探讨这份报告的内容，但它从未引起过任何争论。1978年10月3日，美国驻德黑兰大使馆在编号Tehran 9555的报告中写道，谢里夫-埃马米认为，如果霍梅尼回国，"伊朗政府将面对严峻的选择，要么立即逮捕他，引发'类似于黎巴嫩的内战'，要么任由他逍遥法外，成为反国王力量的领袖"。如果是第二种情况，则表明国王权力将受到持久、严格的制约，而且霍梅尼所获支持的深度与广度无疑与大多数分析是不一致的。

22. 最后，多份报告指出，很多伊朗民众认为在阿巴丹电影院里纵火的是萨瓦克，而不是宗教极端分子（参考1978年8月26日的《华盛顿邮报》。这表明在伊朗民众眼中，冷酷无情、缺乏人性的是国王，而不是宗教极端分子。

23. 总之，国家对外评估中心在其成品情报中表达的观点认为，宗教人士之所以反对国王，本质上是反对现代化，导致分析人员忽视了一些零星的证据片段，这些证据表明反对派具有更广泛的基础。从霍梅尼是（或被伊朗人视为）民族主义、民粹主义领导者的角度来看，这些证据的意义最重要，他反对伊朗国王，很大程度上是因为国王的政权为外国人和

---

[1] 参考1978年5月17日的《纽约时报》以及莫顿·孔德雷克（Morton Kondrake）所写的《令人不安的伊朗现代化》一文，后者载于1978年6月18日的《新共和》杂志（New Republic），第22页。这种现象似乎开始于1977年中期。另见1977年7月25日编号Tehran A-124的电报。

富人的利益服务。如果分析人员不采用这个视角,这些证据就不会显得特别重要。

### 九、伊朗国王的处境以及外界看法

1. 1978 年,中情局收到一些关于伊朗国王在骚乱期间情绪状态的报告,其中有些是美国和(此处略去国别)驻德黑兰大使等人的个人观察,他们见过国王本人,有些则反映了伊朗人对国王的看法及对其行为的解读。现在回想起来,它们相当重要,因为如果将它们从浩如烟海的其他大量信息中剥离出来审视,会发现它们能揭示出国王情绪的变化模式。

**来自一线的报告**

- 1978 年 3 月 4 日,《经济学人》在一篇总体不错的文章中指出,外国人报告说伊朗国王对于发生的事态深感困扰和不抱幻想。
- 1978 年 5 月 8 日,美国驻德黑兰大使沙利文在编号 Tehran 4355 的报告中表示,在一次谈话中,国王看起来"疲惫不堪,意志消沉,几乎无精打采"。他已在思考自己的体制和改革计划是否出了问题。大使指出,这是他在派驻伊朗的十个月里首次看到国王情绪如此低落,并强调国王的这种状态让他印象深刻。
- 1978 年 5 月中旬,在发生一些重大的游行示威活动之后,伊朗国王和媒体代表举行了一次会议。1978 年 5 月 17 日,编号 Tehran 4742 的报告在评论这一事件和其他相关事件时说,"包括当权派的许多人,都想知道伊朗政府对示威者的策略到底是什么"。1978 年 5 月 21 日,编号 Tehran 4836 的报告称,对于国王在接受上述采访时表现出的"优柔寡断、紧张不安和含糊其词"表示关切。许多伊朗人得出的结论是,"国王正在面临日暮途穷的境地"。美国驻德黑兰大使馆指出,国王的疏忽源于他推行了一项不熟悉的政策,即自由化,没有得到足够的反馈就认为这就是他所计划的蓝图。([ 此处略去姓名]回忆道,伊朗国王在1975年宣布成立复兴党时,也给媒体留下了同样的印象。)

- 1978年5月21日,编号Tehran 4836的报告指出,当权派的许多人发现,在处理示威活动时究竟采取强硬路线还是温和路线,国王发出的信号前后矛盾。国王下达给警方的指令与下达给信息部的关于示威活动报道的指令,给民众造成了类似的困惑。(此处略去引用来源)

- 1978年6月1日,美国驻巴基斯坦大使馆在编号Islamabad 5380的报告中称,在5月26日见过伊朗国王的巴基斯坦高级官员"说,国王看起来'心烦意乱,十分惶恐',不再'信心满满'。据说国王无法理解民众为何要反对他"。

- 1978年7月10日,美国驻德黑兰大使馆在编号Tehran 6557的报告中称,伊朗国王对大使讲,除了继续实施自由化改革之外,他别无选择。大使指出国王似乎已经不再优柔寡断。

- 1978年8月7日,《美国新闻与世界报道》发表的一篇文章总体上对伊朗国王的前景持有乐观态度,但同时也承认存在缺乏经营信心和资金外流的问题,该文章还称国王的"民主实验……让许多伊朗民众感到不安"。

- 1978年8月的第二个周末前后,发自伊朗的三份报告汇总了一些零散的早期证据,表明民众对腐败问题深感忧虑,认为"国王正在失势",而且民众对该国局势感到不安。1978年8月1日,编号Tehran Airgram A-105的报告引述了一位人脉很广的消息人士的话,此人建议美国驻德黑兰大使馆考虑国王离开伊朗的情况,称国王虽然身体无恙,但精神消沉。(使馆对此评论道:"事实情况并没有悲观者说得那么糟糕。")(此处略去一行)称"最重要的关切可能是,(许多伊朗民众认为)国王可能正在失去控制权",以及"……他当前充满不确定性的行为可能引发混乱"。值得注意的是,9月15日,(此处略去姓名)报告说他认为国王已脱险。1978

年8月17日，编号Tehran 7882的报告指出，"伊朗的许多中产阶级和富人阶层认为国王的行动缺乏力度，认为他软弱且优柔寡断"。

- 1978年8月14日，编号Tehran 7700的报告指出，美国驻德黑兰大使馆临时代办于8月13日会见了国王，称国王看起来很健康。8月底，沙利文大使休假结束后返回德黑兰，在8月28日编号Tehran 8187的报告中称自己发现国王身体消瘦，精神紧张，意志消沉。

- 1978年9月，媒体开始注意到国王的状态和态度。9月4日《新闻周刊》报道说，国王在7月初生病，从人们视线中消失了6周。没有其他报道证实国王生病的消息。美国副国务卿纽森（Newsom）在7月9日见过国王，伊朗民众在7月下旬也见过国王（电报编号Tehran A105）。8月5日，国王公开发表了讲话。1978年9月9日，编号Tehran 8607的报告引述《时代》杂志一名记者的话，说国王"状态很差"，像是处于崩溃的边缘，语气非常消极。

- 1978年9月10日，编号Tehran 8614的报告指出，美国驻德黑兰大使当天会见了国王，"发现他疲惫，不开心，但精神状态要比一周前好得多……在过去几周内，国王扮演了类似于哈姆雷特的角色，没有朝着任何方向施加影响力。到今天为止，他看起来恢复了一点曾经的自信"。

2. 在军政府建立之前，国王的态度一直是人们感兴趣的话题。（此处略去11行）美国驻德黑兰大使馆报告称，伊朗国王在10月3日"再次郁郁寡欢"。（电报编号Tehran 9743，日期1978年10月5日）沙利文大使称，国王看起来愁眉苦脸，忐忑不安，但是在10月10日的一次会议上，他兴致勃勃，会议旨在"让他不再担惊受怕，将其注意力转移到亟须解决的自身领导地位问题上"。（电报编号Tehran 9872）10月24日，国王在会见美国大使的会议中"清醒，但不沮丧"。（电报编号Tehran 10383）（此处略去两行）

3.（此处略去一段）

4. 这些报告有两个主题。第一，在几个月的时间里，见过国王的人更多的是觉得他行为反常。他变得不安，消沉，郁郁寡欢，而不是充满魄力，专制独裁。第二，国王在不放弃实权（在第169—187页讨论过）的前提下推动政治体制自由化，导致习惯了坚定方向的支持者感到困惑。此外，他的行为导致追随者和其他很多民众觉得他正在失势。随着王权形象的削弱，人们更倾向于冒着风险去公开反对国王。

5. 我们不打算在此报告中分析伊朗国王的性格。值得注意的是，"他在前三分之一的统治时间内表现得举棋不定和优柔寡断"（参考《伊朗精英与权力分配》一文第17页），直到1953年推翻摩萨台后，他的信心才开始增强。在强力执政25年之后，也就是到了1978年，国王竟然开始表现出优柔寡断的迹象。1977年11月12日，《国家情报日报》的一篇长文评估国王的地位非常稳固，但也指出"尽管他看起来极度自信，内心却对自我价值存在怀疑"。

6. 国家对外评估中心的成品情报中注意到伊朗国王在夏末的情绪变化。因此说道："美国大使称国王因最近发生的事件而情绪低迷……"（参考1978年8月30日的《国家情报日报》）；"大使昨天称国王'疲惫，不开心，但精神状态要比一周前好得多'"（参考1978年9月11日的《国家情报日报》）；"……国王在压力下展现出其曾经的韧性，并且似乎恢复了自信心，但在上个月明显遭到打击……当时，他对于伊朗政治发展前景的展望尚不明朗……"（参考1978年9月14日的《国家情报日报》）；"上个月见过国王的外国观察人士一致认为，国王受到今年持续暴力事件的影响"（参考1978年9月20日的《国家情报日报》）。

7. 中情局国家对外评估中心关于秋季国王情绪和态度的评估，反映了一线电报里提到的国王跌宕起伏的遭遇，但倾向于持乐观态度。1978年10月23日的《国家情报日报》虽然对伊朗局势呈现出总体悲观的态度，但关于国王本人，依然给出了乐观描述："国王虽然有过短暂的情绪低迷，但这些并没有实质性地影响到他的领导力……"1978年10月20日，一篇名为《伊朗：负责任政府之前景》的文章写道：

国王曾有过情绪低迷的时期，因为他想到如果处理不当，自己苦心经营的一切将毁于一旦，他曾希望在20世纪80年代末建成一个能与西欧媲美的国家。在他充满信心准备处理许多问题时，这些情绪会随之变化。（此处略去8行）

8. 第二个主题，即很多伊朗人认为国王正在失势，起初引起了中情局国家对外评估中心的关注。9月16日的《国家情报日报》对此描述如下：

有迹象表明，在伊朗政府、商界和媒体中，有影响力的人抱着谨慎乐观的态度，认为国王可能已经把国家从混乱的边缘拉了回来。（此处略去一行）自8月初以来，人们的观点发生了明显的转变，当时民众普遍关注到，国王没能终止全国范围内的骚乱，意味着他正在失势。（此处略去引用来源）军事管制和政治让步稳定了国内局势，这种看法是大众普遍认知的一部分。

10月23日的《国家情报日报》再次提起这个主题：

国王最初对内乱和反对派的优柔寡断令人不安，在国王的支持者中，尤其是军方，认为他正在失势。国王的一些支持者首次开始思考一个没有国王统治的伊朗。

**结论和评价**

9. 如今回头看，关于国王情绪的变动，在足够长的时期内，出现了很多迹象，足以让中情局国家对外评估中心发出预警。这不是说让国家对外评估中心评判国王的行为存在哪些问题，而是说国王行为带来的后果比国王行为产生的原因更重要。从8月下旬开始，国家对外评估中心的成品情报确实体现了关于国王情绪的一线报告,在频繁会见国王的两位大使看来,国王的情绪在9月和10月似乎有所改善。但成品情报中没有讨论,国王一反常态地未能充分行使领导权打压反对派,可能对反对派及其支持者的士气造成的影响(我们应该注意到,在秋季之前,其支持者的士气是相当高涨的)。

10. 1978年夏季,国王对局势表现出优柔寡断,同时固执、坚决地推动自由化改革,并且安排儿子继位,没有镇压反对派。人们可能会猜测,随着夏季流逝,反对派开始嗅到成功的味道。美国驻德黑兰大使馆和中情局国家对外评估中心研判认为,国王如果选择实施镇压,是可以成功的。但问题不在于什么评估是正确的,而是像其他问题一样,这些问题只是被提到,而没有做出分析。读者们在阅读国家对外评估中心的成品情报时,确实能够在9月份了解到国王已有优柔寡断的迹象,并在10月下旬了解到国王的支持者开始对他失去信心,但关于国王的优柔寡断对伊朗政治发展、支持者信心以及反对派态度的影响,国家对外评估中心没有收到任何相关信息。我们不知道为什么这个问题没有得到足够的重视,但我们猜测原因可能有三点,一是人们先入为主地认为,如果国王觉得有必要镇压,完全可以镇压反对派;二是国家对外评估中心成品情报的格式本身不利于做出主观推测;三是秋季发生了太多事,给中情局汇报动态造成了很大压力,他们没有时间就此开展深入分析。

### 十、反国王情绪的强度

1. 要从广度和深度去判断支持国王和反对国王的情绪,是极其困难的。在我们所关注的这个时间段,几乎没有可用的直接信息。[1] 无论美国驻德黑兰大使馆,还是中情局驻伊朗情报站,都没有汇报明显可用的客观

---

[1] 关于人们在危机发生之前对这个主题的一般印象,可以参考1977年1月28日国务院情报研究局发表的《伊朗的未来》("The Future of Iran")一文第3页,以及1977年8月发表的《20世纪80年代的伊朗》一文第5节。

信息，比如抗议示威群体的规模和构成。游行的人有一万还是十万？规模在扩大吗？规模是不是大到需要出动大量武装部队才能驱散？参加的人都是来自哪个阶层？有新阶层的加入吗？一线报告没有回答这些问题。中情局国家对外评估中心从一线报告中获取的只是驻伊人员偶然的感想，而且这些感想可能是错误的。比如，使馆曾经评估道，国王的权力即便可能有所削弱，"沉默的大多数"还是支持保留国王。（电报编号 Tehran 10421，日期 1978 年 10 月 25 日）再比如，关于民众对戒严令的反应，使馆曾说："我们认为中产阶级的绝大多数……总体上对实施戒严是满意的。"（电报编号 Tehran 8563，日期 1978 年 9 月 9 日）但第二天，使馆改口说："愠怒的民众对于军事管制感到恼怒。"（电报编号 Tehran 8614，日期 1978 年 9 月 10 日）美国驻伊朗各地的领事们虽然也没有提供大量明显可用的客观信息，但他们比较悲观。比如，驻设拉子的领事指出："反国王情绪在伊朗社会根深蒂固。"（电报编号 Airgram A-15，日期 1978 年 5 月 14 日）驻伊斯法罕的领事报告称："公众的不满情绪普遍而强烈"，中上层的人士开始公开批评国王。（电报编号 Airgram A-007，日期 1978 年 8 月 3 日）大多数时候，中情局分析人员在研判过程中不得不依靠自己的主观推论，毕竟他们对许多重要群体的了解知之甚少——比如商人阶层、石油工人、工厂工人，甚至具有专业技能的中产阶级。我们认为，很多可以用于得出推论的基础信息尚未被分析人员挖掘出来。

2. 首先，政府本来想组织一些支持国王的机会，但以失败而告终，中情局分析人员原本可以就此发表评论。（参考 1978 年 8 月 20 日《华盛顿邮报》）早在 1977 年 12 月 27 日，使馆就承认："在复兴党激进分子的协助下，政府计划引导'沉默的大多数'站出来，让政府雇员、党员、教授、学生、家长和其他易于辨识的群体积极参与对国王表达忠诚的游行等活动，以压倒反对派……"（电报编号 Tehran 11408）如果对这种信息展开分析，就能提醒使馆和分析人员追踪这类努力的结局，毕竟伊朗政府认为这类努力很重要，很可能会在这方面耗费很多精力。我的理解是，多年来伊朗民众对支持政府的活动没有表现出太大的热情。伊朗政府在 1978

年未能成功发动民众表达对国王的忠诚，这就表明"沉默的大多数"是否真正支持国王或者支持情绪多么强烈，确实存在一些问题。同样，大使馆一个月后的报告称："初步调查表明，伊朗政府把库姆的宗教示威者描绘成无可救药的反对派的一系列口号，并没有办法动员中产阶级表达支持。"这一报告值得更多关注，而且值得尝试获取更多信息。使馆指出："虽然一些工人、农民、商人、政府雇员、学生和一些知识分子站了出来，参加支持政府的游行，但这并没有把中产阶级和政府紧密地联系在一起。"（电报编号 Tehran 961，日期 1978 年 1 月 26 日）同样，在大不里士骚乱爆发后，使馆指出："我们认识的一些教授和商人认为，局势已经到了他们自己某些重要价值观开始遭到威胁的时候……很多一直默默支持温和反对派的人开始三思而后行了。"（电报编号 Tehran 1814，日期 1978 年 2 月 21 日；另见电报编号 Tehran 4455，日期 1978 年 5 月 10 日）[1] 尽管反对派的势力在壮大，而且应该会挑战他们的价值观，甚至会影响其利益，但是这些人似乎没有公开举行支持国王的集会。

3. 如今回头看，反国王情绪的强度可被视为国王政权遭到颠覆的关键因素之一。我们当时就应该看到这个指标非常重要，因为当国王采取维持秩序的行动时，这种情绪对民众将会做出何种反应具有重要影响。如果人们反国王情绪不是很强烈，就不愿意承担遭到枪杀的巨大风险，这样一来，示威活动就容易镇压，所需的武力水平完全在政府能力范围之内。反之，如果反国王情绪很强烈，大部分参与示威的人愿意牺牲自己，那么部队将不得不进行大规模杀戮，正如许多报告和文章指出的那样，这可能重挫部队士气，甚至可能严重到无法继续依赖部队的程度。令人遗憾的是，民众反国王情绪强度很少被提及。1978 年 7 月 21 日，一名顾问（此处略去姓名）曾经在《国家情报评估》草案的评论中提及这个话题，但仅仅提

---

[1] 1978 年 1 月 18 日，编号 Tehran 665 的报告汇报了伊朗政府成功动员支持者参加集会的情况。1978 年 4 月 17 日，编号 Tehran Airgram A-60 的报告指出，霍梅尼注意到支持政府的集会和反对政府的集会存在规模差异。他的看法当然存在偏见，但基本观点正确。

了一下而已，没有后续分析。

4. 另外两类事件或许也可以提供关于反对派规模的信息。首先是频繁的、长时间的闭市现象。中情局国家对外评估中心应该给予更加密切的关注，因为即便许多商人是被迫关闭店铺的（这是美国驻德黑兰大使馆的说法，即便使馆没有出示证据证实这一说法，它仍然具有可信度），闭市也算得上一种预警信号，因为这表明了反对派力量很大，国王要么不愿意阻止他们，要么没能力阻止他们。如果说闭市是抗议运动的一个重要组成部分，而伊朗政府想让集市恢复运营，那么政府的失败是值得关注的。如果说闭市是对反对派表达真诚支持的方式，商人阶层愿意为此付出代价，那就表明他们的反国王情绪十分强烈。此外，如果那些因闭市遭受不便的人没有指责抗议者，或者没有迹象表明他们指责抗议者，那就表明反对派的潜在支持者范围非常广。来自一线的报告既不全面也不详细，但频繁提到店铺和集市关闭的报告应该被搜集起来加以分析。[1]（1978年1月16日编号Tehran 548 的报告就属于这类）（此处略去6行）

5. 其次，虽然一线人员不能与示威者交流，无法获得关于他们动机和忠诚度的信息，但造成重大伤亡的持续抗议活动本身就说明反国王情绪的强度。（此处略去3行）国王和观察人士很早之前就应该意识到这一点，但实际上并没有。比如，1978年9月6日，《国家情报评估》草案第Ⅰ小节第14—15页提出这样一个误判："如果国王被逼得太狠，那么他可以动用的武力水平能够阻止最强大的反对派。"这种误判原本可以扭转。毕竟面对国王的武力威胁，示威者继续抗议示威，反国王情绪无疑非常强烈。正如我们在前文提到的那样，伊朗是一个特殊的国家，可以说是独一无二的，手无寸铁的民众在面对频繁造成重大伤亡的政府军时，只能不断地走上街头抗议示威。当然，在这种情况下，民众能上街抗议5次，不代表他们有机会参加第6次。任何个人和群体都有自己的极限，有时在没有太多预警的情况下就会达到极限。即便事后再看，我们也不能确定如果国王没

---

[1] 1978年5月11日，《国家情报日报》提到"在今年之前，集市已经十多年没有关闭过"，但这一信息没有再被提及。

有那么克制，而是下令军队射杀更多民众，结局会怎么样，但分析人员至少应该从示威者愿意承担巨大风险的事实中获取更多关于反国王情绪强度的信息。

6. 基于示威活动观察的报告也支持这一结论：

据与记者交谈的异见人士说，警察在向人群开枪之前，会想尽一切办法控制人群。包括采用催泪瓦斯、消防水管和朝着脑袋上方开枪这些不太极端的方式。然而，暴民近乎疯狂，那些方式对他们不起作用，甚至在警察开枪时，民众直接冲向警察的枪口。（此处略去引用出处）

1978年9月9日，编号Tehran 8563的报告指出，士兵在9月8日向示威人群开枪之前，先对天鸣枪示警，但是抗议者并未散去。这一点没有被分析人员讨论的部分原因可能是，在前几次发生这类事件之后，分析人员已经习惯了反对派甘愿冒生命危险的事实。但事实上，这种行为并不常见，而且任何政权都很难应付如此过激的反对者。[1]

## 十一、1977—1978年伊朗国内经济形势

1. 由于伊朗国王的全速发展计划及其带来的通货膨胀、腐败、收入分配不均和社会动乱等后果无疑影响了国内政治气候，我们认为需要对伊朗国内经济事务的相关情报开展一些讨论。在这一节中我们对此进行概述，讨论伊朗国内经济事务与政治情报的关系，探讨政经综合分析的问题。[2] 我们在这里应该注意到（此处略去12行）。

2. 关于伊朗国内经济形势的成品情报数量并不多。1977年有三份。

---

[1] 这并非说鸣枪示警从未驱散过示威人群，有时的确驱散过。1978年10月23日，美国驻德黑兰大使馆在编号Tehran 10338的报告中提到过这一点。
[2] 我们并没有评价中情局国家对外评估中心对于伊朗经济形势研判的质量，我们认为这超出了任务范围。该中心更多地关注伊朗的石油事务和对外经济关系。

其中一份是应国务院情报研究局的要求，分析了伊朗国防开支计划的影响。据1977年1月7日的那份备忘录记载，伊朗虽然有能力在军事装备上投入100亿美元，但这一大笔国防支出将对经济造成不利影响，因为这将吸引走熟练和半熟练劳动力，并且军事投入已经在助长通货膨胀。

这份备忘录指出：

伊朗虽然在经济上负担得起这笔军费，但其国内经济后果难以承受。如果不投入巨额军费，伊朗目前的经济形势不会如此严峻。军事建设对于资金的需求在1976年预估为22亿美元，将加剧其他行业的物资匮乏和人才不足问题。军事物资和粮食在港口共享优先卸货权，这严重加剧了港口和道路拥挤程度。此外，目前通胀率高达20%，军费支出无疑是主要影响因素。

这份备忘录的结论是："国防支出对经济造成的影响，不太可能给国王带来严重的政治问题。"

3.《20世纪80年代的伊朗》一文有两节涉及伊朗经济问题。一节与伊朗农业有关，认为农业是伊朗未来发展的关键因素，"国家必须在尽最大限度减少对进口粮食依赖的情况下养活国民，不然国王的其他发展计划可能毫无意义"。这一节描述了土地改革的成功之处及其严重不足，并在结尾处做出以下研判：

如同更为显眼的工业发展一样，伊朗农业发展也受到政府强力推动，但总体来看，农业发展较为滞后。农业问题可能持续很长一段时间，而且随着伊朗发现有必要进口越来越多、越来越贵的食品，这些问题会变得更加紧迫。农业生产面临的压力将会随之加剧，官僚和农民之间的紧张关系可能会加剧。

另一节与伊朗总体经济有关，以合理乐观的措辞描述了伊朗规划的农业发展前景。报告指出了一些问题，但没有强调这些问题的普遍性，并判断伊朗"可能会接近国王的目标,即到 20 世纪 80 年代人均国民生产总值与西欧持平",不过收入分配将严重不均。总而言之,涉及伊朗经济的这两节内容是描述性的,而不是分析性的,其中很少的分析也不是特别深入。(这篇论文是中情局在开展政经综合分析方面所做的早期尝试,但并没有在这方面取得成功。)

4. 1977 年 9 月,应白宫经济顾问委员会主席的要求,中情局经济研究办公室评估了伊朗的经济发展政策。1977 年 9 月 28 日的这份报告指出,首相阿穆泽加尔领导的新内阁被任命之后,一系列的声明称国王被迫放弃了他那套孤注一掷的发展政策,伊朗政府正在采取一种经济状况能够承受的增长政策,延长了发展计划,并努力控制通货膨胀。这份报告估计,在截至 1976 年年底的 16 个月里,有 20 亿美元的私人资本逃离了伊朗。该报告还指出,到 1978 年 3 月"五年计划"结束时,政府运营支出和国防支出将远远超过计划水平,发展支出将远远低于"五年计划"预测的水平。该报告研判,新发展计划的实施将给伊朗经济带来必要的缓和,而延长发展计划将"更加适应石油产量缓慢增长的预期及熟练劳动力储备增加的难度"。

5. 从那时到 1978 年初夏,关于伊朗经济的报告主要集中在国际经济和石油相关的问题上。石油问题在《国际能源双周刊评论》中经常被提及。1978 年 8 月,《1985 年之前的石油市场》("The Oil Market Through 1985")一文对伊朗石油的未来做了简要评估。

6. 1978 年 6 月 23 日,编号 34-L-78 的《国家情报评估》在涉及伊朗经济的那部分报告中描述了伊朗的经济情况,指出了 1975—1977 年估计每年 20 亿至 30 亿美元的外汇流失所造成的问题。它描述了通货膨胀、运输瓶颈等问题,这些问题可以归因于国王试图在短时间内采取过多行动,以及 1977 年经济增速的大幅放缓。它还特别指出,伊朗在 20 世纪 60 年代末就已经实现了粮食自给,而现在只有 75% 的粮食自给,如果当前观察到的趋势延续下去,到 1985 年这一数字可能会降至 50%。在后来《国家情报评估》草案中,这一数字被提高到 60%。

7. 这部分经济报告指出，"大多数伊朗人从石油和建筑繁荣中几乎没有获得什么"，伊朗人强调军事开支及大型工业和核能项目，"在未来几年，为直接有利于伊朗消费者的计划提供的资金"将所剩无多，政府为民生所做的努力将"可能局限于必要的食品进口和价格补贴……估计每年要耗费10亿美元"。所有的观点都是正确的，但在未来的《国家情报评估》中没有得到进一步探究。

8. 1978年8月30日的《国家情报日报》评估了伊朗新任首相谢里夫-埃马米宣布的经济计划，研判内阁更迭不太可能让伊朗消费者或投资者相信经济将会改善，因为"解决伊朗根深蒂固的经济问题……需要的不仅仅是一个新的管理团队"。

9. 随着伊朗危机的规模明显扩大，经济情报的数量有所增加。9月份发布了三份与伊朗经济形势有关的情报产品。1978年9月5日的一份情报产品（略去该情报产品名称）很好地总结了伊朗农业发展情况。它认为伊朗土地改革已经实现了政权的大部分政治目标，"大多数农民现在拥有他们耕种的土地，而曾经强大的地主已经失去了赖以存在的政治基础"。"土地改革对经济和社会发展具有积极影响，但并不显著"。它接着指出，农业一直"不是政府重点发展的领域"，因为尽管伊朗政府口口声声说粮食自给自足，但粮食进口量却是1973年的4倍，每年花费约20亿美元。

10. 1978年9月14日，《伊朗：新政府保持经济低姿态》（"Iran: New Government Maintains Low Economic Profile"）这份报告很好地描述了伊朗的经济问题，特别是新政府面临的经济问题。它指出，伊朗人民对国王发展重点事项的不满加剧了政治和宗教动荡，并研判新政府需要安抚社会某些阶层，从而可能导致政府的经济政策从工业与核发展转向农业部门。这篇论文的主要信息在9月18日的《国家情报日报》中得到了重申。

11. 伊朗粮食供给方面的问题已经在《国家情报评估》和9月5日那份非机密备忘录中有所提及，后来，这些问题又在1978年9月21日那份名为《伊朗：粮食进口需求大幅上升》（"Iran: Massive Rise in Food Import Needs"）的报告中作了比较详细的讨论。它指出，伊朗粮食进口为每年耗费 20 亿美元，预计将以每年 15% 至 17% 的速度增长，按今天的汇率计算，到 1985 年很容易增长两倍，达到 60 亿美元以上。

这份报告的结论是：

考虑到 20 世纪 80 年代早期到中期的食品进口账单如此之大，伊朗国王可能会被迫做出关于进口优先次序的艰难决策。除非石油价格大幅上涨，否则石油出口量的下降将在 1981 年造成相当严重的经常项目赤字。届时，伊朗国王要么被迫减少政治敏感的食品进口，要么被迫减少资本货物或军用物资进口，以避免外国资产迅速减少。目前伊朗的外国资产总额约为 180 亿美元。

1978 年 10 月 14 日的《国家情报日报》重申了这份报告的主要信息。

12. 1978 年秋季的情报产品主要论述伊朗石油减产和油田罢工问题。1978 年 9 月 29 日的《国家情报日报》指出，伊朗石油行业从 9 月下旬开始受到冲击，但几乎没有受到直接影响，因为监管人员可以维持设施的运行。政府对许多部门罢工作出的反应是满足大多数罢工者的要求。1978 年 10 月 7 日的《国家情报日报》指出，政府看到"国王的宗教和政治反对派在幕后操纵工人对经济状况的不满，将其转化为大规模的政治抗议"。1978 年 10 月 14 日，《国家情报日报》上的一篇政经综合分析文章指出，"鉴于持续的政治动乱，伊朗政府被迫重新安排其优先经济事项"。但它指出，这种优先事项转变带来的影响是有限的，原因在于：

尽管高层显然已经做出决定，将军事和核项目资金用于农村发展、基础设施和社会福利项目，但大部分削减不会影响当前或明年的预算。政府将不得不寻找其他手段去支付公共部门工人增加的工资。

政府对大量工资和福利诉求的屈服，正在解决政府雇员和产业工人的大范围罢工，这对经济的影响还无法确定，但几乎可以肯定会导致通胀加剧。

13. 一系列报告显示，油田面临的困难越来越大，到10月底，产量已降至正常水平的四分之一。（参考1978年10月31日的《国家情报日报》）在伊朗国王任命军政府的第二天，《国家情报日报》指出："新政府面临的一个主要考验，将是说服罢工者重返工作岗位的能力。在至关重要的石油行业，罢工已经扩大到包括后勤工人在内。"（参考1978年11月7日的《国家情报日报》）

14. 1978年11月9日第045号《经济情报周报》报告称，伊朗经济形势处于动荡之中，其影响将持续多年。这份报告指出，自1978年年初以来，资本外逃数量虽然无法精确计算，但一般的评估金额在30亿至50亿美元之间。等政治稳定得到一定的恢复之后，政府将发现促使经济回到正轨是一个非常复杂和紧迫的问题。

### 结论与评价

15. 记录显示，在1978年中期之前，伊朗国内经济状况在中情局成品情报中得到的关注相对较少。显然，政治抗议在某种程度上可以归咎于经济发展计划催生的社会混乱，但我们认为要求中情局管理者和分析人员当时就对政治与经济之间的相互作用保持警惕是不公平的。虽然一些情报产品确实提到经济问题的政治影响，但似乎并没有做出多少努力以把政治分析和经济分析结合起来。比如，阿穆泽加尔政府为经济降温的政策提高了失业率，引发了政治后果，而中情局的情报产品没有意识到这些政治后果。我们认识到，中情局这个组织缺乏政治经济学思维，如同大学校园一样，其不同的学科由不同的部门负责。我们知道管理层现在已经意识到这个问题，并正在制定解决方案。要解决这个问题并不容易，在我们看来，正是缺乏将政治与经济（这两个术语的使用范围都很广）联系起来的系统方法，导致中情局国家对外评估中心无法认识到伊朗社会的经济问题所造成的政治后果。正如前文所提到的那样，财富分配不均、通货膨胀以及随之而来的紧张局势，是导致普通伊朗人示威和暴力反对国王的因素之一。

### 十二、美国驻伊人员与反对派的接触

1. 美国官方人员与伊朗反对派的接触很少,现有的联系对象都是思维比较现代化的、非宗教界的反对者。1976 年 11 月 4 日,《焦点评论》第 4 页指出了一个明显的问题(但其结论并没有多大帮助):"虽然使馆官员与伊朗国王的反对者会面在政治层面是困难、敏感的事情,但使馆应该同反对派建立尽可能广泛的接触。"

#### 接触反对派的益处

2. 关于反对团体想法和计划的情报,本身并不足以让我们全面理解其反对国王的情绪,但会带来四方面的实质性益处。第一,分析人员能够将各种示威活动的规模和强度与反对派领导者的预期进行比较。在示威规模很小或不存在示威的情况下,如果能知道反对派有没有任何示威计划,或者是否曾经尝试发起示威却没成功,那将对情报研判颇有益处。比如,根据反对派是否试图让人们走上街头,对伊朗局势频繁出现平静期的解读就会有所不同。

3. 第二,如果中情局国家对外评估中心更多地了解反对派的组织类型和组织化程度,也会对情报研判带来益处,因为这是衡量反对派力量的一个重要因素。与反对派的接触,无论是通过公开对话,还是通过秘密渗透,都会提供一些有用的信息。比如反对派的纪律有多严明,采用哪种通信网络,领导者如何能够及时了解追随者的想法,可以支配什么资源,以及他们面临什么样的制约。分析人员能更好地了解反对派的优势和劣势,更深刻地了解他们的投入程度,并搞清楚他们是否有能力持续发起风险重重,甚至需要放弃金钱和生命的示威活动。当然,这类信息不可能没有模棱两可之处,只要分析人员坚持第 188—192 页讨论的那些先入为主的观念,就很难判断这类信息是否会导致他们对国王继续掌权做出截然不同的评估。

4. 第三,与反对派进行更多的接触,无论是通过公开对话,还是通过秘

密渗透，都有助于分析人员研判反对团体之间的关系（很难说帮助有多少）。这种关系是一个重要问题，我们已经在其他地方讨论了关于这一点的已知情况和分析人员得出的推论。多接触反对派，可能会获取一些最高领导者之间的讨论内容，也可能会让中情局国家对外评估中心了解到不同团体之间的合作方式，产生了什么样的摩擦，以及各方是否坚定组成一个能够持续发挥作用的反对派联盟。此外，分析人员可能更好地了解温和分子和极端分子之间的权力分配情况，以及前者是否有能力同政府达成后者所反对的协议。

5. 第四，也是最重要的一点，多接触反对派可能产生有助于更充分、更好地了解以宗教为基础的反对派的信仰和动机。在第147—150页，我们讨论了这方面存在的问题。分析人员知道关于反对团体的描述是基于有限信息，若能通过更多一手报告了解宗教领袖及其追随者的言论，他们的不满以及他们对现代化的态度，就有可能改变对这些反对团体的描述。

### 与伊朗社会各界联系的益处

6. 这些益处虽然重要，但仍未触及问题核心，即反对派能在自己的圈子之外获得多少支持。在这一点上，如同大多数抗议活动一样，反对派领导者也只能依靠猜测。事实上，据报道，民族阵线"如同其他所有人一样，对大不里士发生的暴力事件感到震惊，除了利用被压迫人民拿起自由的棍棒及类似套话去解释之外，他们也不知如何解释"。（电报编号Tehran 1879，日期1978年2月23日）如今回头看，这句陈词滥调似乎有很大的真实成分，大量的人憎恨国王，并将宗教反对派视为反对国王政权的象征和载体。多接触反对派，可能会发现它大量吸引了在诸多问题上持有不同看法的追随者。但比多接触反对派更重要的是，要多接触形形色色的人群，这些人既不是政府精英，也不是反对派精英。了解普通群体的观点虽然不会催生明确的预测，但极其宝贵。因为如果缺乏此类证据，分析人员只能被迫对不同群体和阶层的反应做出主观假设，而这些主观假设似乎主要基于一种先入为主的观念，即大多数人都理解国王的现代化计划所带来的好处。[1]

7. 值得关注的是，在这方面，美国驻伊朗各地领事馆的报告总体上比使馆的报告悲观。事实上，使馆一度注意到这一现象，并解释说，它不同意驻大不里士领事令人震惊的观点。（电报编号 Tehran 1879，日期 1978 年 2 月 23 日）一种可能的解释是，领事馆的官员与伊朗社会各界人士都有直接接触，日常活动涉及与精英阶层之外的许多人打交道，这有别于使馆官员。（对于他们的悲观情绪，也有其他可能的解释，比如他们之前的观点一贯很悲观，他们驻扎在比德黑兰更具革命色彩的城市，以及政策考量对他们的影响较小。）

8. 在发自伊朗的一线报告和中情局国家对外评估中心的情报产品中，注意力集中在伊朗精英身上，似乎一部分是主动选择的，另一部分是出于必要性的考虑。之所以主动选择聚焦伊朗精英阶层，是因为人们相信精英之间的互动将强烈影响国家的未来，尤其是当国王去世或放弃权力时。同时，关注精英阶层也有必要性，因为关于其他社会阶层的信息很少。（这并非说很容易获取关于精英阶层的可靠、有用信息。）美国驻德黑兰大使馆和中情局驻伊朗情报站的报告以及各种开源信息，对诸如集市小商贩、石油工人这类群体知之甚少，而我们现在意识到这些群体相当重要。关于社会组织性较差的阶层，信息就更少了。即便现在，我们也不知道反国王示威活动的人员构成。因此，分析人员无法对精英以外的群体做出太多评价，最多只是指出这方面缺乏重要信息，要求一线人员改变情报搜集的优先次序。要确定情报搜集的优先事项，就要对伊朗总体政治形势进行更彻底的研究，以试图确定精英的操纵在多大程度上决定了伊朗的路线，以及其他阶层在多大程度上积极参与示威活动。这种分析的确困难，因为在这一点上没有普遍适用的指导方针。但没有人试图解决这个问题，也许是因

---

[1] 1978 年 9 月 6 日的《国家情报评估》草案第 II 小节第 15 和 17 页认为，"在石油和建设热潮中，大多数伊朗人的生活水平几乎没有改善"，并得出结论说"国王的发展计划似乎可能导致城市穷人日益增长的不满"。但这一观点后来没有得到充分论证，似乎并未对大多数政治分析产生强烈影响。

为资源有限，或者是因为人们认为，即使关于非精英群体的信息有用，也无法获得。

### 十三、政策偏差

1. 经常有人声称，分析人员为了支持美国官方政策而扭曲了本应客观的研判，但通常很难找到明确证据。伊朗这个案例就是如此。关于伊朗的情报，总体上与美国的伊朗政策相一致，但这并不意味着后者影响了前者。即便存在这样的影响，分析人员也没有意识到。

2. 在某些情况下，人们发现，随着越来越多的信息表明某项政策将要失败，人们（包括分析人员和政策制定者在内）对这项政策的坚持力度反而会加强。伊朗案例并非如此。在某些情况下，政治氛围不好，警告政策将要失败的分析人员有充分理由担心自己会受罚。同样，这也不适用于伊朗案例。

3. 如果政策对情报分析具有强烈而直接的影响，人们会认为，与美国政策联系更紧密的国务院情报研究局将比中情局国家对外评估中心受到更大的影响。但事实上，前者反而比后者更加质疑伊朗国王维持权力的能力。此外，如果政策对情报分析有很大影响，人们就会认为，与伊朗国王存亡没有利害关系的新闻记者会比官方报道悲观得多，但事实亦非如此。

4. 至少存在这样一种可能：分析人员认为除了美国政府的现有政策之外，没有其他选择，因为伊朗的现实情况不允许美国有其他选择，或者因为美国政府致力于支持国王及其自由化政策，从而妨碍了分析人员认识到伊朗局势多么不稳定。如果一名分析人员认为发出预警是无用的，那他就不太可能觉得有必要发出预警。我们不能肯定这种影响是否在起作用。即便起作用，也是停留在潜意识层面。然而，中情局国家对外评估中心对政府人权政策负面影响的分析可能有所缓和，以回应情报部门已经完全涵盖这一话题的信号。

5. 要确定情报分析是否受到政策影响，尤其困难，因为分析人员普遍认同政策。概括地说，如果审视一下政府内部人士和非政府人士的观念，就会发现，如果一个人原本就认为伊朗国王政权总体上对伊朗人民有利，他就会觉得支持国王符合美国利益，国王政权相当强大，能够维持权力。反之，如果一个人原本就认为伊朗国王是邪恶之人，那他就会觉得支持国王损害美国利益，国王政权相对脆弱，无法维持权力。关于国王对伊朗是好是坏的判断，很可能影响了分析人员对反对派力量的解读。同政府内外对伊朗政权持有温和看法的人相比，那些反对伊朗国王的记者和学界人士对其幸存机会的看法较为悲观。在某种程度上，这是合乎逻辑的。只有当人们相信国王能够幸存下来时，支持他才有意义。如果人们相信国王的行为是为了大多数同胞的利益，那就可能认为他在国内得到了很多支持。

6. 即使情报分析没有直接受到政策的影响，前段描述的三个密切相关的因素也会相互加强，即便有情报表明伊朗国王陷入了严重麻烦，分析人员决定是否采信的过程也特别缓慢。很难说这三个因素中的哪一个出现更早或更为重要。随着国王度过了危险岁月，人们越来越相信美国应该支持他，而且相信他也帮了很多伊朗人并赢得了他们的支持（否则他无法存活下去）。当人们开始相信他是一个优秀的统治者时，就越来越希望他能存活下去。（此处略去脚注）此外，美国政府外部那些在1978年初秋就认为伊朗国王可能倒台的人是一直反对国王统治的人，这一事实可能导致分析人员觉得，国王可能倒台的预警似乎（或可能）是这些反对者一厢情愿的产物，从而为分析人员提供了一个轻松的理由去降低这类预警的重要性。

7. 一个相关的问题是，观察人士对抗议者明显缺乏同理心，这反映在他们的措辞上。他们曾经用过这种措辞："在街道上横冲直撞"的"暴民"（1978年2月10日）；"肆意破坏"（电报编号 Tehran 5131，日期1978年5月30日）；"毛拉煽动"（电报编号 Tehran 8353，日期1978年8月31日）和"不负责任的"反对派。（1978年8月10日《国家情报日报》）虽然一线报告的措辞比成品情报的措辞更富有主观感情色彩，但公平地讲，我们认为即便成品情报的读者也能根据措辞的感情色彩去判断出作者想要的结果及其害怕的结果。这或许表明或造成了一种微妙的偏见。

8. 革命前所未有的性质和伊朗国王多次化险为夷的记录，导致人们很容易把过去作为预判未来的向导。反之，如果预判动乱能成功，那就意味着预判伊朗事态会突然发生戏剧性的、难以想象的变化。如果美国保持中立，甚至反对国王，情报分析任务就会非常困难。但我们不能完全排除这样一种可能性，即美国政策的微妙影响可能导致分析人员更难意识到伊朗国王的地位越来越不稳定。（此处略去 11 行）

**结论**

一直跟随我们读到这里的读者不难发现，中情局国家对外评估中心之所以未能准确评估 1978 年伊朗国王处境的恶化，原因不止一种。如同生活从来没有那么简单。我们列举了许多原因，比如分析人员获取的信息不足，固有信仰和思维定式造成的影响，伊朗事务分析人员数量少且相对孤立，以及中情局的情报产品生产系统更加注重汇报最新发生的事件，而不注重分析事件背后的根本原因。我们总结了一个双重诉求：分析人员要重新审视自己先入为主的假设和观念，中情局的管理层则要创造一种有利于对外交事务开展深刻分析的工作环境，而不能仅仅注重汇报最新事态。

**十四、中情局对事后分析报告的评论**

**（一）克劳斯·克诺尔致罗伯特·鲍威的信**

日期：1979 年 7 月 17 日

主题：事后分析

**对事后分析的评论**

1. 事后分析工作严谨细致，深刻敏锐。

2. 总体研判几乎无误。显然，中情局国家对外评估中心未能预料到 1978 年年底伊朗局势的演变进程，也可以说，该中心的确收到了一些表明国王脆弱不堪的证据。单单对于一些关键问题，比如综合所有信息来看，国家对外评估中心的研判是否合理，以及该中心是否存在难辞其咎的情报失误，事后分析报告并没有给出明确答复。这种拒绝给出明确答复的做法显然值得肯定，毕竟无论如何，直截了当的答复都不可取。更为现实的问题是，必须集中精力去思考研判失误的程度（当然，还有类别）。事后分析报告仔细权衡了各种研判，指出存在更高程度的、不合理的情报失误，谁也无法为这种失误做出决定性的辩护。虽然事后分析报告的作者们知道且承认借助后见之明去评判之前的评估结论存在难度，但他们似乎并没有完全克服这种困难。其实，相当多的证据都支持这样一个论点：事后分析过程无法摆脱后见之明的影响。

3. 在评价研判失误时，明确评价对象十分重要。伊朗革命显然是不同寻常、几乎前所未有的大事，谁都无法预见所有细节，就连伊朗革命者本人也预料不到。因此，事后分析报告的作者们把情报失误的评价对象限定在国王的掌权能力以及反对派的力量上，这是正确的做法。因为如果评判对象设定过高，也就是说，不是评价发生革命的可能性，而是评价其精准的演变过程，这将导致问题更加困难和棘手。

4. 虽然事后分析报告在评判情报失误的程度时有些苛刻，但它重在识别和探讨导致情报失误（无论其真实程度如何）的原因，这是事后分析报告的价值所在。

5. 这份事后分析报告的贡献值得认真研究。作者采用的分析框架中没有什么新的东西，基本分析模型源自现有的情报理论，尤其是威胁感知理论（罗伯特·杰维斯在其前期作品中对此有重要贡献）。

**导致情报失误的因素（基于事后分析报告）**

（此处略去 9 段概要）

15. 最后，也是非常有趣的一点，就是分析人员倾向于用一个较短的时间范围去开展评估，但《国家情报评估》将伊朗问题置于较长时间范围。结果证明，导致伊朗局势不稳定的关键问题都是短期性的。探讨长期稳定问题反而强化了不存在短期问题这样的假设。

16. 事后分析报告可能忽视了另一个角度，而且是极其敏感的角度。事后分析报告认为，有足够的情报质疑"伊朗国王权力稳固"和"伊朗反对派力量软弱"的基本假设。然而，如果对这种先入之见进行认真的重新审视，将很难避免美国对伊朗政策的影响。美国关于伊朗人权和政治自由化改革的要求不仅把国王推向了不安全的境地，还涉及他是否认为美国政策制约了自己动用军队恢复秩序的权力。

17. 事后分析报告的作者们没有明确地为所有影响情报评估的因素分配权重，但他们似乎表明第 6、7、10 段列出的因素居于主要地位。虽然信息不足也是一个值得排在前列的因素，但作者们的这种判断也说得通。

18. 尚有三个问题需要回答：（1）事后分析报告的哪些部分可以接受？（2）国家对外评估中心表现出来的失误能否得到补救，至少是部分补救？（3）如果可以补救，应该如何做？

## （二）克劳斯·克诺尔致罗伯特·鲍威的信

日期：1979 年 7 月 18 日

主题：对伊朗的早期评估

### 对伊朗的评估记录（1960—1975）

（此处略去三页概要）

### 评论

1. 20 世纪 60 年代（尤其是 20 世纪 60 年代早期）关于伊朗的评估，比 70 年代更频繁，原因何在？

2. 前五份评估主要聚焦伊朗国内事务。1966 年，评估重点转向其外交角色。最后一份评估（1975 年）兼顾上述两个方面。

3. 相对而言，20 世纪 60 年代初期关于伊朗的情报评估，在分析质量和评估质量方面都比后来的好。前期评估表明，在独裁统治下，经济快速发展必然造成不稳定，暴力剧变虽然不会很快发生，但从长远来看必然发生。（如今回头看，这些评估结论非常准确。）

4. 1966年3月那份《国家情报评估》关于伊朗局势的主调，同之前历次评估截然不同。这个新主调又在1968年5月《特别备忘录》（Special Memorandum）中得到了牢固确立，即伊朗国王当前地位稳固，反对派虽然依旧存在，且可能壮大，但力量软弱，存在分歧。如今回头看，从1978年到革命危机爆发这个时间段，这个新的评估主调一直占据主导地位。

5. 有趣的问题是：为什么这一基本假设在1966年和1967年发生了重大改变？我不知道，只能列出一些可能性：

（1）这是由"狼来了"的现象引起吗？（这不是很合理，因为之前历次评估都认为伊朗只有在遥远的未来才可能发生剧变。）

（2）这是因为伊朗国王的武装力量迅速壮大，而且他们认为这是镇压活跃反对派的有效手段吗？

（3）这是由信息传播恶化引起的吗？如果是，为何会发生这样的事情？是不是主要因为国王仍牢牢掌权这种新主流说法，使得有关伊朗国内政治的信息被降低了优先等级？

（4）这是由美国改变伊朗政策引起的吗？如果是，其方式是什么？

（5）这是由分析人员工作能力变化引起的吗？

（6）这是由国务院情报研究局职能下降引起的吗？

## （三）大卫·布里对事后分析报告的评价

日期：1979年7月19日

1. 事后分析报告的要旨是，1978年，中情局国家对外评估中心（和情报分析界其他部门一样）在伊朗问题上表现不佳，主要因为分析人员在危机前对伊朗持有坚定看法，这导致他们未能充分重视与其固有看法存在矛盾的一些证据。事后分析报告援引了两个根本性误解：

- 如果国王认为自己很可能失去对局势的控制权，将动用武力有效镇压反对派；

- 反对派将陷于分裂境地而不是追随霍梅尼坚持的极端立场。

2. 我基本认同上述观点，但我认为，事后分析报告有些夸大其词和过于简单化。有时，事后分析报告甚至会歪曲与其观点不一致的事实。比如，它在第 48 段指出，关于伊朗问题的《国家情报评估》的起草工作"始于 1978 年初，因为距上一份《国家情报评估》已有多年；它不是针对具体事件的回应"。这种说法并不准确。

如果以关于一个国家的两份《国家情报评估》之间的间隔为标准，那么还有其他国家排在伊朗之前，因为两份评估报告之间的间隔更久。关于伊朗的《国家情报评估》的起草时间安排，是我向中情局国家对外评估中心管理层提出的建议。我之所以推荐这么做，主要有两个原因：

- 特纳上将在 1977 年机载预警与控制系统（AWACS）函件中认为，伊朗政府易受政治或安全缺乏的影响，情报界对他提出的建议反应过于强烈。我认为这表明，在对我们外交政策至关重要的某个国家的稳定问题上，情报界仍然存在分歧。
- 中情局行动处副处长提供了关于地下左翼分子和地下宗教右派联合的信息，加上伊朗萨瓦克在有效镇压这些地下组织方面明显乏力，令我担心情报界轻视这些能够对国王构成有效反对的指标。

3. 因此，我推荐做关于伊朗的《国家情报评估》的动机，其实并不是为了支持这种看法，即我们因为一些固执的看法而犯了错误。同样，这份评估报告的标题《伊朗：这个盟友有多可靠？》（"Iran: How Reliable an Ally?"）也不支持这种看法。

4. 事后分析报告提出了一个合理观点：伊朗革命在很多方面都是前所未有的（事后分析报告遗憾地将这种情况称为"历史经验遭遇了一次严重中断"），一个由装备精良的军队支持的根深蒂固的政权，竟然被手无寸铁的暴徒推翻了，这个事实妨碍了中情局国家对外评估中心的预测。事后分析报告还指出，国王过去成功战胜有组织的大规模反对派，以及武装力量愿意执行其命令对付民众，都加强了一个先入为主的观点，即国王政权能够而且必将获胜。此外，传统观点认为，亲西方的独裁政权往往是被左派,而非右派推翻的。

5. 事后分析报告认为,我们倾向于用世俗的思维去解释存在宗教动机的行为,从而妨碍了我们的分析。这种看法是合理的,尤其我在中情局国家对外评估中心工作期间,这一倾向尤其明显(中情局行动处副处长办公室的官员,至少那些具有丰富的亚洲工作经验的官员更是深有同感)。作为一名国家情报官,我发现中情局里以色列事务分析人员在这个问题上表现得尤其明显,于是我便敦促他们阅读《创世纪》(必要时可以读英译本),而他们从来不觉得我是严肃认真的。本周早些时候,我在《国家情报日报》上读到一篇关于伊朗胡泽斯坦省阿拉伯人的长文。我发现自己对这些人究竟是什叶派(就像伊拉克的大多数阿拉伯人一样)还是逊尼派的问题很感兴趣,但最终沮丧地发现,这篇文章没谈到这一点。所以,用世俗思维去思考宗教行为的问题一直都未解决。

6. 遗憾的是,我无法完全认同事后分析报告的结论,即没有人为了支持政府政策而去给分析人员施加影响。我记得,国防情报局的代表曾经根据上级命令,反对我提出的《伊朗:这个盟友有多可靠?》这个评估报告标题,因为这个标题可能导致人们怀疑美国对伊朗的军事援助计划是否明智。

7. 以上文字是我在没有任何档案或研究资料的情况下随手所写,在细节上可能存在一些谬误。此外,1978年7月底我离开了中情局国家对外评估中心。所以,在此之后,我通过官方渠道对有关伊朗的事情了解得非常少。

### (四)罗伯特·鲍威对事后分析报告的评价

日期:1979年7月20日
主题:伊朗事后分析报告

这些意见是我于1978年完成中情局国家对外评估中心在伊朗问题上的表现报告后的第一反应。

1. 在我看来,尽管这篇报告认识到后见之明的风险,但在很大程度上依然受到后见之明的影响。已经发生的事情注定会发生，这是该分析报告的基础性前提。如果条件不同或国王及其他人采取不同方式，事情发展会有不同的走向，不过这种可能性不大。我当时对事情发生方式的认识肯定会有所不同。当然，这可能是错误的。即便现在回想起来，虽然在报告分析中已有很多暗示，但我仍无法说服自己实情发展是难以避免的。

2. 事后分析报告强调，分析人员的研判赖以存在的两个前提假设是错误的：

（1）如果国王认为他很可能失去控制权，就会动用武力镇压反对派。

（2）反对派必将分裂。

很多分析显然受第一个前提的影响。以往经验表明，如果预期分析人员根据大量证据得出相反结论，似乎是不合理的，特别是因为国王显然完全控制着军队和萨瓦克。

3. 我对第二个前提的看法有些不同，因为我们并非假设反对派必然分裂，而是假设在霍梅尼领导下反对派很难团结起来。没有人耗费很多精力去研究不同群体对国王不满的根源何在。反对团体之间的确存在极大差异，在反对国王统治的一些方面存在分歧。我们也支持这样一种观点，即这些团体中的一些人实际上更倾向于君主制应该延续下去，尽管其本质是权力被极大削弱的君主立宪制。这有悖于霍梅尼推翻国王的目标，各团体似乎不大可能联合起来将推翻国王作为唯一目标。过去 6 个月的一系列事件无疑表明，不同团体在真正想要实现的目标方面确实存在很大分歧，过去如此，现在仍然如此。

4. 事后分析报告承认，在许多方面，我们的问题是分析人员获得的证据不足。然而，在我看来，证据不足对结论的影响还没有引起足够重视。报告多次引用 20 世纪五六十年代的评估，强调国王软弱无能和无法维持权力（我记得，通常是在评估周期之后）。近 20 年类似于"狼来了"的评估经验导致一些分析人员怀疑自己。事实上，这些评估一再被证明是错误的，国王确实一直经受住了考验。这一次，面对支离破碎的证据，而且有关反对派强度和广度的证据非常有限，导致分析人员在得出国王注定失败的结论之前，不得不等待有说服力的证据。这必然导致分析人员在做出国王难以平安渡过 1978 年动乱这一最终判断时优柔寡断。

（此处略去一段）

6. 我想重申 1978 年 9 月份我在参议院外交关系委员会上的证词。我记得自己很清楚地指出：(1) 反对派虽然目的不同，但势力庞大，影响广泛；(2) 国王面临重大的现实威胁；(3) 总体而言，他很有可能渡过这一难关。我记得我的第一个观点是，他有能力影响和利用温和派力量，这些力量似乎支持君主立宪制继续存在，他将改变一些权力以实现这一目标。我的第二个观点是，他有办法镇压并利用更极端的反对派。这两个前提最后都被证明是错误的，但即使到了 9 月和 10 月，根据过去的经验和当时的证据，在我看来它们也不是不合理的。

### （五）布鲁斯·帕尔默致罗伯特·鲍威的信

日期：1979 年 7 月 23 日

主题：关于"中情局国家对外评估中心在 1977 年年中至 1978 年 11 月 7 日伊朗国内危机中表现的分析报告（1979 年 7 月 15 日）"的意见

1. 在探讨事后分析报告时，应首先明确它分析的内容是有限的，基本上限于中情局国家对外评估中心分析人员获得的信息，没有考虑到国务院、国防部与中情局严格保密的电子信息和电话交谈。此外，事后分析报告并没有深入探究对情报界分析、行动和搜集产生巨大影响的美国政策层面的因素。因此，如果开展更广泛的研究，无疑会得出一些截然不同的结论。我认为，我们在伊朗案例中的情报失误，在更大程度上是政策性质造成的，包括政策与情报缺乏足够的联动，而不是情报机构本身失灵了。

2. 在相对有限的条件下，我觉得事后分析工作做得很好，报告撰写者的分析详细、全面、连贯，而且合理地摆脱了偏见的影响。他们尽力确定后见之明在哪些方面影响了他们的观点，同时他们自己也承认，后见之明不可能完全避免。

3. 鉴于事后分析面临的局限性，我赞同报告作者给出的几个主要结论，即：

（1）从一线获得的信息严重不足。

（2）分析人员没有质疑自己先入为主的内在信念和假设，没有关注最重要的问题，这在一定程度上的确是失误。分析人员秉持的一些最重要的固有观念和假设包括：盲目相信国王政权的力量；假设国王愿意在必要时动用武力挽救危局；认为反对派力量软弱，四分五裂，无法真正实现团结。（分析人员没有意识到无论是否实行君主制，保留伊朗武装部队对于一个温和政府的生存是必需的，也是至关重要的。这个失误例子表明未能将政策和情报联系起来进行分析。）

（3）关于伊朗的情报工作，主要是由汇报当前事态驱动的。

（4）管理层没有对情报生产过程做出充分的、实质性的检视。

（5）情报界缺乏一套能够聚焦对决策者至关重要的问题，并及时形成分析文章的情报评估机制。

（此处略去两页）

## （六）克劳斯·克诺尔致罗伯特·鲍威的信

日期：1979 年 7 月 23 日

主题：事后分析

1. 你要求在你与高级审查小组讨论后开展进一步反思。

2. 我认为，尽管这份事后分析报告的确存在一些严重问题，但它仍不失为一份很好的报告。

3. 我想澄清自己在阅读事后分析报告时提出的一个观点。有人认为美国在伊朗案例中存在情报失误，这种失误并不是没有提出伊朗革命的确切性质和时间紧迫以及其演变态势。评估失误恰恰是高估了国王的地位和能力，低估了反对派的力量及其在有利条件下联合起来的能力。一系列事件最终演变成现在所说的"伊朗革命",但这些事件的实际演变态势和结果并非不可避免。几个可能的干预因素可以改变或推迟革命事件,或导致不同的结局。

4. 事后分析报告的作者们没有洞察到导致情报失误问题的一个因素,或许是因为他们觉得自己没能力去分析这个因素。这个因素就是美国对伊朗国王的政策。该政策很可能对伊朗局势演变产生重大影响,并在一定程度上诱发了情报失误,但政策影响情报的方式尚不明朗,下列几种方式属于我的猜测:(1)促使分析人员将注意力转向伊朗的现实情况,并且只注重信息获取,而非深入分析;(2)阻止情报分析人员探究已经或可能令政策制定者感到不悦的问题(有人指责分析人员跨越了情报和政策之间的界限);(3)或许最重要的一点是,美国的政策促成了伊朗事态的实际发展态势。

5. 如果情报失误是由上述第 4 段所述政策与情报的关联诱发的,那么事后分析报告提出的补救措施则不完整,或者说严重不完整。但在我看来,它们并非完全错误。事实上,几乎所有建议都与高级审查小组等部门在其他评估中指出的不足相一致。

6. 我很难就事后分析报告给出任何建议。我想到三种可能的做法:(1)传阅该报告的摘要或节选版;(2)事后分析报告传阅范围不超出目前范围;(3)传阅事后分析报告时,附上简短的批判性评论。这三种做法我都不喜欢,因为前两种可能促使人们认为一些不受欢迎的真相遭到掩盖,第三种可能导致中情局国家对外评估中心产生防御性反应,并被其他别有用心的批评者利用。除非限制事后分析报告的传阅范围,否则第三种可能是最不可取的做法。我认为相对来讲,前两种是比较合理的选择,因为事后分析报告的目的就是确定存在哪些不足,并减少这些不足。这正是中情局国家对外评估中心管理层的职责。

### (七)威廉·伦哈特致罗伯特·鲍威的信

日期:1979 年 7 月 26 日

主题:伊朗问题事后分析说明

**报告概览**

1.（此处略去姓名）与杰维斯联合检视了 18 个月来关于伊朗的成品情报，提出了许多有用的见解。就情报分析的某些方面而言，这种事后分析堪称一项有趣的、信息丰富的案例研究。

2. 但这项研究存在严重的局限和不足，其中一些是研究设计方案决定的。更重要的是，其他不足在于这份事后分析报告未指出情报分析在政策制定过程中扮演的角色——或者说中情局国家对外评估中心在此过程中的角色，也未考虑情报和政策的关系。分析对象的范围狭隘，导致这份报告与其说是一份全面的情报工作成效评估，倒不如说更像一份相当乏味的文献分析，很容易被解读为在少数伊朗事务分析人员和国家对外评估中心管理层中寻找所谓"明显的情报失误"的替罪羊。

3. 在这种情况下，报告可能会掩盖而不是凸显我们应从伊朗案例中吸取的更重要教训。

**研究设计的局限**

4. 时间范围很短：从 1977 年夏季到 1978 年 11 月。

5. 此研究仅考察中情局国家对外评估中心当时获取的信息，而不是信息的质量，以及可以采取哪些措施去改进这些信息。

6. 作者指出了"所获信息存在的几个缺陷"，但又表示"情报搜集的主题不在我们的调查范围之内"。搜集和分析是情报工作的两个要素。第三个要素，也是最重要的一点，就是政策与情报分析的关系。这份报告几乎没有提及美国政策和态度在迅速变化的伊朗局势中所占的主导地位，也没有提及在一种迅速瓦解的环境中，这些政策在最关键时刻对于改变各方力量对比所产生的影响。

7. 这份事后分析报告的作者指出，"政策制定者的反馈有助于选择其他解读方式"。此外，作者还指出，美国政府决定推动伊朗国王实施自由化改革之后的一年内，中情局国家对外评估中心对于这个方面的讨论一直停留在寥寥几句话的程度。作者似乎并没有意识到，在判断美国对伊朗施加影响力的方向和作用之前，政策制定者和情报界之间加强联系，对评估政策选项的影响或后果具有很多好处。

**事后分析的结果**

8. 设计方案的缺陷往往导致产品缺陷。总的来说，这项研究是一份文本解释和原稿分析。在这项分析中，事后分析人员对已发布的情报材料综合打分，这份事后分析报告与其说是一篇完整的批判性文章，不如说是三项独立的研究被拼凑在一起。这三项研究分别是：

- 关于情报失误的回顾性分析；
- 关于情报机构管理和组织的评论；
- 关于伊朗事态的独立分析。

下面对上述各项进行简要分析。

9. 回顾性分析。事后分析报告的作者们认为，自己得出的结论或做出的不同分析，或多或少都是合格的。当然，它们的确更接近于事实，但这也可能是此项研究最无趣的部分。作者对于某些问题表现出较大的兴趣，比如霍梅尼发出各种呼吁的性质、宗教反对派的力量、国王的情绪、经济放缓的政治影响以及非精英群体的态度。其中很多问题具有分析价值，但他们忽略了伊朗革命中的一些关键问题，着实让人意外。如果作者们真要像他们自己所说的那样，"对最重要问题进行持续、透彻的评估"，那么对这些问题做出深刻分析是必不可少的。令人感到有些奇怪的是，无论是批判性分析或评估性判断，还是其他相关信息，作者们在分析报告中对以下事项所言甚少：

- 反对派的早期发展态势，包括资金、动机、最初使用的武器、联络方式和相互联系；
- 伊朗各级官员腐败的影响；
- 民众对镇压行动和萨瓦克各种活动的反应；
- 通货膨胀、生活水平和社会流动对伊朗人民预期的差异化影响；
- 人口统计学因素的变化，包括年龄段、组织模式和失业；

- 土地改革的影响，包括降低小农收入，将清真寺地产转给巴列维，国王在乡村地区代理人的行动；
- 工会的特殊作用，特别是在油田地区；
- 国内外学生的组织和煽动；
- 非精英阶层中普遍存在的反美主义思想。

要针对伊朗问题开展回顾性分析，即便没有涵盖上述问题中的绝大部分，至少也要涉及其中一些。

10. 情报机构的管理和组织。事后分析报告的作者们所考虑的情报机构的管理和组织模式不同于中情局国家对外评估中心。他们的大多数分析反映出他们偏好于：

- 更有指向性的研究工作。他们写道："不能指望工作层级的情报分析人员主动从常规的分析模式转向更符合实际形势的分析模式……管理部门必须调整各项工作的优先次序，并安排某些深入研究任务。"
- 设立专门的评估办公室。作者认为，中情局国家对外评估中心缺乏具备独立评估功能的评估机制，可能是造成伊朗案例中各种困难的原因之一。他们指出："从不同角度看待问题的机制并不是万能的，但它确实能够为人们提出不同意见创造机会。这种交流涉及尖锐的论点，并促使人们重新审视自己的某些假设。这种机制存在过，但在我们检视这个期限之内，它已经不存在了……不存在各抒己见的机会。"他们认为，缺乏这种机制，问题将不可能得到解决，因为如今分析人员"多年来习惯于密切关注事实和报告，而不是从中得出结论……这个体系……在撰写《国家情报日报》方面的动机更强"。他们得出结论称："当他们不习惯撰写分析性的文章时，就不能指望他们在需要分析之时能够胜任。"

11. 这些反思似乎是普遍看法的一部分，作者在其他地方对此做了详细说明。作者认为，这些先入为主的普遍看法在很大程度上提前决定了要对伊朗问题开展事后分析。他们对分析人员的看法，尤其是对高级分析人员的看法似乎受到严重限制，这有点令人费解。但那些偏好相似组织模式的人无疑会对作者提出的批评意见做出更积极的回应，这些批评反过来又加强了他们对更理想的组织模式的偏好。关键不在于作者的观点是对是错，而在于他们的隐含假设似乎影响了他们自己的分析。是否应该改革或恢复评估办公室，应根据其本身的情况进行辩论。（原有的国家评估委员会机制并不会因为曾经完美地预测了伊朗事务而被人铭记。）

12. 事后分析。首先有两个观点：
- 无论其他情报机构的组织模式如何，都没有比中情局做得更出色。
- 该报告认为1977至1978年间中情局国家对外评估中心的具体研究结果存在不同寻常的不确定性和局限性。

13. 事后分析本身至少牵涉几个问题：（1）基本理念；（2）分析性判断；（3）过程和表现。

（1）基本理念。作者最基本的判断是："伊朗案例中的情报失误，虽然可以归因于针对具体信息片段存在误读，但在更大程度上可以归因于对危机爆发之前总体局势的误判"；关于情报分析人员的不同表现，作者认为可以归因于"在抗议活动爆发前对伊朗的普遍看法"，这些看法又与分析人员是"自由派还是保守派"有关，但作者无法分析"这种看法是如何形成以及为什么形成的"。

在这个基本理念中，认识论取代了分析论，引发许多问题。如果这一理念被接受，将在很大程度上减少该报告遭到的后续批评。它将为未来选择和培训国家对外评估中心工作人员提供不确定的标准。在危机仍未解决时期，它无法为决策者权衡当前选择提供太多帮助。作者提出的普遍看法可以解释其他很多研究报告中存在的一个模棱两可的问题（也是这些研究的作者从未公开面对或明确解决的问题），即早在危机爆发之前，能否通过一份"非误导性的分析"去预测伊朗事态发展的必然性，或者说伊朗事态演变的结果是不是预先决定的，是否出现了并非预先注定的选项和决策，以及是否直到最后阶段仍存在悬而未决的疑问。巴列维王朝被推翻是必然的吗？如果不是，这个不确定的结局将持续多久？如果是，在1978年11月之前应该提前多久预见到？回应这些问题是对中情局国家对外评估中心的表现提出意见的基础，尽管事后分析报告的作者对这些问题开展了仔细探究，却从未给出明确答案。

（2）分析性判断。事后分析报告的作者除了建议应该以不同方式处理某些问题之外，在评价中情局分析人员对伊朗事态得出的具体结论时显得缺乏自信，而且措辞温和。比如：

- "……即使现在回想起来，也很难说清楚国王为何没有实施镇压。"
- "在很多问题上，让中情局分析人员给出明确答案是不可能的，但他们完全可以对相关证据进行更彻底的权衡，并对问题进行更深入的分析。"
- （"白色革命"小节）一个专制政权迈向自由化的问题"足以引发更多关注和分析"。所做的分析是"合理的""有道理的""非常有道理的"，但也是"典型的美国观点"。作者们指出，关于种族中心主义在多大程度上影响情报产品，他们的观点有所不同。
- （"国王的动武意愿"小节）作者指出，各种信号本应得到及时关注"……然而，不可能确切地说它们有多么重要。"
- （"反对派是否会分裂"小节）"这并非说这些证据都是确凿无疑的，分析人员应该自动接受它们，但分析人员至少应该对这些报告进行调查……""没有明确的答案，但应更全面地权衡证据和对问题进行更深入的分析。"
- （"反对派中的宗教人士"小节）"如果分析人员不采用这个视角（支持霍梅尼、反对国王），这些证据就不会显得特别重要。"
- （"与伊朗社会各界联系的益处"小节）"分析人员无法对精英以外的群体做出太多评价，最多只是指出这方面缺乏重要信息，要求一线人员改变情报搜集的优先次序。"
- （"政策偏差"小节）政策对情报分析没有强烈而直接的影响。"但我们不能完全排除这样一种可能性，即美国政策的微妙影响可能导致分析人员更难意识到伊朗国王的地位越来越不稳定。"

上述几段引用的大部分原文来自"结论和评价"小节，表达的意思是含糊不清。对于"更深入的探索"和"更彻底的权衡"等将导致什么样的结果，作者也没有给出明确判断。这与分析人员在研究报告其他地方的"尖锐而明确的预测"形成反差。此外，正如作者在别处所言，"更难的是，判断是否存在情报失误……考虑到当时获取的信息，中情局国家对外评估中心的研判是否不合理？该中心忽视或误解了伊朗发生的事件，情报用户是否可以合理地预期，这种忽视、误解的方式及程度本就不应或不会发生？"

（3）过程和表现。同样，在涉及有关人员及其互动的具体信息时，这项事后分析报告似乎无意论述具体细节：

首先是分析人员。事后分析报告的作者们提到多位伊朗事务分析人员，对个别资深分析人员发表了比较正面的评价，至于其他人则很少谈及。他们显然觉得分析人员生产的情报产品不太合格，但避免谈及分析人员的能力能否胜任分析任务这一核心问题，比如没有谈到人员遴选、背景、培训和既往评估等因素。这些分析人员的个人表现是否存在差异？分析人员发布的情报评估是个人意见，还是集体观点？如果两者都包含进去，哪一个更有效？在人际协调、情报资料整合、获取或利用驻伊朗大使馆或中情局情报站资料等方面，他们的个人能力是否存在差异？情报产品或分析工作中的显著差异是否与经验丰富程度、从事伊朗分析的时间长短、语言能力、实地考察和高级培训有关？此研究没有论及这些问题。即便管理层愿意改善情报分析工作，事后分析报告的作者们如此无差别地使用"分析人员"一词，也无法提供多大帮助。

其次是管理层。这份事后分析报告数十次使用"管理层"和"管理人员"这两个词，却未对其加以区分或定义。"分析人员"之上的审批链究竟是什么？有多少人和多少层级？作者在报告中称："在伊朗案例中，分析人员撰写的内容没有经过实质性的评议，于是有人说这是所谓的'情报管理失败'或'分析管理失败。'这里所说的"缺乏实质性评议"有何证据？难道不存在例外情况吗？应该在管理链条中的哪个环节开展关键的实质性评议？评议多少次？在什么层级开展评议？在哪个环节出现系统性评议的失败？在伊朗事务上，分析人员和国家对外评估中心的几个办公室之间是如何协调的？协调结果如何？在实际工作中，这是分析人员的责任，还是管理层的责任？它应该是什么？在1978年秋季那份《国家情报评估》起草之前，其他机构有没有对国家对外评估中心关于伊朗事务的分析提出异议？在此期间，中情局国家对外评估中心和中情局行动处副处长办公室的关系究竟属于什么性质？中情局国家对外评估中心与中情局驻伊朗工作站的评估是否存在差异？如果不存在，这与中情局国家对外评估中心的表现有关。如果存在，谁应负责深入研究这种差异？事后分析报告的作者们并没有说，他们提倡的那套分析机制如何在现实中发挥作用。（此处略去半页）

14. 在研究"中情局国家对外评估中心在伊朗国内危机中的表现"时，这些问题绝非无关紧要。文本批判是枯燥和片面的，无论对文献分析有什么益处，都不应被用于评价分析人员的工作业绩。

### 结论

15. 与普通的文献评论相比，这份事后分析报告涉及的问题更加广泛，包括美国政府如何在决策过程中组织各部门汇报伊朗事态，这一基本问题涉及中情局国家对外评估中心在此过程以及机构协调中的作用。此外，事后分析还涉及中情局国家对外评估中心的具体工作和最终结果。德福林与杰维斯的研究内容有趣，信息量大，显然付出了艰辛努力。但鉴于上述原因，这项事后分析不应被视为针对中情局国家对外评估中心在伊朗危机中表现的决定性评价。

### （八）国家对外评估中心主任小布鲁斯·克拉克的评论

日期：1979年12月19日

**介绍性说明**

该报告是在国家对外评估中心前主任支持下完成的，我现在予以分发，相信它有助于分析人员和管理人员改进我们重要的情报产品。虽然它针对的是某个历史时刻的某个问题，但也仔细审视了情报分析领域普遍存在的一些缺陷。我希望大家都能仔细深入阅读，特别希望身在一线的分析人员和管理人员能够从中汲取有益教训，进一步改进情报分析工作。

但请谨记，该报告的发起和编写过程都存在局限性，旨在检视国家对外评估中心在一个较短的、特定的时间框架内根据当时实际情势开展的分析工作，并不是为了：

- 对伊朗局势开展回顾性分析；
- 研究情报搜集和分析；
- 调查政策对情报的影响；
- 考察情报在政策制定中的作用；
- 评估某个个体的作用或能力。

因此，请大家原原本本地阅读。

# 第3章
# 关于伊拉克大规模杀伤性武器的情报失误

（先制战这一工具）必须谨慎使用，前提是必须掌握非常好的情报。[1]
——国家安全顾问康多莉扎·赖斯（Condoleezza Rice）

自珍珠港事件以来，被研究最多的情报失误或许就是关于伊拉克大规模杀伤性武器计划的误判。尤其引人注目的是，这种判断是基于伊拉克是否有能力发展大规模杀伤性武器，而非是否具有这种意图，但事实上，是否具备这种能力应该没有那么难以察觉。误判发生后，接踵而至的便是无穷无尽的新闻报道，英国、澳大利亚和美国官方的事后分析，以及中情局的自查自纠。[2] 我们将看到，这些反思产生了某种类似于共

---

[1] 赖斯在2002年9月25日的"Online NewsHour"节目上讲过这句话，这期节目的标题为《赖斯谈伊拉克、战争和政治》（"Rice on Iraq, War and Politics"）。

[2] 参考英国枢密院顾问委员会向下议院提交的报告《大规模杀伤性武器情报审查报告》（以下简称《巴特勒报告》），2004年7月14日；参议院情报特别委员会提交的《美国情报界对伊拉克战前情报评估报告》，2004年7月7日；参议院情报特别委员会《关于伊拉克大规模杀伤性武器计划和恐怖主义联系的战后调查报告以及与战前评估的比较》，2006年9月8日；美国大规模杀伤性武器情报能力委员会（以下简称"大规模杀伤性武器委员会"）于2005年3月31日向美国总统提交的报告。澳大利亚情报机构2004年7月发布的调查报告，即《弗拉德报告》，不像美、英的报告那

识的评估意见。然而，这个评估意见依然是错误的，该错误几乎不亚于最初的一系列评估，部分原因如出一辙：事后分析也忽视了社会科学方法，满足于更加符合直觉但却不够充分的思维方式，并急于得出看似合理却有误导性的结论。[1]

1990 年 8 月，伊拉克入侵科威特。美国紧随其后主导了一场反对伊拉克的战争，但后来发现伊拉克的核计划已经达到非常先进的程度，而且

---

么详细，对此我不多说。英国下议院外交事务委员会和情报安全委员会也有调查和报告，但对我们有价值的部分都被《巴特勒报告》包含进去了。英国还对大卫·凯利的自杀以及英国政府是否曾经"渲染"了关于大规模杀伤性武器的公开档案的相关问题进行了特别调查（即《赫顿报告》）。官方报告所依赖的大量文件仍未解密，因此我们无法判断这些官方报告是否准确地描述了情况。具有讽刺意味的是，尽管这些报告都指出情报分析人员无法充分接触他们的消息来源，因此应该更加谨慎，但他们似乎没有意识到，同样的标准也必须适用于他们制作的文件。

《巴特勒报告》涵盖了一些政策问题和情报问题，部分原因是这两者之间的界限在英国不像在美国那样泾渭分明。事实上，"在英国，评估确实被视为一项政府职能，而不是具体的情报职能"。参考菲利普·戴维斯撰写的《对英国间谍机器的批判》（"A Critical Look at Britain's Spy Machinery"），该文发表于《情报研究》2005 年第 49 卷，第 4 期，第 41—54 页。

关于情报失误的早期讨论，参考詹姆斯·班福德的《战争的借口："9·11"、伊拉克和美国情报机构的滥用》（*A Pretext for War: 9/11, Iraq, and the Abuse of America's Intelligence Agencies*），该书由纽约双日出版社于 2004 年出版；马克·菲希安撰写的《完美的情报失误？——美国战前关于伊拉克大规模杀伤性武器的情报》（"The Perfect Intelligence Failure? U.S. Pre-War Intelligence on Iraqi Weapons of Mass Destruction"），该文发表于《政治与政策》2006 年 6 月第 34 卷，第 400—424 页。

关于中情局对情报失误的反应，参考《纽约时报》于 2005 年 2 月 2 日发表的文章《中情局修正入侵伊拉克前的武器情报》（"CIA Revising Pre-Invasion Iraq Arms Intel"）；理查德·克尔等撰写的《美国情报界的问题》（"Issues for the US Intelligence Community"），该文发表于《情报研究》2005 年第 49 卷，第 3 期，第 47—54 页。

[1] 在这里，我应该指出，我的观点受到我领导的一个研究情报失误的学术小组的影响，他们为中情局提供了补救措施。这些与我做过的其他咨询，可能让我格外同情这个组织。此外，尽管这里的一切内容都得到解密资料的支持，但我听到和读到的一些内容仍然是机密的。

## 第 3 章 · 关于伊拉克大规模杀伤性武器的情报失误

伊拉克政权拒绝放弃核武器，并对西方国家持续怀有敌意，导致美国对伊拉克大规模杀伤性武器的担忧急剧增加。2001 年 9 月 11 日的恐怖袭击导致这一问题受到更大的关注，其中一个特别重要的原因是，小布什政府认为萨达姆·侯赛因可能与恐怖分子分享他开发的大规模杀伤性武器。对当时的美国而言，这个问题的优先程度几乎超过其他所有问题，而在如此重要的问题上，美国情报界竟然发生严重误判，令人格外震惊。

人们不太清楚的一个事实是，如同 2002—2003 年大部分情报机构对于伊拉克大规模杀伤性武器计划的"了解"都是错误的一样，如今关于这次情报失误的很多主流解释也是错误的。在审视这些研究时，既要注意到这些研究为我们提供的丰富信息，又要把催生这些研究的情报失误作为一个大背景去考虑。这次情报失误非常严重，这一事实本身就意味着，即便许多分析人员没有被事先确定的结论所引导，也受到了个人、组织及党派政治的强烈影响。不要忘记这样一个事实：在珍珠港事件发生后的数年里共有四次官方调查，虽然它们公布了许多有价值的信息，但无法解释究竟发生了什么，也不能平息政治争论。[1]

关于伊拉克大规模杀伤性武器的研判存在严重失误，是一种普遍共识。[2] 我的观点简单来讲就是，这些失误的确存在，但并非无法及时纠正，情报部门原本可以而且应该做出更好的研判，虽然不至于得出一个截然不同的结论，但至少能够削弱情报评估结论的确定性。我在第 1 章提

---

[1]　参考马丁·梅洛西撰写的《在珍珠港的阴影下：对偷袭的政治争议（1941—1946）》（*In the Shadow of Pearl Harbor: Political Controversy over the Surprise Attack, 1941–1946*），该书由得州农工出版社于 1977 年出版。后来开展了一项非官方（但由政府资助）的研究，才真正揭示了其中的问题。这一分析至今仍是我们理解这一案例乃至整个突袭事件的核心，可以参考罗伯塔·沃尔斯泰特撰写的《珍珠港：预警与决策》，该书由斯坦福大学出版社于 1962 年出版。

[2]　参议院情报特别委员会强烈同意这一判断，大规模杀伤性武器委员会也同意，但提出更多的限定条件。《巴特勒报告》指出了这个问题，但没有作出全面判断。总的来说，《巴特勒报告》不像美国的报告那样具有批评性，这可能反映了英国政府想要轻描淡写，以及认为指责情报机构会不恰当地为政治领导层开脱。

到，这种误判在心理上令人不安，在政治上也不可接受。我们倾向于认为糟糕的结果可以用糟糕的过程来解释，而且认为改革情报工作机制就能解决问题，但这需要认真论证，而不是想当然地假设。2003年2月，国务卿鲍威尔在联合国发表了一份至关重要的演讲，试图争取其他国家对入侵伊拉克的支持。在这次演讲之前，他曾花了好几天时间，围绕这份演讲中包含的信息，密切询问情报官员。如果他事先没有这么做，而是做了审慎调查，那么我相信他的批评者会说许多错误就能被及时发现。

要分析情报界的表现，我们既不能做事后诸葛亮，也不能一听到出错，就想当然地将其等同于犯下了原本可以避免的、应受责备的错误。参议院情报特别委员会的报告在这个陷阱中陷得最深，因为它往往把那些合理的、有根据的推论等同于被事实证明为正确的推论。我们可以通过提出反事实的问题去发现这些报告存在的问题：如果关于大规模杀伤性武器的评估被事实证明是正确的，那么他们还会写出同样的报告吗？这令人难以置信，但这正是大多数说法所暗示的。毕竟，它们不是在争辩结论是错误的——我们已经知道这一点，而是在争辩分析过程是否存在严重缺陷。通常情况确实如此，但正如我在第1章所说，将错误答案同有缺陷（如果不是无能）的思维方式混为一谈，在政治层面比在情报层面更有意义。我们必须认真面对这样一个不幸的事实：即便最合理的推论也可能是错误的。

## 第一节　情报究竟是否重要

大多数关于情报失误的讨论都认为情报很重要，如果情报部门做出了不同的研判，那么国家就会采取不同的行为。围绕关于伊拉克大规模杀伤性武器的情报失误开展的大量调查都是基于这种假设，而非基于探求真相的好奇心。[1] 导致这种假设，或者说假象得到强化的一个事实是，那些曾经支持对伊拉克发动战争，却因为没有发现大规模杀伤性武器而感到不安的政客们，能够索性将责任推给情报部门（在这方面存在党派分歧）。把责任推给情报机构不仅让民主党人避免了支持战争的不幸后果，还保护了小布什政府，因为小布什政府将自己视为情报机构无能的无辜受害者。这种立场也迫使民主党人不得不面对一个令人不安的问题：2004年和2008年，民主党的几位总统候选人都被问到，如果你知道萨达姆没有大规模杀伤性武器计划，你还会支持这场战争吗？对于这个问题，民主党候选人都试图回避，其应对方式欠妥。对民主党人而言，最好的应对方案是辩称虽然他们受到错误情报的误导，但这些错误源于政治化，因为情报屈从于政府的压力，他们被误导了，小布什政府要对误导负责。

对于共和党人，尤其是小布什政府来说，他们的第一道防线是辩称情报没有出现严重错误，大规模杀伤性武器终将被发现，或者已被偷运到叙利亚境内。一旦这一点站不住脚了，就必须在常识面前驳斥情报政治化的

---

[1] 关于冷战期间情报的作用不像一般人认为的那么重要的观点，参考约翰·加迪斯撰写的《情报、间谍活动和冷战史》（"Intelligence, Espionage, and Cold War History"），该文载于《外交史》1989年春季第13卷，第199—212页；理查德·伊默曼撰写的《情报和战略：心理学、政策和政治的历史化》（"Intelligence and Strategy: Historicizing Psychology, Policy, and Politics"），该文载于《外交史》2008年1月第32卷，第1—14页。关于情报在战争中无足轻重这一普遍（且言过其实）的说法，参考约翰·基根的《战争中的情报》（*Intelligence in War*），该书由伦敦哈钦森出版社于2003年出版。关于一个小而重要的案例，从截获电报中获得良好的情报来指导政策，参考小谷贤的《日本能读取盟军信号传输吗？》（"Could Japan Read Allied Signal Traffic"），载于《情报与国家安全》2005年6月第20卷，第304—320页。政策可以独立于情报，好政策也可以建立在坏情报之上。这类案例中最重要的一个就是，温斯顿·丘吉尔说服同僚在1940年6月继续与纳粹德国作战，凭借的就是对德国实力的评估，而其评估错误程度甚至超过了美国对伊拉克大规模杀伤性武器的评估。大卫·雷诺兹撰写的《1940年丘吉尔和英国继续战斗的"决策"：正确的政策，错误的理由》（"Churchill and the British 'Decision' to Fight on in 1940: Right Policy, Wrong Reasons"），该文载于理查德·兰霍恩主编的《二战期间的外交与情报》（*Diplomacy and Intelligence during the Second World War*）第147—167页，该书由剑桥大学出版社于1985年出版。

说法。共和党人还必须转移民众的注意力,不让民众关注政府为了向公众证实自己的观点而扭曲情报的方式,他们拒绝让官方调查触及这个问题。[1]

如果共和党人知道萨达姆计划的真相,他们是否会支持战争?小布什总统直言不讳地表示,无论如何,他都会继续发动战争。他认为萨达姆想要获取大规模杀伤性武器,特别是核武器,而制裁及核查最多只能延缓他获取核武器的进程。[2] 此外,萨达姆是暴君,一旦拥有大规模杀伤性武器,将主导中东地区,也可能将核武器移交给恐怖分子,这将构成重大风险,而美国在"9·11"事件之后不再容忍这种风险。[3] 英国首相托尼·布莱尔也提出了这一观点。这种主观判断并非没有逻辑,但意味着情报的作用大大降低。如果一个有侵略史的专制政权被自动视为威胁,那就不需要动用间谍和卫星了。[4] 按照这套逻辑,情报失误虽然不幸,但无关紧要。尽管我们不应该只看这些自我辩护的表面价值,但这些自我辩护确实暗示

---

[1] 这份包括几名共和党人和民主党人相互反驳的报告最终出现在 2008 年。参考参议院情报特别委员会于 2008 年 6 月发布的《关于美国政府官员涉及伊拉克的公开声明是否有情报信息证实的报告》(Report on Whether Public Statements regarding Iraq by U.S. Government Officials Were Substantiated by Intelligence Information)。

[2] 关于这个判断,可以参考小布什 2004 年 2 月 8 日在《会见新闻界》(Meet the Press)节目上对蒂姆·拉瑟特的解释。托马斯·里克斯撰写、纽约企鹅出版社于 2006 年出版的《惨败:美国在伊拉克的军事冒险》(Fiasco: The American Military Adventure in Iraq)一书第 375—376 页引用了小布什这番解释。这与国防部副部长道格拉斯·费斯在《战争与决策:反恐战争黎明时的五角大楼内部》(War and Decision: Inside the Pentagon at the Dawn of the War on Terrorism)一书中,关于总统观点的报告是一致的。

[3] 副总统切尼甚至认为,即便某个危险发生的概率仅有 1%,也必须将其视为必然。这确实反映了他的思维模式。关于这一点,参考罗恩·苏斯金德撰写的《百分之一主义:"9·11"以来美国追捕敌人的深层内幕》(The One Percent Doctrine: Deep Inside America's Pursuit of Its Enemies since 9/11),第 123 页及其他多页,该书由纽约西蒙与舒斯特出版社于 2006 年出版。对切尼本意的更广泛、更合理的解读,参考乔治·特尼特和比尔·哈洛合著的《在风暴中心:我在中情局的岁月》(At the Center of the Storm: My Years at the CIA),第 264—265 页,该书由纽约哈珀柯林斯出版社于 2007 年出版。

[4] 费斯在《战争与决策》第 520 页批评小布什政府将大部分开战理由同伊拉克大规模杀伤性武器计划的状态挂钩,指出"一个人不需要秘密信息就能理解或解释来自萨达姆的威胁"。

了一种可能性，即情报人员所说的内容并不能解释政策。

小布什和布莱尔曾表示，即便知道萨达姆研发大规模杀伤性武器的能力下降，也会倾向于发动战争，但这并不意味着他们真会这么做，也不意味着情报不重要。[1]事实上，这两点有所不同。布莱尔和小布什的确偏向于动武，而情报可能为促进这一政策的实施发挥很大作用。因为英国工党、美国民主党的很多人以及国务卿鲍威尔本来不愿意支持战争，只是由于相信伊拉克独裁者研发大规模杀伤性武器的能力不断增强，从而改变了自己的立场。如果他们从一开始就能得到更好的情报，那么他们是否会支持这场战争就值得存疑了，小布什发动战争的难度也会加大。[2]

小布什愿意放弃战争吗？他所做的许多肯定性陈述并不具有决定性的影响。他说，如果当初了解真实情况，他就会采取不同的政策。这不仅把对伊拉克发动战争的责任推卸给情报部门，而且使自己看起来好像容易轻信别人，并暗示战争是非必要的。事实上，如果小布什了解萨达姆核计划的真实情况，反倒可能不知道自己应该怎么做。人们没有意识到的很多因素推动他走向战争。即便对于一个喜欢反省的人而言，面对不同信息，可能也无法准确评估自己会采取什么措施。[3]尽管如此，我认为小布什所说基本上是正确的，因为他在2001—2002之交的那个冬季发动战争之后，

---

[1] 在离任时，小布什确实说过"总统任期内最大的遗憾就是在伊拉克的情报失误"，参考查理·吉布森对小布什总统的采访（2008年12月1日），但小布什回避了一个被问到的问题（这涉及他希望自己能够以不同方式去做的事情），也没有说这个失误影响了他的行为。

[2] 如果小布什政府提前知道萨达姆项目的真实情况，是否想要并能够发动战争？相关讨论请参考费斯的《战争与决策》，第228、331、471页；迈克尔·伊斯考夫和大卫·科恩的《傲慢：倾向性报道、丑闻和兜售伊拉克战争的内幕》（"Hubris: The Inside Story of Spin, Scandal, and the Selling of the Iraq War"），第15—17页及第349页；罗伯特·杰维斯撰写的《战争、情报与诚实》（"War, Intelligence, and Honesty"），该文载于《政治科学季刊》2008—2009冬春之交第123卷，第1—30页。

[3] 这方面的大部分文献在蒂莫西·威尔逊的《陌生人：发现适应性无意识》（Strangers to Ourselves: Discovering the Adaptive Unconscious）中都有总结，该书由哈佛大学出版社于2002年出版。关于信仰的来源和本质等相关问题的进一步讨论，参考罗伯特·杰维斯的《理解信仰》，此文载于《政治心理学》2006年10月第26卷，第641—663页。

虽然后来收到一些新情报,却已无法改弦更张。[1] 情报部门充其量可以说,暂时没有找到确凿证据表明萨达姆储备生化武器或积极发展核武器,但不能说他已经停止了这方面的努力。就连美国国务院情报研究局对萨达姆核计划做出的研判也没说萨达姆没有重启核计划,只是说证据不足。[2] 此外,情报部门不可能说萨达姆不会在未来某个时候继续寻求大规模杀伤性武器。对小布什而言,在"9·11"事件之前,甚至在他就任总统之前,情报的准确性比较重要,因为如果这个时期的情报比较准确,小布什等人就无法凭借捏造事实给人造成萨达姆政权强大而具有威胁性的假象,那些呼吁战争的人承担的责任就会更重,相关讨论的基调也会有所不同。撇开这种可能性不谈,我们可以说情报失误并不是美国入侵伊拉克的原因,但这种情报失误本身值得探究。

## 第二节 对情报失误的描述

本节将集中阐述对伊拉克情报失误的一些主流解读,并分析这些解读

---

[1] 要求中情局制作《国家情报评估》的是国会,而不是总统。国家安全顾问赖斯承认没有读过这份报告。一种说法认为,总统没有要求制作《国家情报评估》,意味着行政当局在没有获得一致同意的情报的情况下采取行动。关于这一观点,参考安东尼·格莱斯和菲利普·戴维斯合写的《政治危机期间的情报、伊拉克和立法责任的限制》("Intelligence, Iraq and the Limits of Legislative Accountability during Political Crisis"),该文载于《情报与国家安全》2006 年 10 月第 21 卷,第 872 页;另外一种观点认为《国家情报评估》确实影响了政府,参考里克斯的《惨败》第 52 页,但这种说法没有得到任何其他说法的支持。
[2] 国务院情报研究局"认为萨达姆持续想要核武器,而现有的证据表明,巴格达至少正在做出有限的努力来维持和获得与核武器有关的能力。然而,我们发现的活动并不能令人信服地证明,伊拉克目前正在采取情报研究局所认为的获得核武器的综合和全面办法。伊拉克可能正在这样做,但情报研究局认为现有的证据不足以支持这种判断"。参考参议院情报特别委员会报告第 86—87 页。

为何存在缺陷。在此之前,我想先谈谈三个确实正确的传统观点。

## 第一,情报研判表现出过度的确定性

情报界许多研判表现出过度的确定性。虽然大量证据表明伊拉克可能拥有大规模杀伤性武器,但不足以证明它们肯定存在。在这方面,虽然保密版的评估也给人留下一种缺乏根据却非常肯定的印象,但公开版的评估尤其值得指责。[1]实际上,情报界应该说,相关证据足以在民事诉讼中将萨达姆定罪,而不能暗示相关证据足以在刑事诉讼中将其定罪。[2]

造成这方面失误的部分原因是,2002年10月的《国家情报评估》制作得过于仓促。《总统每日简报》更加简明扼要,因为这些内容反映了从

---

[1] 关于美国机密报告和公开报告的比较,参见参议院情报特别委员会报告第286—297页;杰西卡·马修斯和杰夫·米勒撰写的《两份情报评估的故事》("A Tale of Two Intelligence Estimates"),该文由卡内基国际和平基金会于2004年3月31日发布;唐纳德·肯尼迪撰写的《情报科学:反向同行评议?》("Intelligence Science: Reverse Peer Review?"),该文发表于《科学》2004年3月26日第303卷,第1945页;美国进步中心2004年1月28日发布的《忽视情报,忽视警告》("Neglecting Intelligence, Ignoring Warnings")。《巴特勒报告》的主要建议之一是,联合情报委员会不要发布公开的估计,但在伊拉克案例中,它却违反先例地发布了公开报告。不幸的是,美国未能做到这种自我克制。

[2] 参考理查德·贝茨的《情报的敌人》第116页及第121—123页,该书由哥伦比亚大学出版社于2007年出版。乔治·特尼特在其《在风暴中心》第338页引用了这一表述。参见纳姆·塔勒布的《黑天鹅:极不可能的影响》(*The Black Swan: The Impact of the Highly Improbable*),该书由纽约兰登书屋于2007年出版。一种有趣但不令人信服的论点认为,关注不确定性可能更有助于获得伊拉克问题的正确答案。参考贝琳达·坎顿的《不确定性的积极管理》("The Active Management of Uncertainty"),该文载于《国际情报与反情报期刊》2008年秋季第21卷,第501—513页。杰克·戴维斯指出,当证据与政府想要的政策相悖时,政府往往需要更高水平的情报证据。参考戴维斯撰写的《情报分析人员与政策制定者:关系紧张的利与弊》("Intelligence Analysts and Policymakers: Benefits and Dangers of Tensions in the Relationship"),该文载于《情报与国家安全》2006年12月第21卷,第1004—1006页。

最新情报中获得的第一印象，所以必须简短。[1]造成这种过度确定性的其他原因是，分析人员高估了向他们报告的独立消息源的数量，没有考虑到负面证据的重要性和证据的不足（这一点将在后文探讨）。迎合政策制定者的欲望可能也影响了分析人员的研判，导致他们倾向于讲政策制定者希望听到的话，得出政策制定者希望看到的结论，而不是采取情报界那种不受欢迎的典型写作风格，即"一方面如何，另一方面如何"。[2]此外，在起草《国家情报评估》时，国家情报官和最高决策者从一位伊拉克高层的线人（显然是伊拉克外交部长纳吉·萨布里）那里收到一些敏感报告，却并未传达给工作层级的情报分析人员参阅。尽管萨布里接触秘密信息的范围尚不清楚，关于他说了什么也存在不同说法，但国家情报官认为这是有力证据。2004年2月，时任中情局局长乔治·特尼特宣布："现在这些信息对我的想法有什么影响吗？当然了。"[3]于是，高层变得越发自信，分析

---

[1] 参考大规模杀伤性武器委员会报告第50页。关于匆忙将一些内容塞入《总统每日简报》所引发问题的进一步讨论，请参阅下一章。

[2] 鲍勃·伍德沃德的《攻击计划》第196—197页，该书由纽约西蒙与舒斯特出版社于2004出版。

[3] 参考特尼特著作《在风暴中心》第229—230页。关于萨布里说法存在矛盾的报告，参考参议院情报特别委员会发布的《战后伊拉克大规模杀伤性武器计划的调查结果》第142—143页；大规模杀伤性武器委员会的调查报告第117页；泰勒·德拉姆海勒的《边缘：白宫如何泄露美国情报的内幕》（*On the Brink: An Insider's Account of How the White House Compromised American Intelligence*）第5章，该书由纽约卡罗尔和格拉夫出版社于2006年出版；斯科特·谢恩的《中情局收买的伊拉克官员关于武器的说法》（"Iraqi Official, Paid by C.I.A, Gave Account of Weapons"），2006年3月22日载于《纽约时报》；阿兰姆·莱斯顿、丽莎·迈尔斯和NBC调查小组联合撰写的《伊拉克外交官向美国提供战前大规模杀伤性武器细节》（"Iraqi Diplomat Gave U.S. Prewar WMD Details"），发表于2006年3月21日；迈克尔·伊斯考夫和大卫·科恩的《傲慢：倾向性报道、丑闻和兜售伊拉克战争的内幕》，第62—63页及第350—351页；罗恩·苏斯金德的《世界之道：一个极端主义时代的真理与希望的故事》（*The Way of the World: A Story of Truth and Hope in an Age of Extremism*）第179—181页。也有可能萨布里的报告有误。大多数伊拉克高级官员相信他们的国家拥有大规模杀伤性武器，这表明了良好情报的潜在危险，因为在某种程度上，美国或英国已经窃听了这些人的谈话，任何残留的怀疑都将被消除。情报界很少注意到别国政府一些成

人员可能也感受到这种态度。

一个相关问题是，成品情报没有很好地向情报用户传达确定性程度，部分原因在于没有一个公认的标准来衡量如何做到这一点。巴特勒关于英国情报机构表现的报告指出，尽管情报用户认为"很可能"（likely）和"可能"（probable）这样的术语传达了微妙的含义差异，但情报机构实际上是交替使用这两个术语的，并未加以区分。[1] 准确表述对某个事情的信心程度，的确是一个持续存在的问题。在其他案例中，情报用户可能会注重这个方面的差异，但在伊拉克这个案例中，情报用户是否会探寻确定性的微妙差异，就需要存疑了。尽管《国家情报评估》现在对"很可能"等术语的含义进行了明确讨论，英国和美国情报部门多年来一直在努力解决这个问题，但尝试过几种替代术语之后又放弃了，这个事实表明解决该问题的难度。

### 第二，情报研判没有考虑关于伊拉克核计划的替代性解读

情报界在伊拉克问题上出现情报失误的第二个方面是，没有考虑其他可能正确的替代性解读。这并不是说不同情报机构之间没有分歧，相反，分歧一直存在。比如，对于伊拉克秘密进口铝管是否表明它正在重组核计划，以及伊拉克为其无人机采购包含美国地图的软件是否意味着对美国本土的威胁，不同机构一直存在着尖锐分歧。然而，对于萨达姆的行为，情报界并没有考虑其他替代性解读，不存在反驳主流观点的"红队"（red

---

员欺骗自己同事的可能性。正如特尼特在《在风暴中心》第 331 页所说："我们没有考虑到这样一个事实，即伊拉克政权对其公民非常残酷，会降低下级向上级如实汇报武器项目状况的可能性。"

[1] 参考《巴特勒报告》，第 13 页；关于一般讨论，参考查尔斯·韦斯所著的《情报和其他职业沟通的不确定性》（"Communicating Uncertainty in Intelligence and Other Professions"），该文发表于《国际情报与反情报期刊》2008 年春季第 21 卷，第 57—85 页；约亚·罗森伯格的《情报评估和战略评估中的概率解释》（"The Interpretation of Probability in Intelligence Estimation and Strategic Assessment"），载于《情报与国家安全》2008 年 4 月第 23 卷，第 139—152 页；贝茨的《情报的敌人》，第 33 页。

team），不存在故意唱反调的分析人员，也没有提出不同可能性的论文。[1]

最引人注目的是，当时没有任何人提出的观点接近于我们现在相信的观点。事实上，正如小布什总统的大规模杀伤性武器情报能力委员会在事后调查报告中所言："未能得出萨达姆已终止被禁武器计划的结论是一回事，但不考虑这种可能性是另一回事。"[2] 没有考虑这种可能性的确是一个严重失误，但需要放在当时的大背景下去考虑。当时，包括反战人士在内的观察人士都没有认真提出替代性解读，包括阿拉伯世界的分析人员在内，所有人针对萨达姆的动机和行为提出的解释，都没有接近于我们现在视为正确的描述。此外，没有理由认为，如果有某个替代性解读被提出来，就会被视为可信，而且也很难说我们如今相信的说法是否比当时主流的说法更符合固有证据。因此，虽然应该考虑替代性解读，但这样做或许也不会改变情报评估的总体倾向。

### 第三，情报界想象力不足

与情报界没有考虑替代性解读相关的一个问题是，情报界本应更有想象力。这种说法听起来很熟悉，在"9·11"事件发生之前，这一直是人们对情报工作的标准看法，但在"9·11"事件中，情报部门却未能"将

---

[1] 以色列情报部门确实雇用"红队"去证明萨达姆已经销毁了大规模杀伤性武器，但他们的论据无法服众。参考伊弗雷姆·卡哈纳所著《分析以色列的情报失误》("Analyzing Israel's Intelligence Failures")，该文载于《国际情报与反情报期刊》2005年夏季第18卷，第273—274页。事实上，学术研究对这种方法的效果表示怀疑。参考查兰·内莫斯等人联合撰写的《故意唱反调与真实的异议：刺激数量和质量》("Devil's Advocate versus Authentic Dissent: Stimulating Quantity and Quality")，该文载于《欧洲社会心理学期刊》2001年11／12月第31卷，第707—720页。在中情局内部，最好的工作是采取替代性分析的相关方法。杰克·戴维斯《替代性分析和评估的危险：对分析人员友好的方法》("Alternative Analysis and the Perils of Estimating: Analyst-Friendly Approaches")（未出版手稿，2003年10月6日）中，可以看到这种方法是如何在苏联部署于古巴的导弹被发现之前运用的。

[2] 参考大规模杀伤性武器委员会的报告，第155页。

不同的疑点联系起来"。然而，"情报界本应更有想象力"这句话其实暴露了对问题根源的误解，因为疑点有无数个，可以用不计其数的方式连接起来，即便富有想象力的人也可能存在疏漏。以"9·11"事件为例，如果我们回顾情报部门在恐袭发生之前获得的所有信息（不要只盯着我们现在知道的能够引导我们发现阴谋的那些信息片段），那么会发现无数个信息片段都蕴含着预警信息，而且它们看起来与最终被证实的危险信息一样。比如有一小部分阿拉伯人在飞行学校上学，但就业前景不明，或许需要立即进行调查。另外，如果这场恐怖袭击是由运输化学品的卡车造成的，那么我们现在就会哀叹当时未能发现很多分散的信息片段蕴含的预警。我相信我们可以找到很多这种信息片段，比如在美国的卡车驾校学车的阿拉伯人。

然而，一个不争的事实是，情报界的确缺乏想象力。[1]之前，在伊朗局势上，当时的主流观点认为，如果1977—1978年的骚乱趋于严重，伊朗国王显然会继续像以前那样冷酷无情，采取武力镇压手段。情报界受制于这种主流观点，没有表现出足够的想象力。这次在伊拉克问题上也是如此，显而易见的主流观点认为萨达姆正在发展大规模杀伤性武器，情报界的想象力再次受到这种主流观点的约束，几乎没有人想到超越这一主张，探究一下它的真伪。情报界这种行为模式是不难理解的，毕竟情报分析人员被遴选出来并接受训练的目的是保持对信息的密切了解，尽量规避

---

[1] 情报界不愿思考萨达姆行为存在的一系列令人费解之处，或许表明情报界缺乏想象力。如果情报界问萨达姆为什么不尽其所能避免战争，那么它可能会被引向一个有趣的、政策导向性很强的方向。战争结束后，有零星报道称法国和俄罗斯曾告诉萨达姆，他们将约束美国，这可能在萨达姆的决定中起到了一定作用（如果这些国家真的相信美国会对伊拉克让步，那堪称其最严重的情报失误）。根据萨达姆的顽固行为逆向推理，再结合法国、俄罗斯外交官跟萨达姆沟通的情报，可能会让美国情报界注意到萨达姆怪异行为的原因。显而易见的政策是，美国、英国以最强烈的措辞告诉法国和俄罗斯，它们的反对不会吓阻美国，而这些国家如果向萨达姆明确表明这一点，就能对和平作出最好的贡献。当然，这两国可能不愿意照做，也可能不会产生什么影响，但这里确实表明美国情报界缺乏想象力。

猜测。这样一来的结果就是，他们有时会错失真相。然而，对于能够在哪些方面发挥想象力，以及不能在哪些方面发挥想象力，几乎不存在什么限制，即便那些敦促人们多发挥想象力的人也很少谈到应该如何培养想象力。此外，从某种意义上说，情报界在伊拉克问题上过于富有想象力，把分散而模糊的情报拼凑在一起，并做出了大量猜测。他们并未意识到自己的这种做法。尽管人们可以合理地说，这种超越证据的做法不能算作富有想象力，因为其想象的结果依然是一幅熟悉的情景，但情报分析人员要超越接踵而来的报告，看到这些情报之外的世界。

英国和美国的情报界至少在"萨达姆的战前行为"这一重要问题上，不仅拒绝推测，而且显然没有意识到有什么重要的事情可以推测。虽然萨达姆拒绝与核查人员合作，似乎暗示着他在从事被禁活动，但即使他真的在隐瞒一些事情，也很难理解他在战前 18 个月的行为。几乎可以肯定地说，萨达姆在战前的一系列行为会招致美国推翻他，因此，无论从象征意义上看，还是从实际作用上看，他的行为都堪称一种自杀。任何一位国家领导者都会竭力规避这种命运。因此，萨达姆是否真的拥有大规模杀伤性武器就成了一个谜团。虽然期待情报界出面解释一切谜团是不合理的，但如果情报界能够指出萨达姆的行为具有无法解释的方面，就可能会引起人们的质疑，并促使人们开展一些有益的思考。不幸的是，情报分析人员在这个问题上表现得缺乏好奇心，部分原因在于他们接受的训练是根据来自伊拉克的实地报告开展分析工作，而不是敏感地总结有悖于主流看法的观点。

## 第三节　对情报失误的常见解释存在误导性

为了进一步探讨情报失误的原因，我首先概述并评论一下人们对于情报失误通常给出的解释，然后讨论一些实际上诱发情报失误的因素，这些因素看似比较小，实则相当重要，最后再集中探讨导致情报界得出错误结论的最重要原因。

### 第一种解释：群体思维

美国参议院情报特别委员会的主要结论之一是，情报界受到群体思维的拖累。[1] 从字面上看，这是完全错误的。顾名思义，群体思维是一种小群体现象，其驱动力是一种假定的倾向，即组织紧密的群体从相互同意和认可中寻求舒适和自信。[2] 这样的氛围会使群体成员克制自己，不干扰群体共识，甚至会主动回避思考一些令人不安的想法。然而，针对伊拉克的情报不是由小组织负责的。大量的工作是由相对独立的个体完成的，而且许多情报类的组织规模很大，组成人员不断变化。

### 第二种解释：过度共识

公平地讲，美国参议院情报特别委员会只是在口语层面，而非在技术层面使用"群体思维"这个术语，真正影响分析人员研判的因素是盲目顺

---

[1] 参考参议院情报特别委员会的报告，第 18 页。
[2] 参考欧文·詹尼斯撰写的《群体思维的受害者》(*Victims of Groupthink*)，该书由波士顿霍顿·米夫林出版公司于 1972 年出版。关于这一领域的后续研究，参考保罗·哈特、埃里克·斯特恩和本特·桑德利尔斯合编的《超越群体思维：政治群体动力学与外交决策》(*Beyond Groupthink: Political Group Dynamics and Foreign Policy-Making*)，该书由密歇根大学出版社于 1997 年出版。罗伯特·巴伦撰写的《过于正确就是错误：群体思维和群体决策极化的普遍性》("So Right It's Wrong: Groupthink and the Ubiquitous Nature of Polarized Group Decision-Making")，该文载于《实验社会心理学进展》2005 年第 37 卷，第 219—253 页。我认为，公平地说，群体思维在公众中比在研究人员中更受欢迎，也许是因为它的名字容易被人记住。关于一个似是而非案例的报告，参考《1973 年 10 月阿以战争前情报机构的表现：初步的事后分析报告》("The Performance of the Intelligence Community before the Arab-Israeli War of October 1973: A Preliminary Post-Mortem Report")，刊发于 1973 年 12 月，第 18 页。

从及相互强化对他们造成的普遍压力。一旦确立伊拉克正在发展大规模杀伤性武器的观点，情报界就没有动力去挑战它，每一个持这种观点的人都因得到普遍认同而变得更有信心。

这种说法颇有道理，但需要更仔细地探究。虽然情报界达成了总体共识，但这并没有阻止他们在具体问题上出现激烈分歧，尤其是在无人机和铝管问题上，有些个人和机构并没有盲目顺从别人的想法。更重要的是，我们需要探究"顺从"和"共识"这两个概念。在许多案例中，每个人都相信同样的事情，因为他们有很好的理由这么做，这就是为什么我怀疑成功的案例可能与失误的案例一样，都具有高度的"顺从"和"相互强化"的特征。此外，几个有责任心的聪明人相信某个事情，会成为其他人乐于相信这个事情的一个充分理由。需要避免的是不假思索地从众，即每个人都愿意迅速地接受传统观点，从而在没有进一步审视的情况下加强和延续这种观点。然而，要在实践中区分正当的顺从和不正当的顺从并不容易，伊拉克的案例可能是后者，但这一点还有待证明。[1]

**第三种解释：未能挑战先入为主的假设**

除了过度共识的"诊断"之外，另一个观点认为情报机构未能充分检验一些先入为主的假设。根据参议院情报特别委员会所说，《国家情报评估》"受到分层效应的影响，其评估基于之前的判断，而没有深入研究不确定性因素"。[2] 尤其是，情报机构想当然地认为萨达姆的政策是一

---

[1] 关于中情局内部施压分析人员服从上级的报告，参考大规模杀伤性武器委员会的报告，第191—194页；关于国务院情报研究局形成了一种鼓励异议的文化而中情局却没有形成的论点，请参阅贾斯丁·鲁德的《分析这一点》（"Analyze This"），载于《华盛顿月刊》2005年1/2月，第18—21页。

[2] 参考参议院情报特别委员会报告第22页。在20世纪80年代中期，中情局的高级审查小组通过对1945年至1978年一些案件的研究，得出了类似的结论。参考威利斯·阿姆斯特朗等人的《单一结果预测的危害》（"The Hazards of Single-Outcome Forecasting"），原载于《情报研究》1984年秋季第28卷，第57—70页，并以解密

贯、连贯和不变的。他曾在对伊朗的战争中使用毒气，在入侵科威特引发的 1991 年海湾战争前寻求其他大规模杀伤性武器，之后面对制裁，他还继续竭力寻求这些武器。他的种种行为虽然令人沮丧，但如果联系在一起看，萨达姆的计划就不难理解了。由于萨达姆是一个独裁者，我们有充分理由认为这个政权是一个中央集权的角色。事实上，如今回头看，萨达姆并没有一个连贯的计划，他的掌控范围不够全面，政权的能力也没有情报界设想的那么强大。[1] 更重要的是，情报界几乎所有人都认为萨达姆的行为和计划保持相对稳定，但如今回头看，不难发现萨达姆在

---

形式发表于布拉德福德·韦斯特菲尔德主编的《中情局的私密世界：1955—1992 年中情局内部期刊的解密文章》(*Inside CIA's Private World: Declassified Articles from the Agency's Internal Journal, 1955–1992*)，第 238—254 页，该书由耶鲁大学出版社于 1995 年出版。政治心理学家同样认为，很多信息通常是"联机"处理的，即当一个人接收到关于某个主题的新信息时，这个新信息与此人对该主题先入为主的主观判断融合在一起，而此人并不知道这种判断是如何形成的。关于这一点，参考凯瑟琳·麦格劳和弥尔顿·洛奇撰写的《评论文章：政治信息加工》("Review Essay: Political Information Processing")，载于《政治传播》1996 年 1—3 月第 13 卷，第 131—138 页；也可参考查尔斯·泰伯的《信息处理与公共舆论》("Information Processing and Public Opinion")，载于《牛津政治心理学手册》，第 433—476 页。一个有趣的可能例子是中情局高估了苏联制造一枚原子弹所需的时间，因为中情局之前非常确信苏联遭受了严重的铀短缺，以至于没有注意到苏联实施大规模铀浓缩的迹象。参考唐纳德·斯特瑞的《对苏研判解析，1946—1950 年中情局如何错过斯大林的原子弹》("Dissecting Soviet Analysis, 1946-1950: How the CIA Missed Stalin's Bomb")，该文载于《情报研究》2005 年第 49 卷，第 1 期，第 24—25 页。

[1] 参考 2004 年 9 月 30 日，中情局《中央情报总监特别顾问关于伊拉克大规模杀伤性武器问题的综合报告》（以下简称《迪尔弗报告》）。这份报告同迪尔弗的前任大卫·凯伊的观点之间存在一些矛盾，关于这一点，可以参考米勒中心发布的《伊拉克大规模杀伤性武器》("Iraq's Weapons of Mass Destruction")，该文载于《米勒中心报告》2004 年春/夏第 20 卷，第 6—14 页。从很多方面来说，最好的研究是凯文·伍兹等人的《伊拉克展望报告》(*The Iraqi Perspectives Report: Saddam's Senior Leadership on Operation Iraqi Freedom from the Official U.S. Joint Forces Command Report*)，该书由安纳波利斯海军学院出版社于 2006 年出版。此外，还可以参考詹姆斯·瑞森的《伊拉克战争：情报》("The Struggle for Iraq: Intelligence")，2004 年 1 月 26 日载于《纽约时报》。

20 世纪 90 年代就意识到面对制裁和检查，他将无法实施强有力的大规模杀伤性武器计划。正如战后伊拉克调查小组的首任负责人大卫·凯伊（David Kay）所说："在情报界最难做的事情之一就是及时识别变化……如果人们的行为曾经表现出一致性，那么你就会倾向于根据过去预测未来。"[1] 看来情报界从未提出过"萨达姆的行为是否改变了"的问题。

我在后文给出的解释中，将先入为主的假设和观念的影响视为情报界误判伊拉克大规模杀伤性武器计划的核心因素，但我们需要理解相关的过程，而不是一味地提出批评。情报界的分析过程没有做到"让事实说话"，而是根据先入为主的既定观念得出推论，这样一来，对新情报的感知和解释难免会受到既定观念的影响。[2] 事实上，许多关于伊拉克的正确推论都是以合理假设为基础的，要重新检验所有假设，往往脱离实际。人们只是希望把注意力集中在那些在分析过程中不会引起争议，而且经得起合理分析的假设上，这些假设可能是影响研判结论的核心因素（情报界的一些人将这些合理假设称为得出正确结论的"关键"）。如今回头看，情报部门应该提出这样一个问题：伊拉克政权拒绝配合核查人员，除了有可能秘密推动被禁计划以外，是否还能用其他原因去解读？伊拉克政权曾经使用化学武器和实施大规模杀伤性武器计划，是否足以解释它在 2002 年的所作所为？如果说这些先入为主的假设过于深刻，以至于分析人员都没有意识到需要对它们提出质疑，或许不是很正确，但事实上从没有人为这些假设提出过明确辩护，因为它们看起来显然是正确的，并得到了广泛认同。（值得注意的是，这些先入为主的假设并非基于保密信息，外部观察人士也未曾质疑过它们。）

然而，很难事先明确说明应该重新检视哪些假设。如果能明确说明当

---

[1] 参考大卫·凯伊的《伊拉克大规模杀伤性武器》一文，第 8 页；鲍勃·伍德沃德在《否认的状态：战争中的布什（第三部分）》第 278 页也引用了凯伊的这个观点。当中情局委派一位分析人员去研究某个案例时，如果他阅读的内容不是一线报告，而是给出中情局既定观点的成品情报，则没有多少用处。

[2] 罗伯特·杰维斯所著《国际政治中的知觉与错误知觉》第 4 章，该书由普林斯顿大学出版社于 1976 年出版。

前的评估或者学术界关于某个主题所持的观念里都有哪些需要重新检视，虽然具有挑战性，却不失为一件有价值的事。

### 第四种解释：情报政治化

关于伊拉克大规模杀伤性武器的情报失误，最突出的解释是情报界屈服于政治压力，迎合政策制定者的想法，倾向于讲他们希望听到的话。[1]这一解释虽然得到大多数观察人士的赞同，但遭到了官方报告的否定，部分原因是这些报告本身都着眼于政治目标。事实上，这种解释非常符合常理，导致人们过多地将情报失误归咎于它，从而阻碍了人们对情报失误进行认真反思。我的最初印象也是觉得情报工作受到政治化的影响，但后来有了相反的看法，认为官方报告在很大程度上是正确的。虽然中央情报总监特尼特与政策制定者过从甚密[2]，但情报界每个人都知道美国的对伊政策是以伊拉克拥有大规模杀伤性武器为前提的，即便政治环境有所改变，也不意味着情报界会给出明显不同的分析。

领导者为了获得政治支持，蓄意给情报界提供了一些不准确的描述，这类行为方式对情报工作施加了政治压力。最著名的是，美国总统称英国人报道萨达姆曾经从非洲获取铀（这是真的，英国确实有这方面的报道，

---

[1] 关于情报政治化的一般讨论，参考韦斯特菲尔德的《在象牙掩体内部：中情局分析人员抵制管理者的"迎合欲望"（第一部分）》("Inside Ivory Bunkers: CIA Analysts Resist Managers''Pandering'—Part I")，载于《国际情报与反情报期刊》1996/1997年冬季第9卷，第407—424页；韦斯特菲尔德的《在象牙掩体内部：中情局分析人员抵制管理者的"迎合欲望"（第二部分）》，载于《国际情报与反情报期刊》1997年春季第10卷，第19—56页；贝茨的《情报的敌人》，第4章；约翰·金特利的《失去的承诺：中情局的分析如何辜负了国家》，对情报政治化做出了一些夹杂个人不满却颇具说服力的描述，该书由美利坚大学出版社于1993年出版。

[2] 詹姆斯·瑞森在《战争国家：中情局和布什政府秘史》(State of War: The Secret History of the CIA and the Bush Administration)第20页和第76页对此进行了强烈支持的阐述，该书由纽约自由出版社于2006年出版。但特尼特在《在风暴中心》第409—410页中对此提出了强烈反对。

但美国总统暗示美国情报部门认同英国的相关报道，却不是真的）。此外，美国副总统切尼和国防部长鲍威尔也曾说过，有确凿证据表明伊拉克和"基地"组织之间存在联系。许多政策制定者曾坚持认为大规模杀伤性武器的威胁"迫在眉睫"。情报界不同意这些说法，特尼特在作证时说自己曾私下就这类说法驳斥过副总统。[1] 决策者如此扭曲证据，其实是情报政治化的替代品，因为决策者之所以认为有必要扭曲证据，是因为情报界没有向决策者提供他们希望公众相信的信息。[2]

官员们还参与了"单方论证"（cherry-picking）和"烟囱式直报"（stovepiping）。在"单方论证"情形下，情报官员仅仅遴选支持决策者立场的报告，而与决策者立场存在矛盾的报告虽然数量较多，也比较可靠，却遭到了排除。在"烟囱式直报"情形下，情报官员绕过分析人员，直接向政策制定者呈报某些经过蓄意遴选的原始情报，导致分析人员无法对这些原始情报做出批判性评估。有些人可能会辩护道，通过这两类做法得出自己的结论，是情报高官的特权，甚至是其职责范围之内的事。但如果政策制定者企图凭借这两类做法向公众证明政策的合理性，那就无异于暗示自己得到了情报部门的支持，这种暗示是错误的。

在某些情况下，对于扭曲的证据以及看似合理实则存疑的证据，很难区分二者之间的界限，我将在第 4 章进一步讨论这一点。最引人注目的例子就是托尼·布莱尔援引扭曲的情报宣称，萨达姆能够在做出决策后的

---

[1] 参考道格拉斯·杰尔撰写的《中情局局长称他已经私下纠正了切尼的错误》（"C.I.A. Chief Says He's Corrected Cheney Privately"），此文 2004 年 3 月 10 日发表于《纽约时报》。关于进一步讨论，请参阅特尼特的《在风暴中心》第 315—317 页及第 341 页。据特尼特所述，有一次，副总统切尼取消了一场演讲，因为他告诉总统这个演讲内容歪曲了情报。参考特尼特《在风暴中心》第 356—357 页。有关决策者和情报机构相关声明的汇编，以及关于这些声明含义的党派辩论，请参考参议院情报特别委员会的《关于美国政府官员涉及伊拉克的公开声明是否属实的报告》（Report on Whether Public Statements Regarding Iraq by U.S. Government Officials Were Substantiated）。

[2] 关于进一步讨论，请参考约书亚·瑞夫纳的《锁定真相》（Fixing the Facts），该书由康奈尔大学出版社于 2011 年出版（中文版由金城出版社于 2016 年 8 月出版）。

45分钟之内将化学武器投入使用。[1]他不仅暗示情报是可靠的（英国情报部门在这一点上也必须担责），而且给人留下这样的印象：这些武器可以到达整个地区，从而表明萨达姆是一个具有邪恶意图的重大威胁。布莱尔忽略了关键的一点，即这些是短程武器，事实上表明了萨达姆的防御倾向，因为这种装备只有在防范迅速攻击时才有价值。

然而，这里最核心的论点是布莱尔导致的情报政治化，即对情报界施加压力，要求情报界提供支持其决策的分析结果。2002年7月，英国军情六处处长理查德·迪尔洛夫（Richard Dearlove）从华盛顿访问回国后深信，"小布什希望通过军事行动，以恐怖主义和大规模杀伤性武器相结合为理由，推翻萨达姆，但所谓的情报和事实都是围绕政策而确定的"。[2]这句经常被重复引用的话，乍一看似乎为情报政治化提供了很好的证据，但仔细一看却并非如此：它指的是与"基地"组织有关的情报，而不是与大规模杀伤性武器计划有关的情报。在前一个话题上，虽然一些决策者看到或声称伊拉克与"基地"组织有联系，但美国情报机构没有，而且在大规模杀伤性武器问题上，英国和美国情报机构几乎完全一致。迪尔洛夫很难声称，美国情报机构受到政治压力，以得出英国人认为合理的结论。

第二点证词是参议院情报特别委员会一名工作人员与负责中情局一项内部审查的理查德·科尔（Richard Kerr）之间的交流。

科尔先生："在这种情况下，人们往往会感到压力，觉得自己是被逼的。"

参议院情报特别委员会问询者："我们听过这种说法，但一个证人都找不到。"

---

[1]《巴特勒报告》第125—127页给出的结论是，联合情报委员会"不应该在其评估和政府的公开档案中只包含'45分钟'的措辞，却不明确指出它究竟指什么"。关于美国的相关情报，参考参议院情报特别委员会的报告第251—252页。

[2] 马修·莱克罗夫特于2002年7月23日写给大卫·曼宁的备忘录被刊登在许多地方，比如2005年6月9日《纽约书评》第71页。据特尼特所述，迪尔洛夫后来告诉他，备忘录错误地引用了迪尔洛夫的话。参考《在风暴中心》，第310页。

科尔先生："也许他们都是聪明人，不会跟你聊这一点。"[1]

这句话很好，但科尔自己的报告并没有强调政治化这一因素，而且几乎所有参与情报评估的人员都接受了调查委员会的问询。[2]另一种政治化的形式更难察觉，即对政府政策持有异议或可能持有异议的人都被排除在外，无法参与伊拉克相关的情报评估工作。那些被留下来的人则没有受到压力，分析过程没有被政治化，但遴选评估人员的整个过程却被政治化了。美国大规模杀伤性武器委员会虽然没有把政治化作为情报失误的一个主要解释，但坚称确实发生了政治化的情况，只不过它的叙述缺乏细节。[3]

我不能否认上述这两种说法，因为我对不同级别情报官员进行的私密采访确实发现一些人迫于政治压力而改变了自己的想法，但没有人将自己的错误分析归咎于政治压力。正如我在前面提到的那样，人们常常无法理解自己究竟是如何做出研判的，他们可能会觉得承认屈服于政治压力比坦率承认犯错更糟糕。正如一位分析人员在确认罗伯特·盖茨（Robert Gates）担任中央情报总监的参议院听证会上所说："政治化就像雾一样，虽然你不能把它握在手里，或把它钉在墙上，但它确实存在，确实是真实的，并影响着人们。"[4]事实上，如果一个上级刻意向下级提出一个问题，上级可能只是觉得自己在试探性地问一下，而下级就会感觉到一定程度的压力。

形式最粗暴的政治化是上级为了迎合政策而修改呈报的文件，这种政治化很容易驳斥，而形式不那么直接的政治化就比较难以判断了，尤

---

[1] 参考参议院情报特别委员会报告第484—485页；詹姆斯·瑞森的《战争国家：中情局和布什政府秘史》，第111页；迈克尔·伊斯考夫和大卫·科恩的《傲慢：倾向性报道、丑闻和兜售伊拉克战争的内幕》，第135—136页及第140页。

[2] 参考科尔等人合写的《美国情报界的问题》一文。

[3] 参考大规模杀伤性武器委员会的报告，第191—194页。

[4] 约翰·金特利在《失去的承诺：中情局的分析如何辜负了国家》一书第243页引用了这个观点。

其是微妙的政治化。在这类政治化中，分析人员为了规避取悦政策制定者和恪守专业标准之间那种令人痛苦的价值观权衡，产生了心理学家所说的"动机偏差"，往往倾向于主动做出支持政府政策（或至少不会削弱政府政策）的评估结论。分析人员逐渐开始相信政策制定者所说的话，导致这一现象的最终原因在于政治环境。这并不罕见。在20世纪30年代的英国，虽然没有明确的压力，英国情报人员对于英国与德国实力对比的评估也会随着政策转变而变化。[1] 但在伊拉克案例中，许多错误观念在情报失误演变为突出的政治问题之前已经形成。当时，分析人员和政策制定者真的相信萨达姆正在积极推进大规模杀伤性武器计划的相关证据，美国甚至为了保护士兵免受大规模杀伤性武器袭击而采取了诸多措施，情报界对战后调查结果一致表示震惊（其实就是不相信），并且非常缓慢和不情愿地接受了真相。[2]

---

[1] 参考韦斯利·沃克撰写的《终极敌人：英国情报和纳粹德国（1933—1939）》（*The Ultimate Enemy: British Intelligence and Nazi Germany, 1933–1939*），该书由康奈尔大学出版社于1985年出版。罗伯特·杰维斯等三人在《心理学与威慑》（*Psychology and Deterrence*）中讨论了关于动机偏见的文献，并将这个概念应用于国际政治领域，该书由约翰·霍普金斯大学出版社于1985年出版。赫顿勋爵的报告使布莱尔政府摆脱了英国广播公司提出的扭曲情报的指控，指出分析人员可能是"在潜意识中受到"自己对政府想听到什么内容这一了解的影响。引自布赖恩·厄克特的《隐藏的真相》（"Hidden Truths"），载于《纽约书评》2004年3月25日，第44页。关于科学领域动机偏见的有趣案例，参见弗兰克·克洛斯的《棘手之事：冷聚变的竞赛》（*Too Hot to Handle: The Race for Cold Fusion*），该书由普林斯顿大学出版社于1991年出版。

[2] 另一方面，美国没有为保护所谓"大规模杀伤性武器基地"的任务分配足够多的兵力，可能是由于军队规模小和战后环境规划的无能。有关讨论请参考迈克尔·戈登和伯纳德·特雷纳的《眼镜蛇II：入侵和占领伊拉克的内幕》（*Cobra II: The Inside Story of the Invasion and Occupation of Iraq*），第78—83页及第156页，该书由纽约万神殿出版公司于2006出版。理查德·舒斯特撰写的《伊拉克调查小组：从大规模杀伤性武器到反暴乱》（"The Iraq Survey Group: From Weapons of Mass Destruction to Counterinsurgency"），载于《战略研究期刊》2008年4月第31卷，第231—233页。军方更关心的是确保大规模杀伤性武器不被用来对付士兵，而不是确保武器免遭盗窃。弗兰克斯将军似乎认为，一旦美军进入伊拉克，人们会直接把他们带到这些地点。还可参考托马斯·里克斯的《惨败：美国在伊拉克的军事冒险》，第100页。

### 通过比较得出的证据

通过比较可以得到更好的证据。似乎所有情报机构都相信伊拉克正在谋求大规模杀伤性武器计划,甚至那些反对战争的国家也相信这一点。[1] 虽然这并不意味着美、英情报机构没有受到政治氛围的影响,但确实表明他们根本不需要承受政治压力就能得出自己的结论。评论人士未能讨论这一事实,表明忽视标准的社会科学方法论不仅降低了当代情报工作的质量,还削弱了公众对情报失误的认知。

其他比较也很重要,但被忽视了。最明显的事实是,在涉及伊拉克的两个关键方面,美国情报界顶住了政府的巨大压力。尽管美国政府没有找情报界要相关评估意见,但情报界的报告却警告说,入侵伊拉克的后果可能不太容易应对,入侵可能导致恐怖分子获得更多支持。这种警告同美国政府描绘的入侵伊拉克之后的美好图景存在矛盾,从而含蓄地削弱

---

[1] 关于法国情报机构持怀疑态度的说法,参考布里吉特·罗西纽克斯2002年9月25日在《鸭鸣报》上发表的《法国情报机构对"美国佬"的说教》("French Intelligence Lectures the Yankees")。如果这个故事是真的,那么这种对比在一定程度上是通过歪曲美、英情报人员的信念实现的。还有一些指标表明,加拿大官员也对此表示怀疑。参考加拿大广播公司于2002年9月6日发表的报道,题目为《首相在支持攻击伊拉克之前需要证据》。德国和俄罗斯也可能怀疑萨达姆是否重启了核计划。另外还有零星的几个人表示不同意。根据汉斯·布利克斯的说法,法国总统雅克·希拉克就是其中之一,他曾评论情报机构具有"相互陶醉"的倾向。(这一说法含蓄地否认了法国情报机构与美国情报机构的研判存在很大区别。)参考布利克斯所著的《解除伊拉克武装》(Disarming Iraq)第129页,该书由纽约万神殿出版公司于2004年出版。这位前联合国武器核查员也持不同意见,他的理由比当时人们认为的更充分。参考威廉·里弗斯·皮特和斯科特·里特合著的《伊拉克战争:小布什团队不想让你知道的事》(War in Iraq: What Team Bush Doesn't Want You to Know)。通过对比不同国家情报机构的意见,也可以对其他案例有所了解。因此,人们普遍认为,斯大林之所以对希特勒的袭击感到惊讶,是因为他的情报系统特别薄弱,虽然这在一定程度上是正确的,但鉴于苏、英两国的评估直到战前最后几周还非常接近,我们需要重新考虑这一事实。参考加布里埃尔·格洛杰茨基所著的《大妄想:斯大林和德国入侵苏联》(Grand Delusion: Stalin and the German Invasion of Russia),尤其是第264—265页及第281页,该书由耶鲁大学出版社于1999出版。

了发动战争的理由。[1] 更引人注目的是，尽管情报界确实说过"伊拉克和'基地'组织之间有过高层接触"，却始终否认有确凿证据表明萨达姆在"9·11"事件中扮演了角色，萨达姆与本·拉登有合作关系，以及萨达姆大概率将大规模杀伤性武器移交给"基地"组织。面对政府的相反声明，面对只能被理解为施压的反复询问和挑战，面对国防部专门成立一个致力于寻找这种联系的部门，美国情报界仍然坚持自己的立场。[2] 政府施压确实不正当，但没有取得成功，这不仅证明情报官员保持了正直，也削弱了这样一种看法，即大规模杀伤性武器相关的分析是情报界出于讨好政策制定者的欲望而产生的偏见。同样有趣的是，美国情报界的研判与政府政策相悖时，往往比支持政府政策时更加准确，但这可能只是巧合。

比较美国情报界不同机构的立场，也让人对情报政治化的观点产生怀疑。虽然美国国务院和国防部是政策导向性最强的两大机构，但国务院下属的情报研究局是情报界里对萨达姆拥有核武器最持怀疑态度的机构，空军情报部门则对政府关于无人机的说法持有异议。美国能源部对政府关于铝管的说法持有异议，而且没有证据表明美国政府作为回应，对该部施加了政治压力。有人可能会说，鲍威尔的国务卿地位使其能够保护自己部门

---

[1] 参考参议院情报特别委员会的《关于战后伊拉克情报评估的报告》，2007年5月；另见小理查德·贝斯特撰写的《情报机构对伊拉克的正确判断》（"What the Intelligence Community Got Right About Iraq"），载于《情报与国家安全》2008年6月第23卷，第289—302页。

[2] 参考乔治·特尼特致参议员罗伯特·格雷厄姆的信，收录于《国会记录》（*Congressional Record*），2002年10月9日，页码S10154；关于施压于分析人员，使其结论倾向于认定伊拉克与恐怖组织有联系的一些证据（但解释得并不清楚），参考参议院情报特别委员会报告第357—365页。关于更详细地讨论情报界的说法及其与我们现在所相信的内容的对比，请参阅参议院情报特别委员会发布的《关于伊拉克大规模杀伤性武器计划的战后发现》（*Postwar Findings about Iraq's WMD Programs*）。关于五角大楼建立一个旨在发现萨达姆政权和"基地"组织之间联系的办公室的背景讨论，参见玛丽亚·莱恩撰写的《填补未知：基于假设的情报和拉姆斯菲尔德委员会》（"Filling in the 'Unknowns': Hypothesis-Based Intelligence and the Rumsfeld Commission"），载于《情报与国家安全》2006年4月第21卷，第286—315页。

的情报官员（即使他拒绝了下属情报官员的论点，也会保护他们），而且由于美国大部分情报工作由中情局负责，或许意味着中情局尽管表面上想要远离政治，但实际承受的政治压力反而最大。

最后，我们对比一下小布什时代同克林顿时代的评估。两者存在诸多差异，尤其是小布什政府宣称萨达姆重新制订了核武器计划，增加了化学武器储备，以及肯定拥有可移动生物武器实验室，同克林顿政府的评估差异最大。事实上，关于萨达姆可能拥有可移动生物武器实验室的说法，在2000年克林顿政府时期就出现了，当时开始出现一些详细（实则错误）的报告。事实上，正是在这个时期，中情局逐渐认同萨达姆有能力制造和传播干燥的、威力更强的生物制剂。[1] 关于核武器和化学武器评估差异与新情报的浮现有关，而小布什政府关于铝管的分析令人震惊，缺陷重重（后文将更详细地进行讨论）——始于2001年春天，当时情报界面临的压力并不大。因此，小布什政府和克林顿政府之间关于伊拉克的大部分评估差异只能用一线报告去解释。他们之间的评估差距，远小于他们的结论与我们现在相信的事实之间的差距。

这并不意味着政治压力没有起作用。至少，政治压力创造了一种不利于批判性分析的氛围，鼓励了过度的确定性，并蚕食了情报界对于微妙和细微之处的分析。[2] 分析人员和情报管理者都知道，任何有关萨达姆能力有限的暗示都会立即招致上级的批评。在这种环境下，任何人都很难重新审视传统观点。政策制定者们，特别是副总统切尼，表达自己观点时那种强烈、坚定的态度也可能产生了政治影响。托马斯·里克斯（Thomas Ricks）引用一位高级军事情报官员的话说："当副总统站起来说'我们确定'时，我们还有什么可争辩的？由于职能划分，高层很可能看到了

---

[1] 罗伯特·卓金的《曲线球：间谍、谎言和引发战争的骗子》（Curveball: Spies, Lies, and the Con Man Who Caused a War）一书，第53页，该书由纽约兰登屋于2007年出版。

[2] 保罗·皮勒的《情报、政策与伊拉克战争》（"Intelligence, Policy, and the War in Iraq"），载于《外交事务》2006年3/4月第85卷，第15—27页。

我们看不到的东西。"（事实上的确如此，但上级得到的很多信息是不正确的。）[1] 很可能存在这样一种情况，即当分析人员对自己的研判很有把握时，高层官员的立场不会压制住他们，而当分析人员不太确定时，则会受到高层官员的影响。从根本上讲，政治压力无法解释情报失误。

**战后调查中浮现的证据**

关于情报是否被政治化，最好的一条证据几乎没有受到关注：联合国监测、核查和视察委员会（UNMOVIC）恢复对伊拉克检查之后，并未发现大规模杀伤性武器的痕迹，而情报界没有开展任何重新评估。原因之一可能是，分析人员认为该委员会没有检查到正确的地点。《巴特勒报告》说，该委员会检查人员只有时间跟进英国政府提供的一半线索，而美国政府可能没有向核查人员提供它掌握的全部信息，这意味着该委员会的报告不可能是确凿的。[2] 尽管如此，我认为巴特勒有句评论是正确的，即情报界对该委员会的发现——或者确切地说没有取得发现——缺乏兴趣，是"奇怪的"，特尼特在其回忆录中对这一时期几乎保持缄默也很有趣。[3] 尤其令人惊讶的是，该委员会在一个被视为生物武器关键设施的地点没有发现任何生物武器相关的证据，却发现伊拉克进口的铝管只是被用于制造火箭部件，尽管尚不清楚核查人员向中情局提供了多少细节，但情报界竟然没有做出任何反应。[4]

---

[1] 托马斯·里克斯的《惨败：美国在伊拉克的军事冒险》一书，第51页。
[2] 《巴特勒报告》，第91页；参议院情报特别委员会报告，第404—422页。
[3] 《巴特勒报告》，第92页，也可见第87页；特尼特的《在风暴中心》。另见苏斯金德的《世界之道》，第262—267页；迈克尔·伊斯考夫和大卫·科恩的《傲慢：倾向性报道、丑闻和兜售伊拉克战争的内幕》，第165—166页及第205—206页；大卫·巴斯托、威廉·布罗德和杰夫·格斯合写的《核武器牌：铝管的故事》（"The Nuclear Card"），2004年10月3日发表于《纽约时报》。
[4] 罗伯特·卓金的《曲线球：间谍、谎言和引发战争的骗子》，第166—177页及第182页；巴顿·盖尔曼的《垂钓者：切尼副总统》（*Angler: The Cheney Vice Presidency*），第220—221页，该书由纽约企鹅出版社于2008年出版。

我怀疑情报界保持沉默的原因是，一旦情报界看到美、英致力于推翻萨达姆，就会明白重新评估是不可接受的，于是就不再仔细研究证据。[1] 这可能是鲍威尔在联合国的演讲没有得到充分审查的另一个原因，后文将进一步讨论这一点。当一名中情局特工质疑这份演讲引用一个代号"曲线球"的关键线人提供的信息时，他的上司回答说："让我们记住，不管曲线球说或没说什么，这场战争都将发生，当权者可能对曲线球是否知道自己在说什么不太感兴趣。"[2] 我认为，情报界的不同人员、不同部门在不同时间保持缄默，很大程度上取决于他们对政府发动战争决心的评估。当批评者提出情报政治化的指控时，往往会引用2002—2003年冬季浮现的证据，并暗示这是整个情报过程的特征。[3] 然而，不应该将不同时期的情报工作混为一谈。

## 第四节　对情报失误的其他解释

如果政府压力及情报部门意欲迎合当权者都不足以解释情报失误，那什么能解释呢？答案在于一系列具体问题和分析错误，以及一个导致情报工作陷入困境的普遍因素。

---

[1] 2002年秋季，新证据确实促使中情局放弃了先前的立场，即伊拉克为无人机采购地图软件包表明有意发展打击美国的能力。参考大规模杀伤性武器委员会报告，第139—141页。也许是这个问题没有其他问题重要，才能解释中情局为何愿意改变固有观点，但我也只是推测。

[2] 参考参议院情报特别委员会报告，第249页；大规模杀伤性武器委员会报告，第189—191页。泰勒·德拉姆海勒关于中情局不理会针对"曲线球"的质疑的一手报告，也来自2002年12月。参考德拉姆海勒的《边缘：白宫如何泄露美国情报的内幕》，第82—83页及第260—264页。

[3] 参考詹姆斯·瑞森的《战争国家：中情局和布什政府秘史》，第79—80页。

## 一、小问题和错过的机会

我先讲一些比较小的问题和困惑。一个问题是，情报界使用的每个证据都模棱两可，或者说可能招来指控，而它们却结合在一起，每一个存在问题的说法都令其他说法听起来更加可信，反而为影响深远的结论提供了基础。情报界因此受到批评，但这套推理程序也不是全无根据。如果萨达姆正在生产一种大规模杀伤性武器，那么他很可能同时也在生产其他武器。虽然有些人可能会说，不同类型的大规模杀伤性武器能够相互替代，但似乎更合理的说法是，如果他计划研发其中一种大规模杀伤性武器，就会推进所有大规模杀伤性武器的生产计划。当然，尽管有证据表明萨达姆开展了核活动，而且这些证据无法证明那位代号"曲线球"的线人关于生物武器的说法是正确的，但确实描绘了一幅宏大的图景，这幅图景令"曲线球"的报告显得非常有意义。如果每一份报告都是毫无价值的，那么即便存在大量的报告，它们的价值总和仍然是零，只是将它们拼凑在一起会营造出一种令人觉得它们较为可信的氛围。如果每一个说法都有一定的正确概率，如果同时存在几个这类说法，而是否所有相关信息已被解密尚不清楚，那么最终总结出来的积极结论确实看起来比较合理。[1]有多条信息，每条信息本身都很模糊，但加在一起可以提供相当有说服力的证据。因此，线人"曲线球"的报告促使化学武器方面的分析人员强化了自己的评估。[2]回想起来，这是错误的，但正如一份关于科学家如何逐渐接受全球变暖观点的研究所解释的那样，"每一个（关于一个现象的某个方面）故事本身都很奇怪，但被其他故事烘托得似乎合理"。[3]我们如何确定这一推理模式在某些特定案

---

[1] 参考国家情报委员会《2002年10月〈国家情报评估〉关于伊拉克大规模杀伤性武器计划，情报界如何作出研判》，引自大规模杀伤性武器委员会报告，第197页，注3。

[2] 大规模杀伤性武器委员会报告，第173页；罗伯特·卓金的《曲线球：间谍、谎言和引发战争的骗子》，第127页。

[3] 斯宾塞·韦尔特的《发现全球变暖》（*The Discovery of Global Warming*），第89页，该书由哈佛大学出版社于2003年出版。

例下是否合理，是一个困难的问题，但情报界的错误在于没有明确地指出，甚至可能没有意识到情报研判涉及的推理过程。[1]

有一个特殊的谜题在当时和后来都被忽视了。就是萨达姆的女婿侯赛因·卡迈勒（Hussein Kamel）于1995年从伊拉克叛逃，提供了大量有关伊拉克被禁项目的有价值的信息。他告诉采访者，旧的化学和生物材料已经被销毁，这些项目已经停滞不前，但公众听到的版本却是卡迈勒说这些项目仍在继续。事实上，这是许多外部观察人士相信萨达姆仍在大力发展大规模杀伤性武器的主要原因。这里有两个谜团。首先，是谁散布了虚假报道？为何没有得到纠正？小布什政府有意维持这一谎言，但很难看出克林顿政府是否有意维持这一谎言。其次，为什么情报界没有更多地关注卡迈勒的证词？现在回想起来，他的证词透露出一些实情，至少可能会导致情报部门考虑到萨达姆并未积极推进大规模杀伤性武器计划。但情报界却忽略了这种令政府扫兴的证词，在事后分析中也没有提出这方面的分析失误。卡迈勒的证词在情报界的评估报告中并未占据突出位置，后来的评论也认为不需要解释他的证词为何缺失。[2] 确实如此，但不幸的是，我只能提出这个问题，却无法回答它。

国务卿鲍威尔在安理会的讲话，导致情报界错失了重新审查萨达姆核计划证据的机会。在当时大多数观察人士看来，这份报告颇具说服力，部分原因在于伊拉克外交无能，没有驳斥鲍威尔提出的观点。但

---

[1] 关于这一点的简短、尖锐的讨论，可以参考《巴特勒报告》，第11页；关于类似问题的讨论，比如判断一种长期被认为已经灭绝的鸟类是否存在，参考詹姆斯·戈尔曼的《象牙喙啄木鸟是否存在？》（"Ivory-Bill or Not? Proof Flits Tantalizingly Out of Sight"），2005年8月30日发表于《纽约时报》。

[2] 关于卡迈勒的证词，参考参议院情报特别委员会的报告，第218页；《巴特勒报告》，第47—48页及第51页。一个简短但更佳的讨论，参考理查德·罗素的《改善战略情报》（*Sharpening Strategic Intelligence: Why the CIA Gets It Wrong and What Needs to Be Done to Get It Right*）第82页，该书由纽约剑桥大学出版社于2007出版；约翰·戴蒙德的《中情局与情报失误的文化》（*The CIA and the Culture of Failure*）第395—396页，该书由斯坦福大学出版社于2008出版。

事实上，鲍威尔的演讲几乎完全是谬论。[1] 正如我们看到的那样，一些质疑没有传到国务卿那里，也可能没有传到中央情报总监及其高级助手那里，这就提出了如何促进信息实现最佳流动的问题。组织架构的重要意义在于压缩和过滤信息，但应该允许一些关键问题、不确定因素和分歧传到顶层那里。在这里，分析人员和中情局行动处某些成员之间关于线人"曲线球"发生了分歧，却没引起关注。[2] 等有人意识到"曲线球"提供的信息对鲍威尔这份演讲具有至关重要的反驳作用时，为时已晚，而且更令人惊讶的是，身为中央情报总监的特尼特并不知道关于铝管用途的争论。信息流遭到堵塞，部分原因在于鲍威尔发表演讲的氛围，这种氛围的目的并不是全面汇总证据，更不用说重新评估已有结论，而是为控告提供论据。我怀疑，另一个因素有助于解释为什么鲍威尔没有仔细审查情报界的一些主张。副总统切尼的办公室给鲍威尔发了一份文件，里面充斥着疯狂的指责，鲍威尔不得不花大量时间去分析和驳斥。这种做法导致其他主张显得较为合理，降低了对情报界所提观点的审查动力。

撰写关于伊拉克核计划的《国家情报评估》，为重新评估相关证据提供了一个较早的机会，但这份报告完成得非常匆忙。事实上，无论是行政部门的情报用户，还是情报界，都认为这份文件没有必要性。因为已经有了稳定、清晰的信息流，仅仅由于国会坚持，才制作了《国家情报评估》。但中央情报总监特尼特承认，他本应该更早地提出制作这份报告

---

[1] 关于这份演讲，一些好的摘要可以参考约翰·普拉多斯的《蒙骗：揭示布什如何向我们兜售战争的文件》第 6 章，以及参议院情报特别委员会报告第 7 和第 15 章。相关讨论，可以参考特尼特的《在风暴的中心》第 371—375 页。有关外界对于鲍威尔的观点，参考凯伦·德扬的《士兵：科林·鲍威尔的一生》（*Soldier: The Life of Colin Powell*）第 440—447 页，该书由纽约克诺夫出版社于 2006 年出版。罗素在《改善战略情报》第 78 页提出一个简短但有趣的评论，即中情局技术分析人员无法采用像忙碌的非专业人士那样的方式去传递信息。

[2] 参考泰勒·德拉姆海勒的《边缘：白宫如何泄露美国情报的内幕》；罗伯特·卓金的《曲线球：间谍、谎言和引发战争的骗子》。

的要求。[1] 如果他真这么做了，或许就有机会从当时收到的误报中抽出身来，提出批判性的问题。考虑到当时的政治氛围和主流观点，我怀疑即便这么做了，也不会得出多么不同的结论。

## 二、情报界矫枉过正

如同其他诸多案例一样，人们在伊拉克案例中得出的推论，在一定程度上可以通过从过去事件中吸取（及过度吸取）的教训进行解释。[2] 之前发生的一些重大事件往往给人们留下深刻印象，尤其是做错的事情，给人留下的印象更为深刻。他们确信之后肯定不会再犯同样的错误，但很可能会矫枉过正，犯下相反的错误。早在1991年海湾战争爆发后，情报界沮丧地发现自己大大低估了萨达姆的大规模杀伤性武器活动，部分原因在于伊拉克实施了广泛的欺骗计划。于是，情报界在这次评估中变得格外警惕，这就意味着它不太可能错过萨达姆正在进行的一切活动，但往往过度解读信息，得出的推论超出实际应有的程度。[3]

## 三、关于否认和欺骗

分析人员知道自己并未看到一个完整的大规模杀伤性武器计划，但这很容易用伊拉克的否认和欺骗活动去解释，或者说辩解。联合国核查人员的经历，明确而生动地强化了1991年的教训。伊拉克官员只有在直接证据面前才会承认开展了相关活动，并尽其所能地阻挠核查人员。比如，当

---

[1] 参考特尼特的《在风暴的中心》，第321—323页及第373—374页。

[2] 参考罗伯特·杰维斯的《国际政治中的知觉与错误知觉》，第6章。探讨情报界矫枉过正这一主题，可参考戴蒙德的《中情局与情报失误的文化》一书。

[3] 作为对伊拉克研判失误的回应，现在的情报评估显然都不会把话说得过于肯定。2005年年末，情报界不敢说它有80%以上的把握找到本·拉登或其高级助手的藏身之处，导致拉姆斯菲尔德拒绝授权突袭。参考埃文·托马斯等人的《进入稀薄的空气》（"Into Thin Air"），此文发表于《新闻周刊》（2007年9月3日），第30—32页。

核查人员到达前门之前，伊拉克官员会将相关材料和文件记录从后门转移出去。机器会被藏起来，甚至埋起来，导致核查人员很难获得准确信息。分析人员知道，伊拉克人接受过苏联的训练，苏联制订了周密计划，并成功地向西方隐瞒了其生物战争计划。因此，情报部门得出结论说自己只看到伊拉克一小部分武器计划，就在情理之中了。

问题是美、英情报界将伊拉克的欺骗和否认视为一种既定事实，而非一种有待检验的假设，他们从不询问哪些信息可能表明某个活动并不存在，而是先入为主地认定这些活动被隐藏了起来。鲍威尔在联合国的演讲中引用了一条被拦截的模糊命令，该命令要求伊拉克的一个军事基地清除大规模杀伤性武器的痕迹。这被解读为伊拉克继续实施欺骗的证据，而不是解读为伊拉克已经放弃这些计划。此外，一些从高空拍摄的照片同线人"曲线球"提出的一个关键主张存在矛盾，但这些照片遭到"搁置"，因为人们相信这些照片只是意味着伊拉克仍然在欺骗外界。[1] 分析人员陷入了一个陷阱，因为他们没有意识到，"伊拉克掩盖了很多东西"这一观点（这个观点对他们研判结论至关重要）只不过是一个主观看法，而非一个客观事实，而且这个主观看法并非基于直接证据，比如最近确实揭露过伊拉克的一系列欺骗行为。分析人员似乎也没有意识到自己的主观假设根深蒂固，基本上不会遭到推翻。[2]

核查人员没有发现据说是伊拉克隐藏的东西，情报界误认为这恰恰证明伊拉克成功实施了隐藏活动，而且无论如何都不相信那里其实真的没

---

[1] 参考大规模杀伤性武器委员会报告，第92页。
[2] 关于特尼特对此的回顾和理解，参考《在风暴中心》，第328—331页。其他评估是建立在不能被推翻的信念之上，但在大多数情况下，情报分析人员和情报用户没有意识到这一点。正如我在上一章中所解释的那样，中情局认为，如果伊朗局势真的变得严重，国王就会动武镇压，虽然出现了一些相互矛盾的证据，但这种先入为主的观点并未受到影响，误导分析人员得出国王的统治不受威胁的结论。同样的情况还有1941年，斯大林和大多数英国官员都认为，希特勒不会在不事先提出要求的情况下进攻苏联，一些真正令人担忧的迹象来自好战的军队，而不是希特勒。他们这种错误的观念只有等到进攻发生时才能被推翻。参考《大妄想》一书，特别是第180—186页。

有什么东西可看。因此，中情局的一份备忘录说："我们已经加强了情报搜集，以便找到这些（生物武器）生产单位的位置，但联合国特别委员会（UNSCOM）多年搜查毫无结果，表明它们隐藏得很好。"当萨达姆在2002年秋季接受重新检查时，中情局评估说，萨达姆之所以愿意这么做，部分原因是他相信自己有能力隐藏好被禁项目。[1]

欺骗行为确实常见，因此没有简单的解决之道，但情报界应该重视"伊拉克存在否认和欺骗行为"这一主观看法发挥的核心却难以证实的作用，并加大对伊拉克的渗透力度，同时向政策制定者强调无法直接观察到之前预想的伊拉克某些活动。如果情报界看到的不是冰山一角，而是冰山的大部分，那么他们可以扪心自问一下应该得出什么结论。歌德有句名言："人不会被别人欺骗，而是只会欺骗自己。"具有讽刺意味的是，美、英欺骗了自己，使自己相信伊拉克正在实施大规模的欺骗活动。最终，尴尬的是，国务卿鲍威尔在联合国的演讲中谈到这个问题时，要求"同事们关注英国昨天发来的一份很好的文件，里面详细描述了伊拉克的欺骗活动"，但这份文件其实是剽窃的——这一事实很快变得明朗化。[2]

## 四、人力情报

人力情报的匮乏，导致情报界高估了萨达姆的欺骗行为和大规模杀伤性武器计划。[3] 最明显的第一个问题是，人力情报数量很少。目前还不清

---

[1] 大规模杀伤性武器委员会报告，第93页和第150页；凯文·伍兹等人的《伊拉克展望报告》；泰勒·德拉姆海勒的《边缘：白宫如何泄露美国情报的内幕》，第77页。
[2] 参考约翰·普拉多斯的《蒙骗：揭示布什如何向我们兜售战争的文件》，第229—230页。但英国情报部门确实曾经研究并相信伊拉克的欺骗计划，参考《巴特勒报告》，第89页。
[3] 参考大规模杀伤性武器委员会报告，第22—178页、第285—286页、第320—321页、第367页和第437页。甚至在这次情报失误之前，许多人就声称美国轻视了人力情报。斯坦菲尔德·特纳的《新世界秩序的情报》（"Intelligence for a New World Order"）一文，发表于《外交事务》1991年秋季第70卷，第154—156页。

楚美国人依靠了多少人力情报来源。英国有五个人力情报来源，但没有一人声称对萨达姆这些项目掌握了一手信息。[1] 导致问题更加复杂的是，情报界没意识到能够依赖的线人如此之少，特别是在生物武器问题上。早些时候，情报界曾严重依赖联合国核查人员提供的信息，当他们在 1998 年被迫撤出伊拉克时，情报界没有发展足够的线人去填补人力情报空白。在整个 20 世纪 90 年代，情报界显然没有对这个问题给予足够重视，但正如我在第 1 章指出的那样，在人力情报方面，很难说什么样的期待才算得上合理。小布什政府为了让自己入侵伊拉克的行为获得支持，曾经刻意发起一场获取人力情报的全面攻势。这个过程产生了大量情报，但其中大部分是错误的。[2]

第二个问题是，即便在更早的时期，美国获取的关于伊拉克的人力情报不仅数量少，而且大部分都有误导性。这不禁令人联想到伍迪·艾伦的一句名言："食物如此糟糕，而且分量如此之少。"最有名的，或许也是最重要的人力情报来源就是线人"曲线球"，他捏造的证词使分析人员相信伊拉克正在使用可移动的实验室生产生物制剂。[3] 事实证明，尽管一些线人可能向美国情报界准确转述了自己从别人那里听到的信息，但几乎没有真实信息。最明显的解释是，这些线人来自伊拉克国民大会党，该组织有意让人们相信萨达姆正在大力发展大规模杀伤性武器，这符合该组织的利益。但现在看来，虽然副总统办公室不相信来自该党的线人，但国防部的文职人员和媒体却选择了相信。这些人力情报的错误程度仍然是一个谜，而且可能因情报来源不同而存在区别。[4] 在不了解其他案例的情况下，我

---

[1] 《巴特勒报告》，第 99—103 页。

[2] 参考鲍勃·伍德沃德的《攻击计划》。

[3] 关于这一点的最彻底的描述，参考罗伯特·卓金的《曲线球：间谍、谎言和引发战争的骗子》，但这本书不加批判地接受了中情局行动处一些成员提出的版本。

[4] 最彻底的研究（尽管不是完全公正），可以参考参议院情报特别委员会在 2006 年 9 月 8 日发表的《情报界对伊拉克国民大会党所提供信息的利用》（*The Use by the Intelligence Community of Information Provided by the Iraqi National Congress*）。尽管关于"曲线球"是不是伊拉克国民大会党卧底仍存在一些不确定性，但这似乎不太

们不能说伊拉克案例中的人力情报问题是否异常严重，但值得注意的是，在培养线人和去伪存真这两个方面，美国情报界各个机构的表现可以说谁也不比谁高明多少。

第三个问题是，分析人员对他们所依赖的消息源了解不够，这个问题在一定程度上导致了第二个问题的发生。信息传播链条类似于声音通过电话传输的过程，在每个阶段都会遭到一定的扭曲。线人不愿透露自己消息源的所有细节，派驻一线的外勤情报人员很少给出线人的完整情况，中情局行动处的官员在将材料传递给分析人员之前，往往会抹除一些重要的标识，并决定哪些材料足够有价值以及需要呈报。结果就是，分析人员只能获得关于消息源的一般描述，而且每一份报告的描述都可能存在差异，在伊拉克案例中，这就导致分析人员高估了消息源的数量。[1] 这也可以解释，为什么审查鲍威尔那份联合国演讲的官员们不知道"伊拉克人能够制造干燥的、易于分散的、具有高度杀伤力的生物制剂"这一重要观点，其实源自单一的线人。更糟糕的是，在某些情况下，分析人员没有意识到自己所依赖的消息源其实是编造了虚假情报。[2] 在其他情形中，关于线人的一般描述还遗漏了线人的专业知识和接触秘密信息权限等重要细节。显

---

可能。关于"曲线球"的去向，请参见约翰·戈茨和鲍勃·卓金的《"曲线球"说话了，虚假信息代理人的名声依然完好无损》（"'Curveball' Speaks, and a Reputation as a Disinformation Agent Remains Intact"），2008 年 6 月 18 日发表于《洛杉矶时报》。

[1] 关于第一次世界大战后英国人的类似错误，参见吉尔·班尼特撰写的《丘吉尔的神秘人：德斯蒙德·莫顿和情报世界》（*Churchill's Man of Mystery: Desmond Morton and the World of Intelligence*）第 39 页，该书由伦敦劳特利奇出版社于 2007 年出版。

[2] 参议院情报特别委员会的《情报界对伊拉克国民大会党所提供信息的利用》，第 62—64 页。特尼特的《在风暴中心》，第 329 页；罗伯特·卓金的《曲线球：间谍、谎言和引发战争的骗子》，第 155 页。即使他们收到了通知，问题依然可能存在，因为如果人们根据某些信息形成了一种印象，然后又被告知这些信息是虚假的，但已形成的这种印象仍然存在。参见李·罗斯等人撰写的《自我感知和社会感知的维系》（"Perseverance in Self-Perception and Social Perception"），发表于《人格与社会心理学期刊》1975 年 11 月第 32 卷，第 880—892 页。关于如何纠正这一点，请参考查尔斯·洛德、马克·莱珀和伊丽莎白·普雷斯顿的《考虑反面：社会判断的纠正策略》，该文发表于《人格与社会心理学期刊》1984 年 12 月第 47 卷，第 1231—1243 页。

然，中情局行动处将约瑟夫·威尔逊（Joseph Wilson）大使关于萨达姆可能从尼日尔寻求铀的报告描述为，来自"一个未曾提供过情报而接触秘密信息权限极佳的线人"，是无助于情报分析的。[1]（这个问题并不是一个新问题：早在1920年，英国外交部一位官员曾说，如果我们确切地知道消息是如何获得的，那么一份报告的价值往往会增加50%。）[2]

当线人受到外国情报机构的控制时，关于他们的信息透明度就更低了，线人"曲线球"的情况就是如此。德国情报部门对他的情况绝口不提，只是错误地说他不会讲英语，而且反美。"曲线球"与美国情报界的唯一直接接触是与一名美国人有过一次会面，这名美国人在离开时对"曲线球"的可靠性表示怀疑。[3] 不幸的是，美国人发现了他们如此感兴趣的信息，导致控制"曲线球"的德国情报人员更加重视他的说辞，削弱了对他进行严格审查的动机。[4] 此外，他的信息通过美国国防情报局传达给美国情报界，国防情报局不愿或无法向德国人索要关于他的信息，从而无法进行独立评估。还有语言问题，因为"曲线球"几乎不会说德语，美国分析人员收到的信息并不是直接由"曲线球"口述出来的文本，而是美国国防情报局在德国情报机构提供的情报摘要基础上进一步加工出来的摘要。

中情局行动处在审查方面扮演的角色也有很大问题。直到2002年年

---

[1]　参议院情报特别委员会报告，第43和46页。

[2]　吉尔·班尼特撰写的《丘吉尔的神秘人：德斯蒙德·莫顿和情报世界》第44页及第193—194页引用了这一点。

[3]　情报机构通常不愿意完全分享自己的情报来源，但中情局和德国情报机构之间似乎发生了不同寻常的摩擦。参考罗伯特·卓金的《曲线球：间谍、谎言和引发战争的骗子》，第30—36页；关于一个有趣但牵强的说法，参见苏斯金德的《世界之道》，第176—178页。关于质疑"曲线球"可靠性的时机、程度和深度，以及这些质疑被传达到哪一层级的管理者，目前还不清楚。参考卓金的《曲线球》；德拉姆海勒的《边缘》，第81—87页；特尼特的《在风暴中心》，第376—383页等。具有讽刺意味的是，如果时任中央情报副总监麦克劳林知情（他对此予以否认），那么信息流动就会更合理，需要纠正的也会更少。

[4]　罗伯特·卓金的《曲线球：间谍、谎言和引发战争的骗子》，第87和96页。

底，中情局行动处才开始审查"曲线球"的行为方式、资历和行为一致性，直到最后一刻，质疑"曲线球"的人才开始跟情报分析人员直接面对面沟通。[1] 目前尚不清楚中情局行动处为何没有更早地参与进来。它开始参与的时机太晚，是情报失误的一个重要根源，因为在识别情报造假者方面，它是中情局最专业的部门。行动处之所以迟迟没有参与，部分原因似乎是"曲线球"是德国情报部门掌控的线人，他的报告经由美国国防情报局转交给中情局，行动处觉得自己对"曲线球"不需要承担什么责任，而且该处一些负责处理报告的人显然认为分析人员通过"曲线球"获取的信息是否与之前掌握的其他证据相吻合，最有能力去验证情报真伪。然而，许多分析人员并没有理解这一点，而且这种方法导致错误不断循环，逐渐加重，因为"曲线球"提供的信息符合当时的主流观点，似乎证实了情报来源的可信度，而情报来源的可信度又进一步增强了情报本身的可信度。事实上，"曲线球"提供的情报之所以同已知信息非常吻合，是因为他事先在网上搜索过相关信息，情报界这种相互推卸责任的想法或许可以解释情报界为何事先没有充分重视这种高度吻合的表象及其背后原因。[2]

显然，人力情报的不足是情报界在伊拉克案例中严重出错的一个主要原因。但情报质量比数量更重要。且不提伊拉克的国家意图，单单在伊拉克的大规模杀伤性武器能力方面，可用的线人数量就少之又少。此外，即使情报审核工作做得更好，它仍然是一项主观性很强的技能，而不是一门

---

[1] 关于英国情报体系中类似弱点的讨论，参考《巴特勒报告》，第102—104页；戴维斯的《军情六处、要求和伊拉克》（"SIS, Requirements, and Iraq"）。对中情局行动处在2002年12月拉响警报的赞扬，忽视了它在早期形成关键判断时的被动。如果行动处能意识到分析人员对消息来源的依赖程度，可能会更早采取行动。参考大规模杀伤性武器委员会报告，第179页。

[2] 大规模杀伤性武器委员会报告，第103页（引用了行动处一名官员的话）；罗伯特·卓金的《曲线球：间谍、谎言和引发战争的骗子》，第137页。在另外一个案例中，一个被认为来源不可靠的证据，却因为符合人们的看法而被接受。关于这个案例，参考大规模杀伤性武器委员会报告，第127页。

客观的科学，依然会有很多虚假情报成为漏网之鱼。事实上，正是由于这个原因，人力情报一般情况下会遭受质疑，但在伊拉克这个案例中，由于几乎没有其他线人可用，"曲线球"提供的情报竟被赋予了非同寻常的可信度。因此，人力情报的匮乏在很大程度上导致了情报界在伊拉克案例中的失误，很多人意识不到这一点，反而认为情报界应该获得更多人力情报，这种"药方"虽然未必愚蠢，却颇具讽刺意味。

### 五、来自非洲的铝管和铀之谜

关于伊拉克从非洲采购铝管是否表明它正在重启核计划，爆发了漫长、激烈的争论，这凸显了情报界的几个错误。[1] 这个问题是人们关注的焦点，因为如果这些铝管只能用于铀浓缩，那么采购它们无疑表明伊拉克确实在重启核计划。但部分原因是相关讨论没有很好地组织起来，人们有时会互相推诿，混淆了"这些铝管可能被用于铀浓缩"的说法以及"伊拉克就是为了铀浓缩目的而采购铝管"这种更加强烈的说法。[2] 前面这种说法的证据相对比较有力（其实仍然薄弱），后面这种说法的证据比较匮乏，导致人们认为伊拉克采购的铝管就是用于铀浓缩的。后面这种说法产生的影响最大。这种错误分析的背后存在五个因素。

第一，1998年，拉姆斯菲尔德委员会曾经批评美国情报界对敌国导弹能力的评估，理由之一是这些敌国表面上为了其他用途采购某些产品，之后擅自改变用途，将其用于制造导弹，而情报界想当然地假定这些敌国不会擅自改变产品用途。此后，无论是出于增强情报知识原因，还是出于

---

[1] 大卫·巴斯托、威廉·布罗德和杰夫·格斯合写的《核武器牌：铝管的故事》做了很好的论述。

[2] 大规模杀伤性武器委员会报告，第49和56页；参议院情报特别委员会报告，第85—119页。同样的问题也出现在英国，参考《巴特勒报告》，第130—134页。一些关于化学武器和无人机的讨论也显示出这种模糊性。参议院情报委员会报告，第204页及第221—230页。有关战后伊拉克购买这些铝管的可疑方式的解释，参考《迪尔弗报告》第二卷，第21—30页，以及鲍勃·伍德沃德的《否认的状态》，第278—279页。

政治原因，情报界将这一教训铭记于心。[1]

第二，隶属于美国陆军的国家地面情报中心（NGIC）认为："从技术上讲，这些铝管是制作火箭主体的糟糕选择。"但我们现在已经清楚地知道，伊拉克采购这些铝管的真正用途就是制作火箭。[2] 国家地面情报中心在导弹领域应该拥有丰富的专业知识，但由于尚不明朗的原因，它竟然没有发现被伊拉克用作模型的意大利火箭。[3] 国家地面情报中心这个错误产生了严重后果，因为它意味着那些怀疑铝管被用于铀浓缩的人无法提出其他可信的解释。

第三，中情局和能源部在离心机问题上的分歧由来已久，可以追溯到十多年前，这既是相关人员之间相互不满的原因，也是他们相互不满的产物。由于这种背景，旨在对此类问题做出裁决的跨部门工作组从未成功做出过基于共识的裁决。各方虽然辩论很激烈，却始终没有达成共识，甚至连分歧所在都没有达成共识。情报界的领导层既没能重振这个跨部门工作组，也没能设立一个替代性的组织。

第四，能源部虽然反对这些铝管用于铀浓缩的研判，却认同伊拉克正在重组核计划。能源部分析人员肯定认为伊拉克正在通过其他一些不明渠道发展核武器，但在撰写《国家情报评估》期间，没人质疑能源部的推理过程，因为当时手头最关键的任务是迎合政策制定者，得出伊拉克正在重组核计划的结论。这是政策制定者最关心的问题。在这种背景下，探究能源部为何既反对铝管用于铀浓缩的研判，又认同伊拉克正在重组核计划的结论，似乎没有意义。事实上，我们需要了解一下其他情报机构是否认为，能源部关于伊拉克在没有铝管的情况下发展武器的研判具有价值。如

---

[1] 特尼特把这一点作为解释对伊拉克情报失误的部分原因。参考《在风暴中心》，第 232 页。

[2] 大规模杀伤性武器委员会报告，第 55 页及第 67—68 页；参议院情报特别委员会报告，第 93—94 页，及第 100—102 页；另见参议院情报特别委员会发布的《关于美国政府官员涉伊拉克公开声明是否属实的报告》，第 8 页、第 93 页和第 118 页。

[3] 部分原因可能是，美国国家地面情报中心专注于苏联（后来是俄罗斯）的武器。参考大规模杀伤性武器委员会报告，第 172 页。

果认为能源部的分析没有价值，就会有更多的理由质疑它的结论。虽然能源部的研判过程尚不明朗，但我的探讨表明能源部分析人员可能根据萨达姆从非洲进口铀得出他正在重组核计划的结论。我这个推断是站得住脚的，因为他们由于技术故障没有收到中情局一份旨在推翻这些说法的电报。此外，能源部内部的沟通渠道受阻，部分原因是它的各个组成部门分散在全国各地，其专家的意见在高级别会议上往往无法得到很好的表述。[1]

第五个因素虽然在某种意义上具有偶然性，却与一个反复出现的问题有关。在接触到这些铝管后，中情局首席分析人员立即得出结论，认为它们的用途是制造铀浓缩离心机。由于这位分析人员拥有铀浓缩行业背景，所以其意见颇具分量。随后，他的上级不仅迅速认可了他的结论，甚至在其他机构有机会开展分析，并有可能得出不同结论之前，就将其意见转达给政策制定者，并载入《总统每日简报》。尽管《国家情报评估》承认这个结论存在分歧和不确定性，但中情局不会轻易放弃既定立场。[2] 这个错误的影响又被这样一个事实放大了：当时，特尼特既是中情局的局长，也是美国整个情报界的"情报总监"（中央情报总监）。按照后面这个身份，他应该裁决不同情报机构之间的分歧，但作为中情局局长，他更倾向于认可中情局分析人员，而非其他情报部门的分析人员。如果今天发生了类似情形，考虑到中情局局长不再同时担任国家情报总监，那么国务院情报研

---

[1]　特尼特的《在风暴中心》，第 325 页；大卫·巴斯托、威廉·布罗德和杰夫·格斯的《核武器牌：铝管的故事》；大规模杀伤性武器委员会报告，第 58—59 页，第 75 页及第 183 页。

[2]　参议院情报特别委员会报告，第 88—119 页。伍德沃德报告说，特尼特的副手约翰·麦克劳林从一开始就对这些铝管很感兴趣，并对自己的观点非常执着，但没有其他证据证明这是真的。参考《否认的状态》，第 282 页。在越南战争期间，美国中情局错误地低估了运往西哈努克城的物资的过程中，个别分析人员的影响可能也起了很大的作用，参考刘易斯·索利的《更好的战争：美国在越南最后几年未经检验的胜利和最终悲剧》（*A Better War: The Unexamined Victories and Final Tragedy of America's Last Years in Vietnam*）第 102 页，该书由纽约哈考特 & 布雷斯于 1999 年出版。

究局以及能源部的异议就能被更大程度地听取。事实上，直到《国家情报评估》开始编写之际，特尼特甚至都不知道这方面存在争议。这个失误令人震惊。这并不仅仅是因为其他事务挤占了他的注意力，还因为他平时跟中情局以外的分析人员接触较少，并在政治层面和心理层面跟中情局以外的分析人员存在一定的疏离。

然后，情报系统的运作将整个组织以及中情局分析人员都卷入常见的认知过早形成定论陷阱。汤米·弗兰克斯（Tommy Franks）将军为伊拉克战争设计一支行动迅速、反应敏捷的部队时，曾说过"兵贵神速"。但不幸的是，在做判断的时候，速度太快反而会扼杀良好的判断力。如今回头看，当初最好还是等一等，先把有关这些铝管的信息隐瞒起来，直到情报界开展全面评估之后，再将结论告知政策制定者。然而，凡是在紧迫问题上，几乎不可能做到这一点，因为政策制定者希望立即得到消息，鼓励每个机构与个人尽快采取行动。如果情报界的某个机构踌躇不前，那么由此造成的结果不大可能是富有成效的检视，因为其他机构为了迎合政策制定者，会在固有信息基础上继续向前推进。对下属而言，最糟糕的事恐怕就是上司责问自己为何非要听取其他机构的意见而选择踌躇不前。因此，虽然情报界在这件事情上所犯的错误很严重，但在大多数情况下，只要存在政策制定者施加的政治压力，正确流程就不太可能得到遵循。[1]

萨达姆是否在非洲寻找铀的问题，一开始在各种情报中的重要性并不是很突出，直到一系列秘闻逐渐泄露出来才受到高度关注。起初是小布什总统在2003年的国情咨文演讲中提到这一点，而约瑟夫·威尔逊大使在一篇公开发表的专栏文章中声称白宫忽视了他否认伊拉克正在从非

---

[1] 错误定罪的一个常见原因是警察倾向于草率地得出结论，误以为自己已经找到了罪犯。参考费尔南达·桑托斯的《研究发现淡化DNA证据有助于错误定罪》（"Playing Down DNA Evidence Contributed to Wrongful Conviction, Review Finds"），2007年7月3日发表于《纽约时报》。有些工作流程是适当的，但由于政治和心理原因不可能被采纳。关于这一点的进一步讨论，参考罗伯特·杰维斯的《桥梁、障碍和差距：研究和政策》（"Bridges, Barriers, and Gaps: Research and Policy"），载于《政治心理学》2008年8月第29卷，第571—592页。

洲获取铀的报告，之后有人泄密说威尔逊受其真实身份为中情局特工的妻子指派前往非洲开展调查，最终副总统切尼的办公室主任刘易斯·利比（Lewis Libby，绰号"踏板车"）因否认白宫在试图抹黑威尔逊的过程中所起作用而被裁定犯下作伪证罪和妨碍司法罪。[1] 除了刚刚讨论的能源部的不幸经历，情报界几乎不相信萨达姆正在寻找铀的报告（他储备了相当多的铀），更不相信从意大利截获的那封指明萨达姆正在非洲获取铀的伪造信件。（英国情报部门确实相信萨达姆做了这样的努力，并且仍然坚持这一结论，但没有公开根本性的证据，甚至没有与美国分享证据。）虽然威尔逊大使的报告加强了情报界对萨达姆是否正在从非洲获取铀的怀疑，但由于情报界从一开始就对此存在大量质疑，所以威尔逊的报告没有造成很大的影响。这或许可以解释为何中情局没有对副总统切尼汇报过威尔逊的结论，甚至没有对切尼提起过威尔逊的非洲调查之旅。[2] 更讽刺的是，当威尔逊发布专栏文章，暗示白宫忽视了同政府立场相左的证据时，白宫所要做的只是实话实说，解释称对威尔逊被派去非洲开展调查之事并不知情，也从未收到威尔逊的报告，如果说非要有人对此负责，那就是中情局没有将威尔逊的调查结论呈报白宫。白宫虽然一开始采取这种坦率面对的策略，但很快就故技重施，回到抹黑批评者，而不直面批评意见的"标准操作"。

---

[1] 关于伪造文件的作用的讨论，参见卡洛·博尼尼和吉塞佩·达万佐的《共谋：国际间谍活动和反恐战争》(*Collusion: International Espionage and the War on Terror*)，第203页和第211页（译者詹姆斯·马库斯），该书由新泽西州Melvillehouse出版公司于2007年出版。另参考理查德·奥尔德里奇的《全球情报合作与责任：老问题的新方面》("Global Intelligence Co-operation versus Accountability: New Facets to an Old Problem")，载于《情报与国家安全》2009年2月第24卷，第38—40页。关于威尔逊的这个任务及随后的争议，迈克尔·伊斯考夫和大卫·科恩在《傲慢：倾向性报道、丑闻和兜售伊拉克战争的内幕》一书第252—292页做出了一个很好的一般性讨论。参议院情报特别委员会在《关于战后伊拉克情报评估的报告》第205—222页给出了一些新的细节，但带有浓厚的党派色彩。特尼特的伤疤在《在风暴中心》第24章中被展示出来。

[2] 特尼特的《在风暴中心》，第454页。

## 六、同理心的缺失及其背景

如同其他许多案例一样，美国情报界之所以对伊拉克缺乏了解，也可以归因于区域认知和同理心的匮乏。在美国情报界，只有极少数人能讲阿拉伯语，或曾在伊拉克生活过，或熟悉伊拉克文化。但在这里，我们需要警醒地注意到几个事实。首先要注意的事实就是，中东地区的国家已经得出与西方相同的基本结论。此外，虽然美、英情报界对这个地区的认知有限，但并非没有同理心，他们确实曾经试图通过萨达姆的视角去审视世界，因此相信他具有获得大规模杀伤性武器的强烈动机（这个判断是正确的），并认为他将美国视为主要敌人（这个判断不正确）。情报界没有理解到达萨达姆手中的信息是多么少，他与他的核心圈子是多么疏远，以及他的政权多么腐败。然而，同理心存在三个方面的制约，包括一个特别令人不安的方面，对我们出现失误起到了核心作用。

第一，情报界未能充分整合技术分析和政治分析。对伊拉克大规模杀伤性武器计划的大部分评估都是由负责相关武器核查的国家情报官予以监督，其中主要依靠中情局的"武器情报、不扩散和军备控制"（WINPAC）部门。区域分析人员也参与其中，但不算核心人物，这意味着伊拉克大规模杀伤性武器能力问题没有放在萨达姆的政治制度、恐惧和意图的背景下处理。[1]我怀疑这种情况属于一个例外。中情局这种大型组织的分工和谨慎更有利于研究"树木"，而非研究"森林"。无论在任何情况下，将政治考量和技术考量结合起来都存在难度，很少机构能在这方面做得很好。此外，我一直坚持这样一个令人沮丧的观点：即便整合能力有所改观，也不太可能产生正确答案。事实上，从某些方面来看，分析人员不仅含蓄地考虑到政治背景，甚至过于重视政治背景。他们断定萨达姆积极推进核计划的原因，与其说是发现了伊拉克从事大规模杀伤性武器研发活动的具体迹象，倒不如说是他们对萨达姆政治目标和政治前景的内在感觉。

---

[1] 大规模杀伤性武器委员会报告，第173页。显然，澳大利亚的情报部门也是如此，参考《弗拉德报告》，第26页。

第二，在伊拉克案例中，如同其他案例一样，分析人员也会假设外国行为体具有美国人所理解的那种理性，但如果要分析人员理解萨达姆政府的混乱、武断和腐败，则比较罕见和困难。道格拉斯·福特（Douglas Ford）解释道，二战期间，"日本最高指挥部未能制定出连贯战略，导致英国从未理解日本的长期计划，以及在是否进攻缅甸问题上遭遇军方反对意见"。[1] 萨达姆统治下的伊拉克所采取的战略也缺乏连贯性，情报界没有意识到这一点并不足为奇。

第三点对于伊拉克案例中的误判具有关键影响，当萨达姆的一些想法和行为看起来非常奇怪，无异于弄巧成拙时，美国情报界很难对其产生同理心。正如我将在下一章中进一步讨论的那样，许多情报失误都可以归咎于双边因素，因为一个国家无法预料到另一个国家的情报失误，往往会对对方行为感到震惊，我在第 1 章开头引用谢尔曼·肯特那句话说的就是这个道理。在伊拉克也是如此。当真相令人难以置信的时候，分析人员要获得正确判断就尤其困难，在这个案例及其他许多案例中，可信度的作用至关重要。

## 第五节　可信度的重要性

关于伊拉克大规模杀伤性武器的情报失误，根本原因是其推论非常具有可信度，比其他替代性的推论更有可信度。萨达姆过去曾大力发展大规

---

[1] 道格拉斯·福特的《为一场不可预测的战争做计划：英国情报评估和抗日战争》（"Planning for an Unpredictable War: British Intelligence Assessments and the War Against Japan, 1937-1945"），载于《战略研究杂志》2004 年 3 月第 27 卷，第 148 页。关于其他例子，参见格洛杰茨基的《大妄想》，第 233 页；斯蒂芬·布迪安斯基的《女王陛下的间谍头子》（Her Majesty's Spymaster），第 203 页，该书由纽约维京出版社于2005 年出版。

模杀伤性武器，曾动用化学武器取得良好效果，具有重建核计划的强大动机，拥有充足的资金、熟练的技术人员以及可支配的良好采购网络，而且除了秘密研发核武器之外，他似乎没有其他明显理由去欺骗和阻碍联合国核查人员。联合国特别委员会的核查人员向美国、英国情报机构提供了大量信息，给人留下萨达姆致力于研发大规模杀伤性武器的鲜明印象。跟伊拉克无关的一些先入之见也同样重要。根据国务院情报研究局生物武器专家的说法，情报界之所以迅速接受了伊拉克正在制造可移动生物武器实验室的相关证据，一个原因是"美国生物武器分析人员普遍认为，从历史经验来看，生物武器项目已经从大规模的固定设施中转移出去"。[1]

还有其他指标表明，可信度在做出推论的过程中起着核心作用。首先，其他国家掌握的具体信息虽然不同于美、英掌握的信息，却得出同样的结论，只是它们对自己推论的信心比较低。对于美国情报界内部不同机构做出的不同推论，一种比较好的解释就是他们对未来可能发生的事情持有不同观点，而不是因为他们掌握了不同的信息。因此，尽管国务院情报研究局拒绝接受有关伊拉克正从尼日尔买铀的报道是值得称赞的，但并非因为该机构的分析人员更加仔细地阅读了证据，而是因为他们认为伊拉克"不会在必然被抓的情况下冒险进行这种交易"，因此伊拉克去非洲买铀的全套说辞都令人难以置信。

同样，空军情报部门的一些人不认同"伊拉克采购覆盖美国的地图软件意味着伊拉克可能计划使用无人机攻击美国本土"的说法。空军情报人员之所以持有这种异议，"是因为他们不相信无人机是用来运送生化武器的，因此伊拉克没有必要在美国使用无人机"[2]。在大多数分析人员看来，"伊拉克将会使用无人机投放化学和生物制剂"的推论之所以可信，是因

---

[1] 参议院情报特别委员会报告，第161—162页。参见罗伯特·卓金的《曲线球：间谍、谎言和引发战争的骗子》，第52页。伊拉克战争结束后，中情局获得了新信息，却迟迟不改变观点，对此，顽固和特殊因素可能起了作用，但中情局关于伊拉克移动设施研判的部分合理性也可能是其中部分原因。

[2] 参议院情报特别委员会报告，第38和228页。

为伊拉克之前有过这方面的意图，但这些分析人员可能没有理解历史进程对自己的推论过程产生了多么大的影响。[1]

有鉴于此，中情局分析人员推断"基地"组织和伊拉克之间没有密切的合作关系就不足为奇了（这是正确的推论）。他们之所以做出这种推论，原因在于他们认为这种关系不符合伊拉克政权看待自身利益的方式。虽然宣称"基地"组织和伊拉克存在联系的信息并不可靠，但这类报告数量相当多，那些对伊拉克政权具有不同解读的人比较相信这些报告，比如副总统和国防部的许多文职人员就是如此。[2] 事实上，由于固有观念的差异，情报界的反恐分析人员比那些具有区域认知的人更容易看到二者之间是否存在联系。[3]

在所有情报机构看来，如果说萨达姆没有什么可隐瞒的，肯定是说不通的。如果有人在伊拉克战争爆发之前就对伊拉克进行了研究，制作了类似于《迪尤尔弗报告》或伍兹及其同事的事后分析报告那样的报告，那么他们无疑会被称赞富有想象力。但他们无法说服别人相信自己的报告内容，因为很多事实突破了人们的先入之见。事实上，萨达姆的科学家之所以一直保持沉默，拒不解释炭疽菌的下落，是因为他们当年用化学方法让炭疽菌失效之后，倾倒在萨达姆一座宫殿附近，担心萨达姆知道后会生气。"到2002年年底，萨达姆说服了自己……美国不会攻击伊拉克，因为它已经实现了在中东地区建立军事存在的目标。"核查人员同伊拉克科学家举行私下会面之所以遭到抵制，是因为伊拉克规定"与外国人的此类会面被视为对政权安全的威胁"。伊拉克不想报告任何关于在对伊朗作战期间使用化学武器的文件，因为担心这些文件可能在诉讼中被用于对伊拉克不利的用途。[4] 更容易理解的是，萨达姆担心无限制的核查会让美国确定

---

[1] 大规模杀伤性武器委员会报告，第144—145页。

[2] 费斯的《战争与决策》，第265页；迈克尔·伊斯考夫和大卫·科恩的《傲慢：倾向性报道、丑闻和兜售伊拉克战争的内幕》，第114页。

[3] 特尼特的《在风暴中心》，第344—345页。

[4] 《迪尤尔弗报告》，第29、32、55、62页（除非另有说明，本条及之后的参考内容均载于第一卷）；第三卷"生物战"，第56页；第一卷"政权战略意图"，第32页。另参考伍兹等人的《伊拉克展望报告》。

他的位置并暗杀他，我们现在可以看到，恐惧、无能和腐败结合在一起，就能够解释萨达姆采购很多物资设备的方式令人觉得可疑。[1] 萨达姆采购的铝管之所以有如此精确的规格，一个原因是伊拉克的工程师需要弥补一些无法直接解决的技术难题，规避与负责火箭计划的萨达姆的一位亲信发生争吵。[2]

从更宏观的角度来看，迪尤尔弗和伍兹告诉我们，萨达姆之所以试图维持自己拥有大规模杀伤性武器的表象，是为了维护自己在国内的权力，并威慑伊朗。美国是次要的关切。事实上，萨达姆告诉战后的审讯者，虽然他反对美国的政策，但他不认为美国是敌人！[3] 他似乎希望首先结束制裁与核查，然后重建他的项目，同时把他真正的和想象中的对手拒之门外。"这导致了一种艰难的平衡，一方面需要解除武装以实现解除制裁，另一方面又要保持战略威慑。该政权从未解决这种做法的内在矛盾。"[4] 这是一种委婉的说法。制裁可能会随着时间的推移而减弱，但只有在他证明放弃了大规模杀伤性武器计划的情况下才会被解除（特别是在"9·11"事件之后）。即便现在回想起来，也很难理解他为何要把虚张声势地维持大规模杀伤性武器表象置于优先地位，毕竟对这种武器

---

[1] 《迪尤尔弗报告》，第 64 页。约翰·穆勒早些时候推测，萨达姆对核查人员的限制是出于对暗杀的恐惧。《给编辑的信：了解萨达姆》，载于《外交事务》2004 年 7/8 月第 83 卷，第 151 页。

[2] 参议院情报特别委员会报告，第 102—103 页；迈克尔·伊斯考夫和大卫·科恩的《傲慢：倾向性报道、丑闻和兜售伊拉克战争的内幕》，第 307 页。

[3] 参议院情报特别委员会的《关于伊拉克大规模杀伤性武器计划的战后发现》，第 67 页。

[4] 《迪尤尔弗报告》，第 34 页及第 57 页。结束经济制裁和结束核查并不一定同时发生，也不清楚哪一个被认为是最麻烦的以及为什么。出于某种原因，到 20 世纪 90 年代末，萨达姆似乎已经得出结论，证明他没有大规模杀伤性武器计划并不足以结束制裁，因此与核查人员合作毫无意义。事实上，联合国决议规定，即使核查结束，制裁仍将继续，萨达姆已于 1998 年终止核查。这是一个令人困惑的问题，因为如果核查是主要障碍，萨达姆应该在那个时候恢复他的计划，正如大多数观察人士所预期的那样。但很难看出制裁是如何抑制他的。因为在实行石油换粮食计划和大规模的石油走私之后，该政权有足够的现金购买所需的东西。

的恐惧并不能阻止美国对伊拉克发动攻击，而且伊朗几乎没有想过要对伊拉克开战。退一步讲，就算伊朗计划对伊拉克开战，无论如何也不会假设西方国家会坐视不管，伊朗自己能够通过对伊拉克采取军事行动去大幅增强本国影响力。此外，即使核武器能威慑伊朗，也很难看出核计划如何做到这一点，毕竟只是计划，而非真正的核武器。因此，萨达姆的政策既愚蠢，又弄巧成拙。如此奇怪的局面不太容易被理解，这在很大程度上解释了情报失误。

在以前的很多案例中，当一方了解另一方面临的形势及策略之后，令人困惑的行为就成为关注的焦点。比如，1973年，埃及突然对以色列发动袭击，令美国和以色列深感震惊。它们之所以无法理解埃及这种行为，是因为他们没有意识到一个事实，即埃及总统安瓦尔·萨达特（Anwar Sadat）认为自己需要的并非一场大规模军事胜利，而是只需要摆出足够的姿态，让以色列相信现状不可持续，并通过军事行动施压美国，把美国拉进来居中调解。在这个案例中，对埃及这个对手产生同理心虽然不易，却并非毫无可能。[1] 在其他情况下，对手的计划和想法很难掌握，因为它们可能是动机偏见的产物。即对手为了满足政治和心理方面的紧迫需求，开始笃信某些相当不可能的事情，导致做出令人困惑的行为。虽然参透这一点很难，但在许多情况下是可以做到的。具体到萨达姆的案例中，尽管我们现在掌握了更多信息，其行为依然难以理解。猖獗的腐败，害怕发生政变，而且还有一个打了八年战争的邻国，导致萨达姆面临的形势确实严峻，但萨达姆政权的运作方式及其看待世界的方式都超出了正常范围，令人难以理解。

尽管大规模杀伤性武器委员会和巴特勒的报告都暗示说，当前的一些推断很有道理，但我探讨情报失误之后得出的结论却与此相反。从政治角度讲，大多数人不愿意接受我的说法，因为他们愿意相信如此严重的误判

---

[1] 事实上，国务院情报研究局在1973年春就有了这样的见解，但它在随后的分析中被删除了。参考《1973年10月阿以战争前情报机构的表现：初步的事后分析报告》，第15—16页。

一定源于某些明显的、可纠正的错误。正如我将在第4章中进一步讨论的那样，精英群体中很少人有动机去理解情报的效用或局限，如果让他们相信某些不正确的结论可能也有充分证据，的确会令他们感到沮丧。在伊拉克案例中，即便谍报技术不存在错误，我相信分析人员应该依然会判断萨达姆似乎正在积极地寻求各种大规模杀伤性武器，而且很可能手头储备了一些此种武器。[1] 分析人员在表达评估意见时本不应该把话讲得过于确定，本应强调他们在获得直接证据方面存在局限，并且应该详细阐述得出结论的理由。虽然更好的分析可能会催生出不同的结论，堪称一种令人欣慰的想法，但我认为即便分析过程真的得到改善，最终研判结论依然不会出现多大区别。

我这么讲，并不是说固有的分析达到了应有的水平。分析错误的主要原因出在证据可信度上，分析人员过于注重伊拉克以前的行为方式以及自己对萨达姆所作所为的主观理解。但分析人员没有明确说明这些缺陷，部分原因是他们不了解自己的思维局限，情报界本应努力将可信度不足的证据与具体报告的影响区分开来，本应做更多的工作去理解和沟通自己是如何做出最终判断的。[2] 这也有助于解释为什么参议院情报特别委员会说情报界许多结论"没有得到情报支持"，而是"基于主观分析的研判"。[3] 情报界这个说法有其正确的一面，但暗示不能采取"基于主观分析的研判"却有误导性，因为这种研判是情报分析的必要技能，毕竟有效、明确的直接报告较为罕见。如果让情报界回避基于主观分析的研判，无异于令其保持沉默，就像给科学界开出类似的处方，会阻碍对

---

[1] 这是一位前情报高官的观点。马克·洛文塔尔的《走向合理的分析标准：在哪些问题上有多正确，多频繁？》（"Towards a Reasonable Standard for Analysis: How Right, How Often on Which Issues?"），载于《情报与国家安全》2008年6月第23卷，第311页。

[2] 相关论证见大规模杀伤性武器委员会报告，第10、12、173、175页。

[3] 参议院情报特别委员会报告，第187、192、194、204、213页；《巴特勒报告》第73、75页对英国情报机构的一些情况提出了类似的观点，但并没有暗示这是不合规定的。

我们这个世界的理解一样。演绎和间接推理对于增进理解具有核心意义。真正的问题是，情报机构和政策制定者没有意识到自己的结论究竟在多大程度上依赖于这种研判。

用多个似是而非的推论相互证实，似乎陷入了循环论证的怪圈，但事实并非总是如此。我在这里要讲的关键一点是，我们在解读某个信息时，并不仅仅依赖于信息本身的内容，而是更加依赖于这条信息以外更为普遍的想法和印象。关于铝管和移动生物武器实验室的分析很少提及萨达姆以前的行为或他拒绝与核查人员合作，这些前期事件都是众所周知的，人们可能认为它们与分析铝管或移动生物武器实验室无关，但事实上，这些前期事件在很大程度上诱导分析人员断定新证据指向伊拉克正在进行大规模杀伤性武器计划，这种诱导作用至关重要。因此，假如国务卿鲍威尔在联合国演讲中引用的关于抹除大规模杀伤性武器痕迹的报告，不是关于伊拉克的，而是关于加拿大的，那么人们就会自然而然地得出迥然不同的推论，而且有充分的理由这么做。[1]情报工作要力求遵循科学方法，而科学家们每天都看到与基本科学规律相矛盾的研究结果，对于这些数据，他们的反应不是急匆匆地发布出去，而是选择抛弃它们，因为他们知道这些数据不可能是正确的。[2]

当然，在科学领域，如同在情报领域一样，如果因为某个推论具有一定的可信度而过于执迷，受到它的强烈影响，可能会被批评为思想封闭或受主观假设驱动。但做出这种主观推论是一种强大、合理的思维习

---

[1] 伍兹等人的《伊拉克展望报告》，第93—95页。这就是为什么一位经验丰富的军事情报分析人员认为："了解对手的基本目标和优先事项是发出预警的必要条件。这是'有预警'的人与没有预警的人之间最显著的区别。"辛西娅·格拉博：《预判突袭：战略预警分析》（Anticipating Surprise: Analysis for Strategic Warning），第81页。

[2] 罗伯特·杰维斯的《国际政治中的知觉与错误知觉》，第156—161页。这体现了一个观点，即一个常见的推断错误是对有关现象发生频率的基础数据赋予过低的权重。参考罗伯特·杰维斯的《外交政策判断中的代表性》（"Representativeness in Foreign Policy Judgments"），载于《政治心理学》1986年9月第7卷，第483—506页。

惯，对于理解一个错综复杂、充斥矛盾的世界是必要的。尽管情报界关于伊拉克大规模杀伤性武器的研判失误可以归咎到这一点，但我们根据这种思维方式得出的大多数推论都是正确的。理查德·贝茨提出过一个重要观点，即虽然我们在很多研判案例中运用的关于外部世界的内隐理论通常是正确的，而且大多数时候，我们最好接受这些理论的指导，而不是采用形形色色的替代理论，但当别人行为异常时，我们会受到误导和感到震惊。[1] 在别人行为异常的情况下，如果我们更加富有想象力，就可能得到正确答案，但如果我们在一般情况下都具有丰富的想象力，就会在许多标准情形下犯错。当然，我们想要的是一种确定正常思维模式何时有效、何时失效的方法，也许这就是情报工作的一项主要任务。如果没有某种神奇的能力，我们就必须面对这样一个窘境：当某个国家或某种情形很奇怪时，许多有助于我们准确研判正常行为的思维方式就会失效。

　　如果情报界比较仔细地解释了为什么会做出那些研判，将会产生多方面的好处。比如，这会提醒情报用户关注一系列值得存疑的推理过程，促使情报用户和分析人员明白分析过程依赖了什么样的直接证据和间接证据，促使分析人员敏感地认识到自己在某些情况下，不仅将一些证据视为与某些似是而非的既定观点存在一致性，而且将这些证据作为接受既定观点的独立理由。这种自我引导是一种循环论证思维，会导致分析人员对自己的主观判断产生过度自信（下一章会进一步讨论这一点）。比如，伊拉克官员承认他们曾考虑过把卡车用作生产生化武器的移动实验室，后来放弃了这个想法，但却给分析人员留下深刻印象，唯一原因是分析人员的预设立场就是伊拉克会从事这种活动。[2]

---

[1]　贝茨的《预警困境：正常理论与例外理论》（"Warning Dilemmas: Normal Theory vs. Exceptional Theory"）；贝茨的《情报的敌人》，第3章；马克·洛文塔尔的《情报认识论：处理难以置信之事》（"Intelligence Epistemology: Dealing with the Unbelievable"），载于《国际情报与反情报期刊》1993年秋季第6卷，第319—326页。

[2]　罗伯特·卓金的《曲线球：间谍、谎言和引发战争的骗子》，第73页和第82页。

## 第六节　证实倾向、负面证据和比较方法

　　分析人员不仅未能理解可信度扮演的角色，还沦为"证实倾向"的受害者，即他们无意识地证实已有观念或假设，未能认识到证据的重要性，典型症状就是证据缺失。[1]2002年年初，中情局在世界各地的特工收到指令，搜集有关伊拉克大规模杀伤性武器计划的情报。这是有道理的，却无意之间蕴藏风险，因为如果明确要求人们去寻找某个事物，那么无论这个事物是否存在，都会促使他们想方设法寻找它，甚至不惜造假。二战期间，英国情报部门就明白这个陷阱，在收到关于一种德国新式武器的初步报告时，小心翼翼地用中立性质的措辞向其他情报人员询问，不透露它自己对德国人可能在研发什么武器的看法。看来中情局并没有采取这种预防措施。[2]

　　更令人惊讶的是，情报部门没有意识到，在有充分理由认为存在某种确凿信息的情况下，这种信息缺失产生的严重影响。国防部长拉姆斯菲尔德告诉我们："证据缺失并不等于证据不存在。"[3]如同许多咒语一样，这句话确有道理，但也掩盖了很多问题。确实，在很多情况下，在研判一个对手的行动或能力时，之前不存在任何被察觉的迹象。值得注意的是，多

---

[1]　有关概述，请参阅兹瓦·昆达的《社会认知：理解人类》（*Social Cognition: Making Sense of People*）第112—120页，该书由麻省理工学院出版社于1999年出版。
[2]　参议院情报特别委员会报告，第21、268页。一些人（正确地）认为，伊拉克就是打算用这些铝管去制造改良后的意大利火箭，但中情局显然拒绝询问意大利火箭的具体规格，因为他们主观断定有充分理由确定铝管是铀浓缩计划的一部分。参考大规模杀伤性武器委员会报告，第68页。
[3]　这句话似乎最早出自卡尔·萨根，后来中央情报总监威廉·凯西质疑苏联参与恐怖主义的说法缺乏证据时引用了这句话。参考戴维斯的《情报分析人员与政策制定者》，第1004页。需要指出的是，虽然凯西的某些具体指控是错误的，但我们现在知道苏联确实为许多恐怖主义活动提供了培训和支持。

年来，西方并不知道苏联和后来的俄罗斯在签署禁止生物武器条约后仍在继续这类计划，阿尔巴尼亚悄然推进的化学武器计划也没有被发现。[1] 拉姆斯菲尔德也承认，证据缺失可能造成严重后果。比如，有人主张，如果没有直接证据表明一个国家没有谋求大规模杀伤性武器（或者说证据尚不明确），那么就应该假设这个国家正在谋求大规模杀伤性武器。[2]

然而，与固有观念或假设相悖的反面证据很少被索求、汇报或关注。中情局官员不太可能施压他们的线人，让他们说自己没有看到什么，也不太可能让外勤人员报告说各个线人都没有关于萨达姆积极寻求大规模杀伤性武器的信息，尽管这些外勤人员处于有利位置，能够提出反面证据，也不会被要求提供这类证据。即便这样的负面证据被提出来，我怀疑它们是否会被传递给分析人员，而且即便被传递给分析人员，似乎任何负面报告都会停留在分析人员那个层面，而不是反映在最终的情报产品中。虽然现在回顾认为负面证据非常重要，但如果刻意搜集负面证据，那么情报搜集的工作量会大幅增加，却往往收效甚微，导致人们认为这种做法不值得。[3] 同样，在关于萨达姆是否与"基地"组织存在实质性联系的辩论

---

[1] 托马斯·曼肯的《间谍与官僚：正确获取情报》，载于《公共利益》2005年春季第81期，第37页。

[2] 西方国家缺乏伊朗寻求核武器的确凿证据，但这并没有消除西方国家的怀疑，伊朗总统对这一事实的反应是宣称："通常，你无法证明这类事情（即一个国家没有寻求核武器）。你怎么能证明你不是坏人呢？"参考史蒂文·韦斯曼和沃伦·霍格于2005年9月16日在《纽约时报》上发表的《伊朗领导人承诺提出新建议来结束核僵局》（"Iranian Leader Promises New Proposals to End Nuclear Impasse"）。我将在下一节讨论到，证据的缺乏有时可以用另一方的欺骗和否认活动来解释，美国对伊朗案例中提出过这样的论点，在伊拉克问题上也是如此。参考比尔·格茨于2005年9月16日在《华盛顿时报》上发表的《美国报告称伊朗寻求获得核武器》（"U.S. Report Says Iran Seeks to Acquire Nuclear Weapons"）。

[3] 大规模杀伤性武器委员会报告，第93页；也可参见詹姆斯·瑞森于2004年7月6日在《纽约时报》上发表的《美国官员称中情局隐瞒了伊拉克武器数据》（"CIA Held Back Iraqi Arms Data, U.S. Officials Say"）；詹姆斯·瑞森的《战争国家：中情局和布什政府秘史》，第4章；迈克尔·伊斯考夫和大卫·科恩的《傲慢：倾向性报道、丑闻和兜售伊拉克战争的内幕》，第167页；中情局情报处处长杰米·米西克确

中，似乎没有人注意到，在塔利班掌权后，萨达姆从未在喀布尔设立大使馆。[1] 从本质上讲，与正面证据的缺失相比，正面证据的存在更引人注目，因为生动的信息会带来更大的影响力。相比之下，负面证据和尚未发生之事往往被忽视。通常情况下，他们不应该这样做。情报界发现很难遵守参议院情报特别委员会的要求，提交这类负面证据，因为他们没有简单的方法从内存或文件中检索这些证据。这种要求令情报界感到不安，却不足为奇。[2]

情报界没有意识到，如果某个行为没有发生或某个证据缺失，而且与一个重要的主张或论点相矛盾，那么这种情况就非常重要。政治学家将这类证据称为"不会吠叫的狗"，这借用了夏洛克·福尔摩斯（Sherlock Holmes）创造的一个概念。福尔摩斯意识到，在犯罪当晚，狗没有吠叫，说明行凶者是熟人。这并不是说负面证据和未发生之事自然而然都是重要的，只有当人们正在考虑的主张暗示这种证据应该出现时，它们才具有重要意义。过去10年，人们增强了对这一逻辑的认知，并聚焦负面案例研究，从而促使社会科学研究得到极大改善。但情报部门（以及事后分析人员）并没有发现这一点，就像福尔摩斯的助手华生一样，尽管非常聪明，却没有发现这一点。在这种情况下，需要的是用一种反直觉的方式思考问题，这种方式来自对假设—演绎方法的深思。我们往往自然而然地根据证据得出推论，但我们需要具备更强的自我意识才能发觉，要检验我们固有的观念或假设，我们必须扪心自问：如果要证明某个论点或解释是正确的，应该发生什么事件，以及应该观察到

---

实对指向大规模杀伤性武器计划的信号情报如此之少表示惊讶。参考特尼特的《在风暴中心》，第364页。关于驳回在另一个案例中收到的负面证据，参见格洛杰茨基的《大妄想》，第282页。

[1] 伊拉克战争结束后，伊拉克前副总理塔里克·阿齐兹向审讯他的人指出了这一点。参考参议院情报特别委员会的《关于伊拉克大规模杀伤性武器计划的战后发现》，第67页。

[2] 参议院情报特别委员会报告，第3页。

什么证据。[1]

在伊拉克案例中，这样做会产生四个方面的积极作用。第一，明确关注负面证据的重要性，有助于抑制情报搜集过程中的"证实倾向"。美、英情报机构总部都可以指示各自特工，既要寻找哪些线人宣称知道大规模杀伤性武器的活动，又要寻找哪些线人本来有能力在大规模杀伤性武器的研发活动发生之际就能立即知道，却什么都没看到。第二，对负面证据缺失的敏感，可以纠正只关注确证事实的倾向。因此，尽管情报指出，伊拉克人使用暗号的证据表明某些活动可能与生物武器有关，但似乎忽略了一个事实，即暗号并没有被用于"隐瞒获取生物武器相关设备，并妨碍西方监测伊拉克获取相关技术的措施"。[2] 第三，如果情报界当初扪心自问一个问题："若伊拉克重启了核武器和生物武器计划，它必须做什么事"，那么他们就会深入调查某些证据的缺失。比如没有证据表明伊拉克正在寻找离心机部件（铝管不是离心机部件），以及生产生物武器的移动设施没有采取应有的安全措施。[3] 第四，情报界对世界各地（甚至伊拉克国内）的伊拉克籍科学家进行了大规模调查，反而产生了不利于支撑固有主张的负面证据，情报界不得不更加努力思考这些负面证据的意义。当然，这些人可能是在撒谎，或者大规模杀伤性武器计划可能由情报界不了解的网络负责运行，但适当的方法意味着这些声明将被明确提出，负面证据将被纳入

---

[1] 关于在东京湾事件中，来自信号情报的负面证据遭到忽略的一个有趣讨论，参考罗伯特·汉约克的《臭鼬、鬼怪、沉默的猎犬和飞鱼：东京湾之谜（1964 年 8 月 2—4 日）》，载于《密码学季刊》2000 年冬—2001 年春第 19—20 卷，尤其是第 31—32 页、第 41 页、第 43—44 页。在柬埔寨的"黄雨"事件中，情报界的一些人显然也忽视了负面证据，他们推测柬埔寨的"黄雨"是越南人使用苏联提供的有毒毒剂造成的。参考莫尔·普雷布诺的《"黄雨"：早期大规模杀伤性武器争议的教训》，载于《国际情报与反情报期刊》2006/2007 年冬季第 19 卷，第 737—745 页。其他有关的情报案例，参考马修·艾德的《秘密的哨所：国家安全局不被披露的故事》第 78 页，该书由纽约布卢姆斯伯里出版社于 2009 年出版；爱德华·马克的《阿尔杰·希斯：克格勃档案的最终判决》，载于《冷战研究期刊》2009 年夏季第 11 卷，第 65 页。

[2] 引自参议院情报特别委员会报告，第 184 页。

[3] 引自参议院情报特别委员会报告，第 107 页。

《国家情报评估》的讨论范围。

分析人员同样没有运用社会科学领域标准的比较方法去探究特定信息的重要性或其他解释的相对有效性。他们没有意识到，与自己的某个主观解读一致的证据，也可能与其他解读相一致。事实上，分析人员经常错误地认为任何符合自己主观解读的证据都与其他解读相矛盾，这意味着他们陷入了自我引导的误区。比如，伊拉克确实利用掩护公司及其他秘密手段获取具有双重用途的材料，这种行为被认为是它在从事被禁项目的证据。尽管这个推论与伊拉克的行为具有一致性，但忽略了一个事实，即"伊拉克通常使用掩护公司逃避联合国制裁，进口纯粹合法的商品"。更具体地说，情报界的大多数人都认为，伊拉克利用中间商购买铝管的事实意味着这些铝管是用于铀浓缩的。但能源部当时指出，安理会的决议禁止伊拉克为常规军事用途进口这类材料，这意味着该行为并没有区分两种主要假设。[1]更普遍的是，由于人们的先入之见认为萨达姆积极推进大规模杀伤性武器计划，并在这个思维框架下看到许多所谓的证据，便没有过多考虑其他可能的解读，现在回想起来确实如此。因此，许多分析人员认为，出现在可疑地点的特种油罐车表明有化学武器，而没有考虑到它们很可能部署在同样构成安全风险的常规弹药周围，甚至部署在日常活动中。[2]虽然伊拉克曾在海湾战争期间将卡车用于与化学武器相关的用途，分析人员从这个事实准确地推断出卡车很可能被用于运输化学武器，但他们没有考虑到卡车也可能被用于其他用途。事实上，如果伊拉克人不生产化学武器，他们就需要找到其他方法来使用卡车。

---

[1] 引自参议院情报特别委员会报告，第20—21页及第106页。

[2] 引自参议院情报特别委员会报告，第199—200页；大规模杀伤性武器委员会报告，第122—126页。这个问题的部分原因可能是重组之后，将图像分析从中情局转移到一个由军方控制的更大部门。罗素的《改善战略情报》，第80—81页；戴蒙德的《中情局与情报失误的文化》，第379—385页。

## 第七节　基于个体而非系统视角的替代性解读

关于伊拉克的情报因没有考虑替代性方案而受到批评，这种批评恰如其分。我想指出一点，情报失误的背后可能存在随机或意外因素，而且这种因素起到的作用很重要。关于伊拉克的情报评估中，最引人注目的，同时也是我认为最重要的，就是涉及核计划部分，紧接着是生物武器部分。我在前文提到，每一个发现都导致其他发现得到强化，但我们现在知道，它们其实都建立在不牢固、不可靠的基础之上。然而，特别有趣的一点是，关于核武器和生物武器的结论受到特定个体的强烈影响。这在生物武器中表现得最为明显，线人"曲线球"就扮演着至关重要的角色。如果没有他提供的虚假信息，情报界几乎肯定会做出这样一个评估：虽然伊拉克政权正在谋求制造生物武器的能力，但关于该计划的范围或库存，几乎没有什么可以披露的。由此产生的研判虽然不是完全准确或令人安心，但会更加接近真相，不至于差到令人惊恐的地步。

在核计划中，这个作用异常大的人不是伊拉克的线人，而是中情局的一位分析人员。正如我所指出的，中情局乃至更广泛的情报界关于核计划的评估，受到一位分析人员主观判断的强烈驱动。这个人很快仓促得出结论，认为伊拉克采购的铝管就是用于铀浓缩的。如果中情局内部其他人在技术层面有资格挑战此人，或者这个岗位上另有其人，那么中情局可能会对这些铝管采取不那么明确和极端的立场，对核计划的最终评估就不会那么言之凿凿和令人惊恐。他们可能会采取国务院情报研究局的研判思路，即虽然证据没有排除伊拉克正在重组核计划的可能性，但也无法支撑它正在重组核计划的结论。

在充满假设的情报世界里，决策者可能会通过夸大情报去印证战争的合理性。因此，最终的政策结局并不会变，但情报失误本身的影响要小得多。从这个角度来看，这次重大失误的原因并非整个情报系统存在什么根本缺陷，而是不可靠的线人和不可靠的分析人员不幸同时出现在关键时间和地点。

这种说法是有道理的，此种个体确实会产生很大影响，但情报机构应该能够处理这些问题，而且这个案例足以说明情报系统存在严重缺陷。我相信，这并不会影响我的观点，即当前流行的情报工作方法是有缺陷的，情报评估是由一些似是而非的推理过程驱动的，分析人员和情报用户都没有意识到这一点。

## 第八节　结论

令人欣慰的是，我们能够通过可行的改革避免得出诸如"伊拉克拥有大规模杀伤性武器计划"这类错误结论。许多批评情报界表现的人的确暗示了这一点，特别是参议院情报特别委员会。[1] 即便见解更为深刻的报告也给人留下这样的印象：一些未指明的替代性方案比情报界的评估性方案更符合证据要求。虽然分析人员犯了错误，而且评估流程可以改进，但适当的流程并不会自然而然地带来正确的研判结论。如果一份报告承认这一点，那么不仅会招致怀疑，还会淡化政治动机的作用，削弱政策建议的效力。大多数新闻报道给出的主要解释是政治压力，而官方报告否认了这一观点。我认为官方报告在这一点上是正确的，但它们与情报分析有一个根本的弱点，就是忽视了社会科学的程序。因此，关于伊拉克的情报和事后分析都没有运用比较方法，且忽视了询问这样一个问题：如果对于所描述

---

[1] 澳大利亚的《弗拉德报告》第 27 页非同寻常地承认："一个更好的流程是否会改变对存在大规模杀伤性武器的基本判断，是值得怀疑的。"大规模杀伤性武器委员会报告里有几处也接近于这个观点，《巴特勒报告》里有几处虽然巧妙地给出模棱两可的说法，但也接近于这个观点。

的现状存在其他正确解读，那么应该看到什么证据才能维持当前研判？此外，这些分析还忽视了负面证据的重要性，也没有探究隐藏在许多推论（无论正确与否）背后的心理因素。

如今回头看，最合理的评估应该是伊拉克可能（但不是肯定）拥有积极的、广泛的大规模杀伤性武器计划，以及少量的化学武器储备，或许还有生物武器。一份负责任的情报研判不可能得出这些项目已经停止的结论，而是会关注到广泛的不确定性，并指出这一结论主要是基于伊拉克历史行为做出的合理推论，而非来自当前项目的具体证据。这种研判不会让政策制定者的生活或决策变轻松，也不会被他们愉快地接受，但会更加符合现有证据。

官方报告和其他评论提出的批评是正确的，因为更好的情报分析本应着重强调一下，关于萨达姆目标和前景的主观假设、预设立场和内隐理论在情报研判过程中发挥的核心作用。这样做，虽然未必能改变最终结论，但有助于促使人们对结论进行重新审查。天文学家卡尔·萨根（Carl Sagan）提醒我们，"非同寻常的主张需要非同寻常的证据"。一种观点认为，早在20世纪90年代中期，萨达姆积极寻求大规模杀伤性武器的主张已经十分常见，因此不需要大量证据去证实。然而，事实上，这一说法是值得存疑的，这种主张已然需要特别有效的证据去印证。这就解释了当特尼特提出可以解密部分情报，说服公众相信萨达姆正在开发大规模杀伤性武器时，小布什意识到需要凭借特别有效的证据去印证这个主张，便回应道"这是不是我们所拥有的最好的情报？"然后，他得到特尼特臭名昭著的答复："别担心，这是板上钉钉的。"[1] 小布什关注的是他刚刚听到的具体证据，特尼特则是盲目笃信所有证据的可信度。

[1]　鲍勃·伍德沃德的《攻击计划》，第249页。特尼特在《在风暴中心》一书第360—363页解释说，他本来认为可以解密更多的信息，但他知道中情局在伊拉克有一系列线人；如果美国不入侵，他们（及其家人）将会牺牲。杰克·布拉德的《越南春节效应：情报与公众对战争的看法》（*The Tet Effect: Intelligence and the Public Perception of War*）第176页，该书由伦敦劳特利奇出版社于2005年出版。

如果情报界把工作做得更好一些，就会更加敏感地意识到直接证据的缺失，研判结论也不会说得那么言之凿凿。他们会更接近真相，这当然是值得赞许的，但政策制定者不会赞许这一点。即便政策制定者不愿意借助"萨达姆积极推进大规模杀伤性武器计划"的理由去支撑自己推翻他的愿望，他们也不太可能欢迎这种不确定性。决策者经常要求获得更好的情报，但他们在许多情况下并不需要它，我将在下一章讨论这个话题。

# 第4章
# 情报与情报改革：政治学与心理学视角

评估是你在不知情的时候所做的事。

——谢尔曼·肯特，中情局国家评估委员会主席

在判断任何情报机构的表现时，我们首先需要对情报的局限性有一个务实的认知。

——珀西·柯利达（Percy Cradock）爵士，英国联合情报委员会主席

政府最讨厌的莫过于消息灵通，因为它使决策过程更加复杂和困难。

——约翰·梅纳德·凯恩斯（John Maynard Keynes）

我跟你聊聊这些情报人员。我在得克萨斯州长大，我家有一头奶牛，名叫"贝西"。我会早早出门挤奶，把它拴到一根柱子上，自己蹲下来，挤出一桶鲜牛奶。有一天，我费了很大劲，挤了满满一桶奶，但老贝西趁我不注意，把它那沾着牛粪的脏尾巴摇摆到牛奶桶里。你知道，情报人员干的就是这种事。你努力工作，谋划了一个好的计划或政策，他们却拖着

一条脏兮兮的尾巴搞砸了它。

——林登·约翰逊（Lyndon Johnson）[1]

　　这四句引言简要概括了情报与决策之间难以解决的困境。前几章探讨了情报失误的许多诱因，但要获得更全面的了解，需要更明确地论述情报工作为何如此困难，以及可能做出哪些改进和改革。我们应该首先考虑决策者承受的压力，因为决策者是情报用户，大部分的情报工作进程，以及情报与决策之间的矛盾，背后驱动力都来自决策者。

　　政策制定者表示，他们需要而且想要好的情报。他们确实需要它，但往往不喜欢它。他们还倾向于认为，当情报机构没有出去寻找情报，就是不称职的。美国很多总统对情报界颇有微词，其中措辞最为严厉的就是理查德·尼克松（Richard Nixon）。他曾直言不讳地质疑"兰利的那些小丑"对世界的误解怎么会如此之多，以至于给他的政府制造了很多麻烦。[2] 不

---

[1] 肯特这句话出自其于1968年夏季发表于《情报研究》期刊的《评估和影响》（"Estimates and Influences"）一文，后转载于唐纳德·斯特瑞主编的《谢尔曼·肯特和国家评估委员会论文集》第35页（该文集由中情局情报研究中心于1994年出版）。柯利达爵士这句话出自其撰写的《了解你的敌人：联合情报委员会如何看待世界》一书第290页，该书由伦敦约翰·默里出版社于2002年出版。凯恩斯这句话出自罗伯特·斯基德尔斯基撰写的《凯恩斯：救世主般的经济学家（1920—1937）》一书第630页，该书由伦敦麦克米伦出版社于1992年出版。约翰逊的这句话在罗伯特·盖茨撰写的《未实现的机会：白官情报的使用和认知》一文中被引用，此文载于《华盛顿季刊》1989年冬季第12卷，第42页。

[2] 引自罗德里·杰弗里斯－琼斯的《中情局与美国民主》（The CIA and American Democracy），第2版，第177页，该书由耶鲁大学出版社于1998年出版。关于情报及其在政策制定中作用的精彩讨论，参见迈克尔·赫尔曼的《和平与战争中的情报力量》，该书由剑桥大学出版社于1966年出版；格雷戈里·特雷弗顿的《信息时代重塑国家情报》（Reshaping National Intelligence in an Age of Information），第6章，该书由剑桥大学出版社于2001年出版；马克·洛文塔尔的《部落语言：情报生产者与情报用户》（"Tribal Tongues: Intelligence Producers, Intelligence Consumers"），载于洛克·约翰逊和詹姆斯·维尔茨主编的《战略情报》，第234—241页，该书由洛杉矶罗克斯伯里出版社于2004年出版；汉斯·海曼的《情报与政策的关系》，载于阿尔弗雷德·毛勒、马里昂·汤斯顿和詹姆斯·基格尔主编的《情报：政策与流程》，第57—

幸的是,即便最好的情报机构往往也会出错,而且即便情报机构是正确的,也可能带来令人不安的消息,这就需要付出一定的代价。正如中情局一位前高官所说:"情报就像出席晚宴的宾客,虽然它很有价值,但如果弄洒了红酒,导致主人蒙羞,就不会再次获得邀请。"[1]根据得到的授权,情报机构往往不受约束,而如果情报机构被过度驯服,就会失去价值。

如果说存在"人气竞赛",那么情报不会是赢家。中央情报总监理查德·赫尔姆斯(Richard Helms)在1973年被解雇后不久,曾说自己是"华盛顿最容易被解雇的人。我没有政治、军事或工业的根基"。[2]中央情报总监詹姆斯·伍尔西(James Woolsey)曾说过,对其职位的最佳描述是"不受人待见",虽然他与克林顿总统的恶劣关系可能影响他对自己岗位的看法,但他这句话也不算离谱。[3]情报更不受欢迎,因为政策制定者相信"没有政策失误,只有情报失误"。这不难理解,但夸大了情报的作用,伊

---

66页,该书由西景书社于1985年出版;罗杰·乔治和罗伯特·克莱恩主编的《情报与国家安全战略家》(*Intelligence and the National Security Strategist*);罗杰·乔治和詹姆斯·布鲁斯主编的《分析情报:起源、障碍和创新》(*Analyzing Intelligence: Origins, Obstacles, and Innovations*,华盛顿特区:乔治敦大学出版社,2008年);威廉·奥多姆的《情报分析》,载于《情报与国家安全》2008年6月第23卷,第316—332页。关于以色列前情报首脑的观点,请参阅埃弗瑞姆·哈勒维的《阴影中的人:与摩萨德的领导者一起了解中东危机》(*Man in the Shadows: Inside the Middle East Crisis with a Man Who Led the Mossad*),第14章,该书由纽约圣马丁出版社于2006年出版。另见谢尔曼·肯特的《战略情报:为美国世界政策服务》,第11章,该书由普林斯顿大学出版社于1949年出版;哈里·豪·兰森的《中情局与国家安全》(*Central Intelligence and National Security*),该书由哈佛大学出版社于1965年出版;罗杰·希尔斯曼的《战略情报与国家决策》(*Strategic Intelligence and National Decisions*),该书由伊利诺斯州自由出版社于1956年出版。

[1] 这个说法要归功于马丁·彼得森,他是从一位同事那里听来的。

[2] 引自鲁迪·奥斯本于1973年5月20日在《华盛顿邮报》上发表的《真正沉默的美国人:理查德·麦加拉·赫尔姆斯》("The Really Quiet American: Richard McGarrah Helms")。

[3] 引自尼娜·伊斯顿于2001年12月27日在《华盛顿邮报》上发表的《最后的鹰:詹姆斯·伍尔西希望将伊拉克的萨达姆·侯赛因绳之以法》("The Last Hawk: James Woolsey Wants Iraq's Saddam Hussein Brought to Justice")。

拉克战争的案例就是如此。

对于普通民众而言，情报之所以不受欢迎，可归因于情报机构的两个主要特征——保密性和秘密行动。这两个特征就算与美国的传统不冲突，也与美国人自我标榜的形象存在冲突，甚至那些为情报机构的成果鼓掌的人，也可能对情报搜集手段感到不舒服。我在前文指出，尽管中情局是在总统的指示下开展行动，但关于干预别国内政的讨论，尤其是关于试图推翻别国政权的讨论，都被表述为中情局采取的干预措施。批评人士，甚至那些左翼人士，都在回避正确的标签，即这是美国政府采取的干预措施。政治领导者认为没有理由鼓励民众更好地理解情报机构。

纽约一家服装店的口号是"受过良好教育的消费者是我们最好的顾客"。情报部门也可以这么说，但它希望情报用户接受教育的愿望不太可能实现。许多总统和内阁官员上任时缺乏情报方面的知识或经验，而且在掌权之后学习的时间也更少。即便像尼克松这样见多识广，并对中情局情报能力存在质疑的总统，也经常对中情局的成果抱有不合理期待。亨利·基辛格（Henry Kissinger）对情报机构了解得更清楚。国会曾抱怨中情局为什么没能预料到葡萄牙政变，基辛格对幕僚说过下面这番话：

为什么会这样？现在太可恶了，我烦透了——每当有政变，你就假设本国政府错过了它……为什么我们要比被推翻的政府更清楚……我的意思是，凭什么要求我们的情报机构去发现世界各地的政变？[1]

基辛格是对的，但即便是他，有时也会存在不切实际的期待，希望能够得到更多的信息和更好的分析，并表现出令人熟悉的精神分裂模式：既轻视情报，又因情报无法满足自己的要求而感到失望。

---

[1] 根据一位权威人士的说法，至少在第一次世界大战中，德国人更好地利用了情报，因为他们对情报的期望并不高。特伦斯·祖伯的《德国在西方的情报评估（1885—1914）》（"The German Intelligence Estimates in the West, 1885–1914"），载于《情报与国家安全》2006年4月第21卷，第198—199页。

情报可能存在失误，这一认知有助于将政策失误的责任转嫁给情报评估，而且当情报与政策发生冲突时，也有助于为拒绝接受情报部门的评估意见提供合理借口。但决策者和学者都需要认识到，并非所有问题都可以得到彻底解决（当然也不会被最新的情报机构"改革"措施解决掉），而且即便一个设计最优的情报系统，依然会产生诸多失误。情报分析人员应该经常扪心自问，究竟哪些证据导致他们得出了错误结论；同样，政策制定者也应该反思，他们的政策究竟在多大程度上依赖于准确的情报，并努力减少情报失误对政策的负面影响。[1] 然而，这些努力会给决策者带来更大的不确定性，增加他们的心理和政治负担。因此，决策者对情报的期待，如同情报机构对决策者接受情报教育的期待一样，都备受限制。缺乏情报教育，并不是决策者和情报机构之间发生摩擦的唯一根源，双方冲突的根源在于各自承担的任务存在差异。如果对此有任何怀疑，我们只需记住一个事实：很难找到比唐纳德·拉姆斯菲尔德和理查德·切尼更有教养的情报用户了。

## 第一节　决策者的需求及其与情报机构的矛盾

决策者和情报官员的不同需求和视角注定他们之间必然存在矛盾。无论是出于政治原因，还是出于心理原因，政治领导者不得不过度宣传自己的政策，特别是在权力分散的国内政治体系中。[2] 这将对情报造成压力和

---

[1] 德国对情报局限性的认识影响了其军事理念，相关讨论可以参考萨米尔·普里的《情报在决定不列颠战役中的作用》（"The Role of Intelligence in Deciding the Battle of Britain"），载于《情报与国家安全》2006年6月第21卷，第420页。

[2] 关于这一点的经典陈述，参考西奥多·洛伊的《自由主义的终结》（*The End of Liberalism*）第6章，该书由纽约诺顿出版社于1969年出版。关于阐释推翻萨达姆的理由时过度依赖虚假信息的讨论，请参阅本书第3章。

扭曲。因此，不足为奇的是，情报官员，特别是那些工作层级的情报人员，往往认为政治领导者缺乏道德，粗心大意，而政治领导者认为情报机构胆子小，不可靠，经常责备他们。

中情局大厅墙上刻着"你将知道真相，真相将使你获得自由"，这句座右铭可能有些自负，但中情局至少可以宣称这是它的目标。即便比较诚实的决策者都能意识到，没有任何一个决策者能做到这一点。当国务卿迪安·艾奇逊（Dean Acheson）说国家安全委员会一份重要文件的目标是"比真相更清楚"时，他非常明白这一点。[1] 当波特·戈斯（Porter Goss）成为中央情报总监时，他告诉中情局成员应该支持政策制定者，由此产生的一些紧张关系就显现出来了。[2] 另一方面，情报工作是为政策制定者提供信息，以支持决策者制定更好的政策。但支持也可以意味着提供分析，强化政策，团结其他人共同支持决策者的政策。前一种支持符合情报部门的首要任务，即决策者只是在口头上称赞的任务。但考虑到决策者所处的政治处境和心理状态，他们寻求的往往是后面这种支持。鉴于中情局此前曾削弱小布什总统的政策，许多人认为戈斯所说的"支持"是指后面这种意思就不足为奇了。决策者需要得到外界对他们的信心和政治支持，不幸的是，诚实的情报往往会起到削弱作用，而非增强作用，因为诚实的情报会指出政策的模糊性、不确定性、成本及风险。在许多情况下，最高水平情报所能产生的结果与决策者所寻求和需要的结果之间存在矛盾。

好政策必须建立在对世界的准确评估之上，这不言自明。在一个民主国家，政策必须——或者至少被视为——建立在情报基础之上。在20世纪60年代情报技术大幅进步之后，人们开始认为情报机构在理解世界方

---

[1] 迪安·艾奇逊的《见证创举：我在国务院的岁月》（*Present at the Creation: My Years at the State Department*）第375页，该书由纽约诺顿出版社于1969年出版。
[2] 道格拉斯·杰尔于2004年11月17日在《纽约时报》上发表的《新任中情局局长告诉工人支持政府政策》（"New C.I.A. Chief Tells Workers to Back Administration Policies"）。

面更加熟练和精通，因此认为政策必须建立在情报基础之上。而恰恰因为情报机构在决策者眼中具有某些优势，所以决策者才认为有必要对其施加压力。这种对待情报机构的矛盾态度的确具有讽刺意味。[1] 当年，国务卿鲍威尔在联合国安理会陈述针对伊拉克动武的理由时，坚持让中央情报总监特尼特坐在自己身后。鲍威尔这么做，就是以一种戏剧化的方式利用情报机构的影响力，凸显情报机构支持自己的主张，究其本质，这种方式与常规的施压方式没什么区别。正是有必要宣称情报和政策密切协调，才会导致两者之间产生冲突。[2]

从原则上讲，情报与决策之间可以呈现出不同的关系。比如，小布什总统原本可以这么讲："我认为萨达姆是一个可怕的威胁，这是一种政治判断，我被选为总统，就必须做出艰难决定。虽然我听取了情报部门和其他专家的意见，但这是我的决定，不是他们的。"在其他案例中，总统可以宣布："证据虽然模糊，但总体而言，我认为我们必须采取行动，因为一些令人震惊的情况可能真的会发生。"在伊拉克战争开始之前及在其他一些案例中，多位政策制定者都表示，他们表达的是个人观点，而非情报评估。但情报与决策的界限往往很狭窄[3]，那些明显将自己想法与情报评估区分开来的演讲会显得软弱无力，在政治上缺乏说服力。事实上，在伊

---

[1] 理查德·伊默曼撰写的《情报和战略：心理学、政策和政治的历史化》，载于《外交史》2008年1月第32卷，第12页。

[2] 经常被指责对情报部门非法施压的约翰·博尔顿，显然认为问题在于情报界的成员越权了，用他一名高级助手的话来说，就是试图审查他"关于如何解读这些数据的政治判断"。参考道格拉斯·杰尔于2005年4月24日在《纽约时报》发表的《公开电邮揭示了更多的博尔顿之争》；道格拉斯·杰尔于2005年5月12日在《纽约时报》发表的《博尔顿主张情报独立》("Bolton Asserts Independence On Intelligence")。不幸的是，对于总统或内阁级别以下的任何人来说，如果明确表示自己的研判不同于情报界的研判，则要困难得多，因为这将引发一个明显问题，即总统是否同意。

[3] 民主党和共和党参议员在参议院情报特别委员会于2008年6月发布的《关于美国政府官员涉伊拉克公开声明是否有情报信息证实的报告》中，就小布什政府官员是否越界以及越权问题进行了辩论。这个问题不仅存在于情报领域，而且出现在其他应该在科学基础上制定政策的领域，小布什政府那几年在这方面充满了争议。

拉克战争失败之后的几年里，英国已经放弃了公开发布情报文件的尝试，而美国却反其道而行之，公布了关于几项关键情报评估的审查报告，尤其是关于伊朗和伊拉克的情报评估。可以说，这对一个民主国家来说是合适的（毕竟在今天的大环境下，信息无论如何迟早都会被泄露出去），但这么做的结果就是增加了情报部门的压力。

**相互冲突的压力**

出于心理和政治的原因，决策者不仅希望在实际决策过程中把价值权衡的苦恼降到最低限度，而且会尽量减少自己对价值权衡的看法。领导者总是谈论他们如何做出艰难的决定，但如同其他人一样，他们也更喜欢轻松地做出决策，并试图说服自己和他人相信某项决策其实并没那么难。要最大化地为一项政策争取政治支持，意味着必须对外宣称该政策实现了许多目标，得到了许多考量因素的支持，而且成本很低。因此，决策者希望把自己的政策描述为在许多方面优于其他方案。比如，冷战期间，在围绕是否需要禁止核试验开展辩论时，支持者认为，这种大气层核试验不仅对公众健康构成严重危害，而且禁止核试验有利于美国国家安全，这些都是能够核实的利益。但如果核试验禁令的支持者说，"即使我们将在国家安全方面付出巨大代价，也必须停止大气层核试验，以拯救无辜的生命"，那么将削弱禁止核试验的理由。

心理和政治因素都在起作用。继续以是否禁止核试验为例。那些非常关心公共卫生的人支持禁止核试验，他们不愿意认为自己倡导的政策会损害国家安全。相反，那些认为禁止核武器研发对美国不利的人则反对禁止核试验，认为核试验不会危害人类健康。他们如果意识到自己偏好的政策将以数十万无辜生命为代价来换取美国的安全，会感到不安。毕竟，决策者们晚上还得睡觉。[1]

---

[1] 关于进一步的讨论，参见罗伯特·杰维斯的《理解信仰》，此文载于《政治心理学》2006年10月第27卷，第641—664页。

不幸的是，伊拉克战争爆发之前的情况恰好诠释了这些过程。总体而言，小布什政府支持这场战争的理由是，萨达姆是一个重大威胁，而且推翻他是改变中东局势的大好机会。这两个理由中的每一个都有几个辅助要素构成。之所以说萨达姆是一个重大威胁，是因为外界很难阻止他，他有强力的大规模杀伤性武器计划，与恐怖分子存在联系，可能向恐怖分子提供大规模杀伤性武器。之所以说推翻他是改变中东的大好机会，也体现在多方面：战争将以低成本方式开展，战后重建将很容易，在伊拉克建立一个良性的政权将对该地区产生有益影响，推动其他政权走上民主之路，并促进阿拉伯—以色列争端的解决。小布什总统以这种方式描绘自己对世界的看法，可以最大化地争取人们对战争的支持。对于认同所有开战理由的人而言，这场战争显然算得上最佳行动，有理由以极大的热情支持它；即便人们仅仅认同其中几个理由，也可以接受对伊拉克开战的政策。以这种方式看待世界还减轻了决策者的心理负担，这在命令士兵投入战斗和开始大胆冒险时肯定大有裨益。在这种情况下，人们之所以愿意接受小布什总统的说辞，关键不在于这些说法的真实性，而是人们原本没有理由期待世界被安排得如此井井有条，小布什总统的说辞给人提供了希望，而且支持这些说辞也是一种轻松便利的选择。这种心理效应的影响非常强烈，比如，副总统切尼在几年前就意识到推翻萨达姆可能会促使伊拉克陷入混乱，如今却受到这种心理效应的影响，说服自己相信事实或许并非如自己之前所想的那样。但事实上，没有任何符合逻辑的理由可以解释为什么"推翻萨达姆"这种情形只会带来机遇，而不会造成威胁（反之亦然）。同样，也没有任何符合逻辑的理由可以解释为什么只存在威胁（比如萨达姆即将获得大规模杀伤性武器的能力），而不存在其他可能（比如萨达姆与"基地"组织并无任何联系）。切尼不应该改变自己对推翻萨达姆之后的潜在紧迫局势的预判，这才是符合逻辑的做法，但他确实放弃了这种预判。

我们在前一章看到，美国情报界的大多数成员确实相信萨达姆拥有强力的大规模杀伤性武器计划。据我们所知，情报界几乎没有提到要阻止萨达姆有多么困难。这是非常不幸的，因为这一点恰恰是小布什总统为战争辩护的核心理由（可能是情报部门没有对这一点进行分析的原因）。[1] 但由于情报界没有支持战争的心理需求，所以不需要把其他看法纳入考虑范围，因此在情报证据与政府政策相悖的方面，它几乎不支持政府。这就产生了摩擦。情报部门否认萨达姆与"基地"组织有任何合作，而且对萨达姆可能将大规模杀伤性武器交给恐怖分子的说法表示高度质疑。因此，不足为奇的是，政府对情报部门施加了巨大压力，要求情报部门改变固有的观点，而且政策制定者经常发表与情报评估存在分歧的声明。情报机构在这两点上的准确研判虽然明显超出了人们的预料，却算不上多么令人惊讶。[2]

情报机构还对战后的伊拉克局势描绘了一幅黯淡图景，指出抵抗行动会持续存在，最重要的是，可能很难劝诱伊拉克内部形形色色、相互冲突的团体开展合作。[3] 这些质疑没有引起公众关注，使得情报人员在这方面评估上受到的政治压力较小。政府不仅忽视了这方面的评估，还经常对相反的情况发表肯定意见，导致分析人员深感沮丧。对情报人员而言，幸运的一点是，在这些问题上，政府乐于坚持自己的观点，并未宣称这些观点得到情报支持，或许是因为这些研判主要是政治性的研判，并不需要依赖秘密情报。后来，当伊拉克战后局势恶化时，情报官员透露说他们其实提供了预警，导致情报机构与政府之间的冲突趋于加剧，因为小布什政府认为情报机构不仅不忠诚，而且在推进它自己的政治议程。

人们很容易把恐吓、忽视情报机构视为小布什政府独有的一个特征，但事实并非如此，多届政府都存在这个问题。现有证据不允许我列出这类政府的完整清单，只列出部分例子。在克林顿政府时期，克林顿及其同

---

[1] 关于萨达姆即使发展了核武器也能被阻止的论点，参见罗伯特·杰维斯的《新时代的美国外交政策》（*American Foreign Policy in a New Era*）第3章，该书由纽约劳特利奇出版社于2005年出版。

[2] 参议院情报特别委员会的《关于伊拉克大规模杀伤性武器计划和恐怖主义联系的战后调查报告以及与战前评估的比较》，2006年9月8日。

[3] 参议院情报特别委员会的《关于战后伊拉克情报评估的报告》，2007年5月。

僚致力于推动在政变中被赶下台的海地前总统让-贝特朗·阿里斯蒂德（Jean-Bertrand Aristide）重新掌权，而情报机构的研判却认为阿里斯蒂德是个变化莫测的人，执政不会有效，也不够民主，结果这个研判遭到克林顿政府的厌恶和抵制。[1]艾森豪威尔政府和肯尼迪政府都支持禁止核武器试验的协议，都对情报机构表示不满，因为情报研判表明在这方面开展核查工作将很困难。虽然在许多问题上，自由主义者比保守主义者更愿意接受价值权衡[2]，许多自由主义者倾向于认为自己特别愿意面对复杂性，但他们掌权后，也需要想方设法让自己的政策获得政治支持，需要时刻让自己保持平和心态。

情报机构则不会感受到同样的压力，毕竟它不承受决策负担，仅仅需要弄清楚这个世界的真实样子。如果最终抉择很困难，那就顺其自然。为政府的政策争取政治支持并不是情报机构的职责。因此，即使是情报官员不反对某项政策，也不会（或者说不应该）觉得有必要以一种有利于政策的方式去描述这个世界。在许多情况下，好情报会指出一项政策所隐含的成本和风险。这将使政策制定者更难明确地将自己的政策描述为最好的政策，并会促使人们重新陷入思考，引发人们对政策的质疑和不安。这并非因为情报界经常支持领导者不喜欢的政策，而是因为情报界往往给决策者提供更复杂、更矛盾的观点，这些观点可能不符合决策者的政治需求和心

---

[1] 史蒂文·霍姆斯的《政府在海地政策上自相矛盾》（"Administration Is Fighting Itself On Haiti Policy"），1993年10月23日载于《纽约时报》。这篇文章的标题就说明了问题：情报是行政的一部分，但却致力于独立分析。特雷弗顿认为，考虑到这个问题的敏感性和证据的软弱性，评估不应该是书面的，而应该是口头向政策制定者汇报。特雷弗顿的《重塑国家情报》，第188—189页。1948年至1949年，杜鲁门总统觉得必须从朝鲜撤军时，忽视了"可能会及时招致入侵"的评估。迈克尔·华纳主编的《冷战记录：杜鲁门时期的中情局》（CIA Cold War Records: The CIA under Harry Truman），第268页，该书由中情局情报研究中心于1994年出版。
[2] 菲利普·泰特洛克的《认知风格与政治意识形态》（"Cognitive Style and Political Ideology"），载于《人格与社会心理学期刊》1983年第45卷，第118—126页；泰特洛克的《意识形态推理的价值多元主义模式》（"A Value Pluralism Model of Ideological Reasoning"），载于《人格与社会心理学期刊》1986年第50卷，第819—827页。

理需求。讽刺的是，即使情报界带来了好情报，也可能招致决策者反感。人们可能认为林登·约翰逊会乐于接受中情局告诉他，即便越南屈服于共产主义，其他国家也不会屈服，但由于林登·约翰逊说服别人，甚至说服自己相信对越南动武政策合理性的前提是"多米诺骨牌理论"，因此他不会喜欢这种情报。[1]

我们倾向于认为更多的信息和更好的分析有助于确定一个更清晰的画面，但事实往往并非如此。在某种程度上，好的情报机构会对不同解读保持开放态度，并对存在差异的信息保持敏感，但这将给政治领导者造成难题。正如我们在前一章中所看到的，在伊拉克大规模杀伤性武器案例中，更好的情报会导致情报研判的确定性有所降低，而不是增强。后续一些情报机构改革措施的部分目标就是，确保情报评估过于确定的情形不会再次发生。这些改革措施是有效、有用的，但只有当情报评估与决策者偏好的政策相矛盾时，决策者才可能对这种改变感到高兴。因为变得谨慎之后，情报评估的影响就会减少。

## 决策者不愿意制订后备计划及接受政策失败迹象

一些因素不仅导致决策者低估决策过程中的取舍难度，还导致他们不愿意制订B计划，而且不愿意接受表明其政策失败的情报。与推动决策者制订后备计划，或者说B计划相比，拿出表明政策失败的情报更容易引起政府与情报机构的矛盾。领导者不愿制订B计划有几个原因，因为制定一项政策就已经困难重重，而再考虑制订B计划的负担往往更大。

---

[1] 参考《越南战事不利的影响》("Implications of an Unfavorable Outcome in Vietnam")，1967年9月11日载于《1948—1975年对越南的情报评估产品》，第394—426页，该书由国家情报委员会于2005出版；理查德·赫尔姆斯与威廉·霍德的《回顾我的中情局生活》(*A Look over My Shoulder: A Life in the Central Intelligence Agency*)，第314—315页，该书由纽约兰登书屋于2003年出版；罗伯特·麦克纳马拉和布莱恩·范德马克的《回顾越南的悲剧和教训》(*In Retrospect: The Tragedy and Lessons of Vietnam*)，第292—293页，该书由纽约兰登书屋于1995年出版。

或许更重要的是，其他人如果知道 B 计划的存在，可能会减少对 A 计划的支持。即使他们不喜欢 B 计划，B 计划的存在也会被视为泄露了领导者对自己的政策缺乏信心。领导者在心理层面很难考虑政策失败的情形。

这种例子比比皆是。当克林顿为了诱使塞尔维亚的斯洛博丹·米洛舍维奇（Slobodan Milosevic）从科索沃撤军而实施轰炸时，并没有制订 B 计划。政府官员认为这种 B 计划没有必要，因为米洛舍维奇显然会立即做出妥协。他们之所以坚信这一点，一定程度上是因为他们认为之前正是对波斯尼亚的短暂的、小规模的轰炸促使米洛舍维奇来到代顿市的谈判桌旁。这个推断即便正确，也不能充分支持"米洛舍维奇将不作抵抗地放弃科索沃"的结论。其结果是，克林顿政府被迫在军事和政治上仓促应对，幸运的是，最终结束了对抗。最近，缺乏 B 计划的最明显、最重要的案例是伊拉克。尽管情报表明的前景与政府主张相反，但政府高层官员认为伊拉克战后的政治和经济重建容易开展，既不需要短期计划来维持秩序，也不需要长期计划去平定叛乱，并建立一个稳定的政体。[1] 如果让小布什政府在开战之前就思考如何应对战后可能出现的艰难局面，将会导致他们在心理上和政治上付出高昂代价，这就是他们没有制订 B 计划的原因。

除非决策者愿意在必要时转而实施 B 计划，否则制订 B 计划意义不大，这意味着需要知道 B 计划是否有效。这比制订 A 计划更需要情报，所以政府领导者与情报机构的矛盾会更大。领导者倾向于尽可能长久地坚持自己的第一选择。19 世纪末，英国著名政治家索尔兹伯里勋爵（Lord Salisbury）指出："政治上最常见的错误是固守已死政策的尸体。"[2] 领导者

---

[1] 参议院情报特别委员会的《关于战后伊拉克的战前情报评估》；诺拉·班沙赫的《未完成的使命：伊拉克重建出了什么问题》，载于《战略研究期刊》2006 年 6 月第 29 卷，第 453—474 页。

[2] 格温多伦·塞西尔夫人的《索尔兹伯里侯爵罗伯特生平》（*Life of Robert, Marquis of Salisbury*）第二卷，第 145 页，该书由伦敦霍德和斯托顿出版社于 1921 年出版。当然，这里有一个选择效应在起作用，即如果一个国家改变了它的政策，我们永远不会知道继续执行原有政策是否会带来成功。比如，尽管目前的共识是越南从一开始就输给了美国，但一些人认为，更多的毅力（也许加上战术的改变）会给越

在制定政策时需要承担很多成本，一旦政策失误，没有达成基本目标，他们将会付出非常高昂的代价，比如失去职位，甚至在某些情况下会失去生命。事实上，对政策失败前景的抗拒程度，与政策失败后的成本大致成正比。在这方面，伊拉克再次提供了一个明确的案例。2007年年初，参议员约翰·麦凯恩（John McCain）解释说："对我而言，考虑失败很困难，会导致我无法采取下一步行动。"小布什总统宣布美国在伊拉克的政策将会成功，"因为它必须成功"。[1] 如果A计划尚有一丝成功的希望，而且被迫实施B计划的代价与坚持A计划的代价几乎一样大，那么坚持似乎注定要失败的A计划虽然对国家来说并不合理，但对领导者而言也许是合理的。[2] 一个明显的案例是，小布什在2007年年初决定增加驻伊拉克美军人数。之前的政策没有奏效，如果直接承认失败，会给美国和小布什本人带来重大损失；但他考虑增兵之后，即便增兵计划失败了，他付出的代价依然无非是承认之前的政策失败，并从伊拉克撤军，与不考虑增兵方案的代价相差无几。小布什在考虑增兵时，核心要素并不是预测增兵后美国是否能够成功实现目标。在大多数情况下，关于B计划的决策过程都需要预测成败，决策者很难不带偏见地进行预测。

　　情报官员在既定政策中不存在这样的利害关系，因此更容易发现政策失败的迹象。关于既定政策在伊拉克的实施进展，小布什政府的领导者看到的情况比情报界要多得多，这并不稀奇，但他们肯定不愿意接受政策失

---

南带来胜利。最新的此类说法是马克·莫亚的《被遗忘的胜利：越南战争（1954—1965）》（*Triumph Forsaken: The Vietnam War, 1954-1965*），该书由纽约剑桥大学出版社于2006年出版。

[1] 引自托德·普德姆的《良心犯》（"Prisoner of Conscience"），2007年2月载于《名利场》，第14页；大卫·桑格的《布什增加军队以确保伊拉克安全》（"Bush Adds Troops in Bid to Secure Iraq"），2007年1月10日载于《纽约时报》。

[2] 乔治·唐斯和大卫·洛克的《为复活而赌博》（"Gambling for Resurrection"），载于《最佳不完美？：国内不确定性与国际关系中的制度》，该书由普林斯顿大学出版社于1995年出版；《战争与惩罚：战争终止和第一次世界大战的原因》（*War and Punishment: The Causes of War Termination and the First World War*），该书由普林斯顿大学出版社于2000年出版。

败的迹象。[1] 本章伊始引用的约翰逊总统的观点是基于准确的观察。他说这句话的时候，可能在回想越南的事情，我的这个猜想可能很合理。情报机构很快就怀疑，轰炸越南民主共和国既不会切断他们的补给线，也不会诱使其领导层屈服；情报机构还对战事发表了悲观的报告，对于敌军兵力规模的评估超出了军方及约翰逊希望听到的数字。[2]

政策失败未必说明领导者是愚蠢的，毕竟这个世界是模糊的，成功的指标难以捉摸。如果很容易判断谁将赢得一场政治或军事斗争，那么这场斗争很快就会结束（或者压根就不会开始）。战争结束之后，不仅越南，其他国家也曾允许就替代政策的优点展开辩论。虽然德国由于"被人从背后捅了刀子"而输掉第一次世界大战是一个有失偏颇的说法，但如果最高军事领导者没有在1918年夏末失去勇气，它原本可以获得更好的和谈条件。

有时，即便领导者的推理过程存在错误，结局也可能表明他们是正确的。一个经典的例子是温斯顿·丘吉尔在1940年春季遇到的情况。当时，在法国陷落后，英国内阁弥漫着一股支持与德国和解的强烈情绪，但丘吉尔竭力劝阻和谈，因为他判断英国可能会获胜，依据是德国经济过度消耗，长期轰炸和游击战可能导致德国经济崩溃。这完全是丘吉尔一厢情愿的猜想，外交大臣不赞同他，并在日记中写道："温斯顿说的是最可怕的废话。当他应该让自己的大脑思考和推理的时候，他却使自己激动起来，真令人绝望。"[3] 幸运的是，丘吉尔凭借情绪和性格的力量占据了上风，阻

---

[1] 参考吉姆·鲁滕贝格的《关于伊拉克的黯淡报告却令布什乐观》（"Parts of Iraq Report Grim Where Bush Was Upbeat"），2007年7月15日载于《纽约时报》。

[2] 一个很好的总结可以参考中情局前高官哈罗德·福特撰写的《中情局和对越政策制定者：1962—1968年的三段插曲》（*CIA and Vietnam Policymakers: Three Episodes, 1962–1968*），该书由中情局情报研究中心于1998年出版；另见小托马斯·埃亨的《好问题，错答案：中情局对越南战争期间柬埔寨西哈努克城武器走私的评估》（*Good Questions, Wrong Answers: CIA's Estimates of Arms Traffic through Sihanoukville, Cambodia, during the Vietnam War*，2004年2月）。伊拉克的情况似乎与此类似。

[3] 大卫·雷诺兹的《丘吉尔和英国于1940年继续战斗的'决定'：正确的政策，

止了同德国和谈，但他的情报机构在这个决策过程中没有任何值得加分之举。在 B 计划是否必要的问题上，无论谁是对的，我们都应该预料到领导者和情报机构之间会发生矛盾。

## 信心和毅力

当一项政策失败时，一些反对者及后来的观察人士往往轻视领导者的坚持，认为这种毅力即便算不上愚蠢，至少可以说是固执，但这种情形下的毅力有诸多优点，我们或许不应低估。在很多案例中，原本看起来毫无希望的事情，最终都因为执行者的毅力而有了一个好结果。比如，曾经人们普遍认为阿富汗的"圣战者"无法将苏联人赶出阿富汗，但最终这些阿富汗"圣战者"却成功了。另外，曾有两位科学家花 20 多年时间致力于一项几乎所有人都认为是被误导了的研究，即了解下丘脑的功能，但他们最终独立取得突破性进展，赢得了诺贝尔奖。[1] 阿尔伯特·赫希曼

---

错误的理由》（"Churchill and the British 'Decision' to Fight on in 1940: Right Policy, Wrong Reasons"），参见理查德·兰霍恩主编的《二战期间的外交与情报》第 147—167 页，该书由纽约剑桥大学出版社于 1985 年出版。中央情报总监约翰·麦科恩最初知道赫鲁晓夫在古巴部署进攻性导弹的事情，部分原因也是基于错误推理。参考詹姆斯·布莱特和大卫·韦尔奇的《关于古巴导弹危机，情报能告诉我们什么？关于情报，古巴导弹危机能告诉我们什么？》（"What Can Intelligence Tell Us about the Cuban Missile Crisis, and What Can the Cuban Missile Crisis Tell Us about Intelligence?"），载于《情报和国家安全》1998 年秋季第 13 卷，第 5 页。我们总以为好情报会带来好政策，但有时情报不足反而是好事。比如，艾森豪威尔成为总统后，试图从欧洲撤出美国军队，给欧洲国家单独或集体提供核武器。参考马克·特拉亨伯格的《建设和平：欧洲定居点的形成（1945—1963）》（*A Construction Peace: The Making of the European Settlement, 1945–1963*），该书由普林斯顿大学出版社于 1999 年出版。尽管欧洲人和苏联人产生了一些怀疑，但美国人对于从欧洲撤军的计划严格保密。事实上，这些措施从未得到全面实施。这种保密不仅对美国，而且对欧洲人都非常重要。如果欧洲人掌握了更好的情报，就会在联盟内部引发一场后果不可预测的激烈争端。

[1]　尼古拉斯·韦德的《角逐诺贝尔：两位科学家为赢得世界上最令人垂涎的大奖而进行的 21 年竞赛》（*The Nobel Duel: Two Scientists' 21-Year Race to Win the World's*

（Albert Hirschman）指出许多人类事务中有"隐藏之手"，遮蔽了过程中的困难，导致无法事前看到非预期结果，反而促使人们勇于探索。我们如果提前看到前进道路上的障碍，就不会开始许多看似困难却最终成功的事情。[1] 比如，如果学者一开始就知道写论文的过程何其漫长和艰巨，那么会有多少学者会去写呢？

因此，虽然固执地按照某种方式看世界的欲望会导致错误，但拥有强烈动机还是很有必要的，有了强烈动机，人们才会开始付出努力，探索形成正确观点所需的必要信息。在很多案例中，面对一个新事物，人们做出的第一种解读，也是最明显的解读，其实是错误的，而只有那些对第一种解读感到不安的人才有动机去努力寻找其他解读。比如，里根政府曾经声称柬埔寨发生的"黄雨"和怪病是由越南人及其幕后资助者苏联使用非法毒素造成的，马修·梅塞尔森（Matthew Meselson）及其同事就做出了类似反应：他们强烈质疑里根政府的说法，认为苏联人不会这么做，而且他们强烈反对这种解读所引发的后续政策。于是，他们踏上了艰苦的东南亚探险之旅，结果发现黄雨只是一种自然现象，与当时报告的那种疾病没有关系。[2] 梅塞尔森及其同事想要得出这个结论并不意味着他们是错的（如今回想起来，他们几乎肯定是正确的），如果没有这种强烈的偏好，他们

---

*Most Coveted Research Prize*），该书由纽约双日出版社于 1981 年出版。

[1] 阿尔伯特·赫希曼的《隐藏之手的原理》（"The Principle of the Hiding Hand"），载于《公共利益》1967 年第 13 期，第 10—23 页。这就是为什么我们经常称赞人们坚持追求似乎已经失败却有价值的事业。最近的一个例子，参考彼得·阿佩尔鲍姆于 2007 年 7 月 15 日在《纽约时报》发表的《没有基于 DNA，但许多支持者说一个被定罪的杀人犯是无辜的》（"Not a DNA Case, but Many Supporters Who Say a Convicted Murderer is Innocent"）。这其中的阴暗面是一种"心理陷阱"，可能导致人们被拉入对自己或他人有害的活动中。乔尔·布罗克纳和杰弗里·鲁宾的《陷入不断升级的冲突》（*Entrapment in Escalating Conflicts*），该书由纽约施普林格出版社于 1985 年出版。

[2] 朱利安·罗宾逊、让娜·吉列明和马修·梅塞尔森的《黄雨：故事崩塌》（"Yellow Rain: The Story Collapses"），载于《外交政策》1987 年秋季 68 期，第 100—117 页。

不太可能付出巨大努力去挑战政府的解读。

信心是坚持不懈做一件事以及启动任何困难事业的必要条件。虽然它可能代价高昂，但在许多情况下是有效的，这有助于解释为什么人们普遍存在过度自信的倾向。[1] 如果我们的自信和我们的知识实现更好的匹配，我们的处境可能变得更好；但事实证明，心理最健康的人往往都有点乐观，容易高估自己掌控生活的技能和能力。[2] 对于肩负重任的决策者而言，这一点显得更为真切。亨利·基辛格曾说："历史学家很少公正地看待政策制定者的心理压力。"[3] 如果一位国家领导者只是客观地阅读一下相关证据，那么由此产生的信心可能会很少。这种情况下，他要么不做决策，要么在做出每一个决策之后遭到精神上的痛苦折磨。美国前国务卿迪安·艾奇逊明白这一点，他告诉政治学者理查德·诺伊施塔特（Richard Neustadt）说："我知道你的理论（即总统需要听取相互矛盾的观点），你认为应该给总统警告，但你错了，你应该给总统信心。"[4]

小布什总统曾对鲍勃·伍德沃德说："我知道你很难相信，但我从未怀疑过我们在伊拉克所做的事情。"对于这番话，几乎没有理由认为小布什总统显得不诚实。小布什总统意识到，就算不是自我欺骗，也要有一定

---

[1] 相关文献综述的概要，参见理查德·尼斯贝特和李·罗斯的《人类推理：社会判断的策略和缺点》（Human Inference: Strategies and Shortcomings of Social Judgment），第113—115页、第119—120页、第150—151页、第292—293页，该书由新泽西州普伦蒂斯-霍尔出版社于1980年出版。

[2] 谢莉·泰勒和乔纳森·布朗的《幻觉与幸福：精神疾病的社会心理学视角》（"Illusion and Well-Being: A Social Psychological Perspective on Mental Illness"），载于《心理学通报》1998年3月第103卷，第193—210页；泰勒的《积极幻想：创造性的自我欺骗和健康的心灵》（Positive Illusions: Creative Self-Deception and the Healthy Mind），该书由纽约基础图书出版社于1989年出版。参见多米尼克·约翰逊的《过度自信与战争：积极幻想的破坏与荣耀》（Overconfidence and War: The Havoc and Glory of Positive Illusions），该书由哈佛大学出版社于2004年出版。

[3] 亨利·基辛格的《白宫岁月》（White House Years）第483页，该书由波士顿的利特尔&布朗出版社于1979年出版。

[4] 引自约翰·斯坦布鲁纳的《决策控制论》（The Cybernetic Theory of Decision）第332页，该书由普林斯顿大学出版社于1974年出版。

程度的自我操纵。他说："总统必须是中流砥柱，如果我都虚弱了，那么整个团队就会虚弱……如果我对我们能力的信心削弱，它将在整个组织中产生涟漪效应。我的意思是，我们必须有信心，有决心，团结一致。"[1] 在海湾战争的空战阶段，中情局评估认为空战给敌军造成的破坏远远低于空军报告的数据，也达不到发动地面攻击所要求的破坏程度。当时负责空袭的将军诺曼·施瓦茨科普夫（Norman Schwarzkopf）要求中情局退出这项业务，理由不是中情局的评估出错了，而是这些评估削弱了军人们的信心，而信心恰恰是成功所依赖的。[2]

当然，在某些情况下，情报可以提供信心。二战期间德军密码的破译不仅给盟军军事和文职领导者提供了大量情报，使他们能够成功开展军事行动，而且普遍提振了他们的信心，让他们相信自己能够取胜。1962年，在古巴导弹危机最严重时，肯尼迪从其主要的苏联问题研究专家的报告中获得了信心，认为赫鲁晓夫愿意撤除苏联在古巴安装的导弹，而不需要美国承诺同时从土耳其撤军。[3] 然而，在大多数情况下，情报可能会提供一个复杂、微妙和模糊的画面。

当领导者不准备改弦更张的时候，不仅倾向于拒绝接受情报，而且轻视给他们提供信息的"信使"，即情报机构。他们会宣称情报机构帮

---

[1] 引自鲍勃·伍德沃德的《否认的状态：战争中的布什（第三部分）》，第325—326页及第371页，该书由纽约西蒙和舒斯特出版社于2006年出版；另见罗伯特·德雷珀的《毫无疑问：乔治·沃克·布什的总统任期》（*Dead Certain: The Presidency of George W. Bush*），该书由纽约自由出版社于2007年出版。但有趣的是，国务卿鲍威尔及其副手理查德·阿米蒂奇认为，自我怀疑是做好工作的必要条件，参考伍德沃德的《否认的状态：战争中的布什（第三部分）》，第325页。
[2] 理查德·罗素的《中情局在伊拉克的战略情报》（"CIA's Strategic Intelligence in Iraq"），载于《政治科学季刊》2002年夏季第117卷，第201—207页。
[3] 肯尼迪确实私下向赫鲁晓夫承诺在不久的将来撤掉导弹，但消息传到莫斯科时，赫鲁晓夫已经决定撤掉导弹，以换取肯尼迪不入侵古巴的承诺。关于情报增加信心的另一个案例，参见大卫·伊斯特的《20世纪60年代政府通信总部和英国的对外政策》（"GCHQ and British External Policy in the 1960s"），载于《情报与国家安全》2008年10月第23卷，第699页。

不上他们的忙（的确如此），宣称情报机构肤浅（有时的确如此），而且不忠诚（这种情况很少）。情报机构可能会失去接触决策者的机会，如果决策者处理的事情非常重要，情报甚至可能会失去大部分作用。因此，在20世纪30年代，当日本军事情报机构的一个部门发现，对外攻势非但没有使日本掌控它所需的原材料，反而在消耗日本经济，军方便对情报机构进行了改组，并将其边缘化。[1]美国军方在越南也做过类似的事情。美国国防部长罗伯特·麦克纳马拉（Robert McNamara）对美国国务院情报研究局的悲观报告做出了回应，认为不应该允许该局分析战场上发生的事情。[2]

一个令人感到安慰的说法认为，只有僵化的个人或组织才会这么做，但事实上，真正导致这种局面的因素并非一个组织的特征或领导者的个性，而是延续政策的愿望、持续获得政治支持的需要以及面对政策失败的心理痛楚。当美国林务局的研究部门发现，有确凿证据表明防止森林火灾的最好方法是"以火防火"，即允许森林管理人员定期烧去乔木下面的干枝、枯叶等易燃物，以预防起火。最后，这个研究部门被废除了，因为林

---

[1] 迈克尔·巴恩哈特的《日本准备全面战争：寻求经济安全（1919—1941）》（*Japan Prepares for Total War: The Search for Economic Security, 1919–1941*），第170—175页，该书由康奈尔大学出版社于1987年出版。不仅情报机构可能会带来不需要的消息和建议，其他机构也面临着要么调整观点，要么失去对领导层影响力的选择。在越南战争期间，参谋长联席会议似乎在大多情况下选择了前者。他们知道，只有在限制更少的情况下才能赢得战争的观点无法被决策者接受，便改变了观点，希望通过变得更加务实一些以获得更多的好处，于是他们给文职领导人开了一剂药性弱得多的药。参考麦克马斯特的《玩忽职守：约翰逊、麦克纳马拉、参谋长联席会议和导致越南战争的谎言》（*Dereliction of Duty: Johnson, McNamara, the Joint Chiefs of Staff, and the Lies That Led to Vietnam*），该书由纽约哈珀柯林斯出版社于1997年出版。伊拉克案例中似乎也发生了类似的情况。

[2] 托马斯·休斯的《与麦克纳马拉的交往经历》（"Experiencing McNamara"），载于《外交政策》1995年秋季第100期，第154—157页；路易斯·萨里斯的《麦克纳马拉的战争和我的战争》（"McNamara's War, and Mine"），1995年9月5日载于《纽约时报》。

务局的成立使命和真实特征就是防止森林火灾。[1]

## 第二节　情报要么来得太早，要么来得太晚

要让情报受到欢迎并发挥影响力，就必须出现在正确的时间，即在领导者遭遇问题困扰之后及做出决定之前，这是一个狭窄的时间窗口。人们可能认为，早期给领导者发出情报预警特别有用，因为这样就能预留一定的时间去影响领导者的决策倾向。但在许多情况下，决策者会有一个既定的政策，如果改变这个政策，领导者将付出高昂代价，而且早期预警很少表现出较强的确定性。

对领导者而言，关于世界上大部分地区的情报都无关紧要，因为他们太忙，只能关注那些最紧迫的事务。关于非紧迫事务的情报可能有助于创建政府的知识储备，并让级别较低的官员了解局势，但高层无暇听取这类情报。1978年秋季之前，关于伊朗的情报就属于非紧迫情报。我在第2章讨论过，关于伊朗的情报存在严重缺陷，不仅来自伊朗一线的情报数量不足，而且富有深度的形势评估报告比较匮乏。即便当时有更好的分析，也不会引起太多关注，因为总统及其高级助手正忙于其他问题和项目，最明显的紧迫任务是为中东缔造和平，这一努力的最高潮就是卡特总统在戴维营会见埃及总统萨达特和以色列总理贝京。一位中情局官员曾经对我说："我们不能在危机之前泄露关于伊朗的情报。"然而，几乎在危机袭来之时再呈送相关情报，一切都太晚了。高层官员往往很快确定了自己对局势研判的倾向和看法。这并不罕见，因为在核心问题上，决策者及其助手

---

[1] 阿什利·希夫的《火与水：林务局的科学异端》（*Fire and Water: Scientific Heresy in the Forest Service*），该书由哈佛大学出版社于1962年出版。

倾向于亲自分析情报。[1]

如果情报机构及时处理一些重要但不迫在眉睫的问题，或许就能发挥最大的影响力。我在前一章讲过，情报机构没有向小布什总统合理地提供任何会影响伊拉克问题基本决策的信息。假如情报部门早在20世纪90年代中期就能意识到萨达姆放弃了制造大规模杀伤性武器计划，或者即便没有放弃，而是推迟了这种计划，那么伊拉克问题的结局可能会改变。如果小布什上台之际，中情局这种研判已经成了美国社会关于伊拉克大规模杀伤性武器的标准观点，那么小布什及其同僚可能也会接受这一观点，毕竟那时他们还没有踏上战争之路。

有些信息和分析，如果决策者收到的时间早一些，就能发挥重要作用，但如果决策者收到的时间较晚，那么随着决策者的政策获得越来越多的支持，这些信息和分析将遭到忽视。这在军事行动中可以看得很清楚，因为战争比较容易划分为不同的思考阶段。一开始的焦点是作战能否成功，这意味着要密切关注敌军状态和发动奇袭的可能性。但随着战情发展，新情报很可能被用于战术目的，而不能对作战行动提出质疑。发起作战行动需要付出的努力越大，获准推进战事的难度越大，军方对表明作战行动或将失败的新情报的抵触就越大。

一个明显的案例是，1944年秋季的"市场花园行动"（Operation Market Garden）。英军将领伯纳德·蒙哥马利（Bernard Montgomery）主张将所有盟军兵力集中起来去攻击柏林，但遭到艾森豪威尔的断然拒绝。出于政治和军事原因，艾森豪威尔同意对德军控制的地区开展一场大胆但较为有限的闪电战，目标是夺取阿纳姆大桥。艾森豪威尔需要维持盟军的团结，需要安抚蒙哥马利，而且一直敦促蒙哥马利更加积极地进攻，这意

---

[1] 类似的论点，参考特雷弗顿的《重塑国家情报》，第183—185页。此外，在伊朗案例中，当中情局以及美国驻德黑兰大使在1978年11月初意识到危机的严重性时，大规模的暴乱导致了一个军政府的建立，我怀疑美国能做些什么来阻止霍梅尼掌权。参考查尔斯·库兹曼的《不可思议的伊朗革命》第137页，该书由哈佛大学出版社于2004年出版。

味着"艾森豪威尔一旦下定决心,就几乎不可能撤退"。[1] 就在进攻开始前不久,密码破译结果显示,德国在该地区的兵力比盟军预期的要多,训练也更好。如果他们早点知道,这次行动就不会被批准了。然而,一旦做出了基本决定,改变它的政治和心理成本非常高,以至于这个情报遭到忽视,结果导致空降到最后一座桥上的士兵付出了沉重代价。此外,英国将领之所以拒绝听从"英国1941年进军希腊几乎肯定会失败"的情报,也可以用同样的方式解释。中情局关于1971年美国入侵柬埔寨计划的悲观评估没有被转发给总统,因为中央情报总监赫尔姆斯意识到尼克松和基辛格已经下定决心,这种评估报告只会激怒他们,但后来的事实证明这些报告是准确的。[2]

## 第三节　认知倾向的重要性

当然,不仅决策者有自己的政策偏好,即便不提倡具有自己政策立场的情报机构,也会(而且必须)对世界和其他国家形成自己的看法。这可能是认知心理学中被证实最多的命题:一旦一个信念或印象被确立起来,新的信息就会被同化,不一致的、模糊的信息要么被忽略,要么融入既定的观点。改变固有观点既困难,又缓慢;过早的认知闭合具有强大影响,如同其他诸多心理过程一样,通常也是有用的,因为它保存

---

[1]　哈罗德·多伊奇《指挥官和情报的使用》("Commanding Generals and the Uses of Intelligence"),载于《情报与国家安全》1988年7月第3卷,第245页;有关案例,请参阅布莱恩·洛林·维拉的《未经授权的行动:蒙巴顿和迪耶普突袭》(*Unauthorized Action: Mountbatten and the Dieppe Raid*)等。

[2]　哈罗德·多伊奇《指挥官和情报的使用》,第206—207页;斯坦斯菲尔德·特纳的《阅前即焚:总统、中情局局长和秘密情报》,第128页,该书由纽约亥伯龙出版社于2005年出版。

了认知资源，为决策提供了便利。[1] 在一个完美世界里，情报机构可以有意识地、尽可能长久地保持开放心态，鼓励从不同视角观察事物。每个人都想让自己的想法跑在别人前面，他们及其组织都有强大的动机，尽可能迅速地将新情报及其对新情报的研判提交给领导者。情报部门也有强烈动机去消除人们对它的刻板印象，即情报机构往往不愿得出一个确定的结论。正如我们在前一章所看到的，中情局很快采纳了关于萨达姆铝管的一种解读，虽然越来越多的证据表明了相反的情况，它也不愿意改弦更张。

因此，情报机构往往有自己坚定的信念，从关于政治和人性的一般理论到对手的形象，再到对具体形势的看法，这些信念体现在多个抽象层面。[2] 情报界的信念并不是统一的，如同决策圈一样，也经常存在分歧。在冷战期间，情报界内部的一部分人比其他人更担心苏联，对相关问题存在严重分歧。在这些情况下，分析人员如同政策制定者一样，很难改变自己的观点，并认为大多数新的情报都证实了自己的预期。在战术情报层面也是如此。一个引人注目的案例是，在伊朗—伊拉克战争尾声时，美国"文森斯"号航空母舰意外击落了一架伊朗客机。其中一个关键错误是，雷达操作员误读了雷达屏幕上显示的飞机轨迹，误以为它正向"文森斯"号俯冲过来。与此相关的是，"文森斯"号舰长对船员进行了非常积极的培训，此种培训使他们产生了这种袭击将会发生的预期，

---

[1] 参见罗伯特·杰维斯的《桥梁、障碍和差距：研究和政策》，载于《政治心理学》2008年8月第29卷，第578—581页。关于基于医学诊断视角的讨论，请参阅杰尔姆·格罗普曼的《医生如何思考》（How Doctors Think），该书由波士顿霍顿·米夫林出版公司于2007年出版。

[2] 魔术师们都很清楚，预期和倾向的力量非常强大，只有当欺骗符合感知者预期的状态时，欺骗才能起作用，而且效果最好。希特勒在1941年6月袭击苏联的欺骗计划，如果不是斯大林从一开始就预期希特勒会在诉诸公开战争之前施压并发出最后通牒，就不会成功。1944年6月，盟军就他们在欧洲的登陆地点广泛而巧妙地误导希特勒，同样也奏效了，因为希特勒确信加莱是最好的登陆地点。这也意味着，情报在促进欺骗方面的一个重要作用是了解对方的预期。

由此确立的思维模式导致他们倾向于将证据解读（或者说误读）为敌人正在发起袭击。附近的一艘驱逐舰没有以这种方式进行训练，它的操作员就正确读取了雷达轨迹。[1]

前面的段落揭示了决策者经常拒绝情报的另一个原因。决策者对许多最重要问题的回应，其实背后都涉及他们对世界政治的看法以及对研判目标的印象，而且就算不涉及他们的意识形态，也涉及他们对外部世界的一些总体看法。比如，小布什对萨达姆的个人看法在很大程度上取决于他对暴君行为的固有印象。如果情报部门解释说萨达姆不是一个主要威胁，不可能帮助恐怖分子，也不可能试图主导中东地区，那就可能对小布什没有说服力。出现这种情况的原因，并不仅仅在于小布什思想保守。这类情报不仅来自对萨达姆行为的详细分析，而且来自对政治甚至人性的理解。在这种情况下，决策者根据自己的观点而不是情报机构的研判采取行动，既在意料之中，也是合情合理。人们常说：“政策制定者有权制定自己的政策，但无权制定事实。”[2] 然而，事实不能为自己说话，关键的政治判断往往产生于政策和事实之间的间隔区域。

虽然国家安全委员会工作人员不适合问"2003年11月做出悲观预测的巴格达情报站站长究竟是民主党人还是共和党人"这个问题[3]，但询问一个人的总体政治观点，对乐观主义和悲观主义的倾向，对如何平定叛乱的总体看法，以及对在一个冲突社会中实现稳定有多困难的看法，并没有

---

[1] 参考大卫·埃文斯的《"文森斯"号案例研究》。具有讽刺意味的是，这一悲剧事件帮助结束了战争，因为伊朗领导人认为美国是故意这么做的，这是其反伊朗运动的一部分。他们推断，除非战争得到解决，否则可能会有更严重的惩罚。

[2] 参考乔治·特尼特和比尔·哈洛合著的《在风暴中心：我在中情局的岁月》，第317、348页，该书由纽约哈珀柯林斯出版社于2007年出版。

[3] 詹姆斯·瑞森的《战争国家：中情局和布什政府秘史》，第130页。有关分析人员世界观重要性的讨论，请参阅小大卫·穆勒的《情报：红与蓝》（"Intelligence in Red and Blue"），载于《国际情报与反情报期刊》2008年春季第21卷，第1—12页；另见休·迪伦的《英国与导弹差距：英国对苏联弹道导弹威胁的评估（1957—1961）》（"Britain and the Missile Gap: British Estimates on the Soviet Ballistic Missile Threat, 1957-1961"），载于《情报与国家安全》2008年12月第23卷，第794—796页。

什么不妥之处。对决策者而言，倾听与自己具有共同价值观和想法之人的意见，不仅是一件令人欣慰的事，而且他们觉得这么做才真正有意义。他们有理由怀疑那些世界观不同之人所做的分析，因为人们在分析一件事情的时候，无论如何努力做到客观，最终给出的解读都难免受到自身总体信仰和世界观的影响。

因此，不足为奇的是，人们很少在涉及核心问题的争论中被别人说服。在整个冷战期间，一直存在关于苏联本质意图的争论，改弦更张的人很少，被不同情报或分析动摇的人更少。在诸如其他国家的性质和意图，以及历史趋势的存在和特点等广泛问题上，我们暂且不说一个人的鹰派或鸽派倾向与生俱来，人们的信仰更多是由其总体性的世界观、倾向和意识形态决定的，而不是由情报拼凑起来的那种具体证据决定的。[1]为什么中央情报总监约翰·麦科恩（John McCone）能够预测到苏联向古巴运送导弹，而他的分析人员却没预测到？这并非因为他们研究的证据存在差异，也不是因为麦科恩比下属的分析人员更慎重，而是因为他坚信核平衡能够影响世界政治，而且赫鲁晓夫具有借助核平衡去改善自己地位的强烈动机。再举一个例子。在二战爆发之前，英国外交部常任副大臣罗伯特·范西塔（Robert Vansittart）是绥靖政策的主要反对者，他早在1933年2月就曾预测，德国人"很可能依靠未来的机械武器，比如坦克、大炮，尤其是军用飞机，获得军事力量……"18个月后，他在批评英国军方对纳粹势力的崛起反应迟缓时说："预言在很大程度上是洞察力的问题。我认为军事部门的洞察力不够，他们可能会说我洞察力太强，但答案在于我更了解德国人。"[2]尽管当代领导者可能不会在决策过

---

[1] 人格也可能起着很大的作用，尽管这很难确定。参考劳埃德·埃瑟利奇的《男人的世界：美国外交政策的私人来源》（*A World of Men: The Private Sources of American Foreign Policy*），该书由麻省理工学院出版社于1978年出版；索尔·弗里德兰德和雷蒙德·科恩的《国际冲突中好战性的人格关联》（"The Personality Correlates of Belligerence in International Conflict"），载于《比较政治》1975年1月第7卷，第155—186页。

[2] 引自唐纳德·卡梅伦·瓦特的《英国情报与第二次世界大战在欧洲的到来》

程中诉诸自己的直觉，但他们很可能对世界的运行方式和一些国家的情况有着根深蒂固的看法，从这个意义上说，他们倾向于充当自己的情报分析人员。

情报界与政治领导者在认知倾向上的差异，有助于解释为什么当共和党掌权时，冲突往往较为严重。出于某种原因，共和党籍的领导者倾向于认为情报分析人员主要是自由主义者，怀疑情报机构喜欢阻挠和为难政府，但这种怀疑通常是错误的。鉴于情报界大多数成员的世界观与共和党人不同，共和党人有理由怀疑情报界在诸多问题上的分析。如同其他人一样，情报分析人员往往也会低估自己对特定证据的解读究竟在多大程度上受制于固有的总体倾向，所以，很多情报人员认为领导者之所以经常拒绝接受情报部门观点，是思维封闭和意识形态造成的。人们在不同程度上受制于自己对外部世界固有看法的影响[1]，领导者的立场有一定程度的合理性，而情报界往往无法把握住这一点。里根总统及其同僚（包括中央情报总监威廉·凯西）相信，情报界关于苏联不支持恐怖主义、不容易受到经济压力影响的评估，更多是情报人员自由主义倾向的产物，而非证据的产物。在这一点上，里根及其同僚可能是正确的。因此，他们认为在没有向情报界施加压力的情况下无视情报界是有道理的，而这又导致对情报政治化的指责，我接下来就谈一谈这个话题。

---

（"British Intelligence and the Coming of the Second World War in Europe"），此文收录于欧内斯特·梅主编的《了解敌人：两次世界大战之前的情报评估》第268页，该书由普林斯顿大学出版社于1984年出版。

[1] 细致的研究表明，那些不太受理论影响的人更有可能做出更准确的预测，并在面对不一致的证据时更好地调整自己的观点。参考菲利普·泰特洛克的《专家政治判断》（Expert Political Judgment: How Good Is It? How Can We Know?），该书由普林斯顿大学出版社于2005年出版；另参考米尔顿·罗基奇的《开放与封闭的思维：信仰系统和人格系统本质的调查》（The Open and Closed Mind: Investigations into the Nature of Belief Systems and Personality Systems），该书由纽约基础图书出版社于1960年出版。

## 第四节　情报政治化

前一章解释了我为何认为关于伊拉克大规模杀伤性武器的情报失误不能归因于情报机构屈从于政治压力，即情报机构迫于政治压力，只对领导者讲他们想要听到的话。然而，这并不意味着情报政治化问题不存在。它可以表现为多种形式，其中最明目张胆的政治化形式就是领导者明确告诉情报机构应该得出什么结论。不那么明显的政治化形式包括：对给出"错误"答案的情报人员，予以降职；对观点与最高领导者一致的情报人员，予以升职；对做出令人不安的评估结论的情报部门，削减划拨给该部门的资源数量。此外，一些分析人员担心职业生涯会因写出不受欢迎的报告而受阻，结果下意识地受到一些偏见的误导。还有一种比较难以捉摸的政治化或许就是一位分析人员所说的"不作为式政治化"，即情报人员由于担心评估结果会触怒上级，刻意选择不作为，不将某些问题纳入评估范围。[1] 情报人员承受的压力和评估的确定性程度之间存在微妙的相互作用。我怀疑伊拉克大规模杀伤性武器评估过于确定的一个原因就是分析人员了解决策者想要什么结论。相反，当分析人员不确定自己的研判是否准确时，最有可能出于政治原因跟领导者保持一致，在困难较大或富有争议的问题上经常出现这种情况。

很少有人能找到像这样的情报政治化案例：约翰逊总统对中央情报总监理查德·赫尔姆斯说："迪克，我需要一份关于越南的报告，我会告诉你我想让它包含什么内容。"[2] 中情局专家曾经告诉国会，情报部门不相信

---

[1] 约翰·金特利的《失去的承诺：中情局的分析如何辜负了国家》，第35—37页。约书亚·瑞夫纳的《锁定真相》对各种形式的情报政治化做了最好的综合分析。

[2] 引自拉尔夫·韦伯主编的《间谍头子：十名中情局官员的原话》(*Spymaster: Ten CIA Officers in Their Own Words*)，第251页。然而，尚不清楚约翰逊是在口述所需报告的主题，还是必须得出的结论。赫尔姆斯在《回顾我的中情局生活》第339—340页中描述的事件，也存在一些模棱两可之处。后来，在评估越南敌军规模的争议中，他受到

苏联的新型多弹头导弹能威胁到美国的战略部队,这与政策制定者的说法相反,基辛格对情报部门几乎做出了同样明目张胆的反应:他下令修改评估报告,当修改后的评估报告仍然与政策制定者的看法存在不一致时,他甚至要求赫尔姆斯删除令其不悦的段落,理由是这不是"确凿"情报,只是对苏联意图的猜测,情报机构在猜测方面缺乏特殊资质。[1]

这个案例折射了情报政治化这个概念存在的模糊性,而且当政治领导者不同意评估结果时,很难在领导者应该做什么以及不应该做什么之间划清界限。[2] 情报部门表示:"我们认为,在评估期限之内,苏联获取先发

---

政治压力,关于这一点的讨论,见该书第324—329页。中央情报总监特尼特被政策制定者施压,得出"基地"组织和伊拉克萨达姆政府之间存在重大联系的结论,关于这一点,参考《在风暴中心》第349—350页。关于要求世界银行的分析人员撰写支持银行政策和特定项目的论文,参见迈克尔·戈德曼的《帝国的本质:全球化时代的世界银行和社会正义的斗争》(*Imperial Nature: The World Bank and Struggles for Social Justice in the Age of Globalization*)第127页,该书由耶鲁大学出版社于2005年出版。

[1] 斯坦斯菲尔德·特纳撰写的《阅前即焚:总统、中情局长和秘密情报》,第130—132页;约翰·普拉多斯的《苏联的评估:美国情报分析和俄罗斯军事实力》(*The Soviet Estimate: U.S. Intelligence Analysis and Russian Military Strength*),第218—224页;赫尔姆斯的《回顾我的中情局生活》,第386—388页。一种似是而非的说法声称,里根政府在用武器交换人质期间,出于政治考虑隐瞒了关于伊朗"温和派"状况的信息,参考1986年12月2日伊朗分析人员给中央情报副总监的备忘录,这份备忘录收录于约翰·金特利《失去的承诺:中情局的分析如何辜负了国家》,第276—281页。

[2] 关于划定这样的界限,可以查看罗伯特·盖茨出任中央情报总监时对分析人员发表的演讲。此前,关于他在担任威廉·凯西副手期间是否将情报政治化的听证会引发了巨大争议。参考罗伯特·盖茨的《防范政治化》("Guarding against Politicization"),载于《情报研究》1992年第36卷,第5期,第5—13页。另见杰克·戴维斯的《情报分析人员与政策制定者:关系紧张的利与弊》,载于《情报与国家安全》2006年12月第21卷,第999—1021页。理查德·贝茨在《情报的敌人》第4章指出情报机构在处理情报分析过程中存在两个模式,一个模式基于其创始人之一的分析人员谢尔曼·肯特的理念,强调情报与政策制定者保持距离的必要性;另一个模式是由罗伯特·盖茨在担任中央情报总监期间形成的,强调情报向政策制定者靠拢的必要性,以便能够表达政策制定者的关切。前者存在导致情报与决策互不相关的风险,后者存在导致情报政治化的风险。贝茨还指出,对于重要的问题,"任何相关分析都必须带有政治色彩,因为它至少会含蓄地指向一个关于政策的结论"。

制人的打击能力的可能性非常小。"[1] 这一预测是合理的，而且被事实证明是正确的，依赖于对苏联体制和苏联领导者目标的研判，这些都是最高政治领导层才能回答的问题。另一方面，领导者要求情报部门对对手意图保持沉默是很奇怪的。事实上，在福特政府后期，一些强硬派人士召集了一批具有鹰派倾向的外部专家，组成了B队，对情报部门的评估结果进行审议，最后强烈批评情报界只关注能力，而忽视意图。

因此，不足为奇的是，关于情报工作是否发生政治化的争论，很少能得到轻易解决。[2] 在某些情况下，掌握一手情报的人在争论中有重大利害关系。在其他情况下，一盘会议录像带也可能无法告诉我们究竟发生了什么。办公室主任是在哀叹一项评估会让他与政策制定者发生冲突，还是他在建议情报机构改变评估结论？当中央情报总监或其高级助理强烈批评一份评估报告草案的证据不足，或没有考虑替代性选择，或结论偏离证据时，他究竟是在履行工作职责，还是在施压下属以得到不同的答案？当副总统办公室和国防部长办公室的人叮嘱分析人员务必一遍又一遍地查看萨达姆和"基地"组织之间联系的证据，并一再追问他们为什么要忽视报告这种联系的线人时，他们只是在尽职尽责地询问吗？[3]是分析人员过于敏感，还是领导者和管理者过于自信？领导者的眨眼和

---

参考罗伯特·盖茨的《防范政治化》，第75页。也可参见格雷戈里·特雷弗顿的《情报分析：在政治化和无关性之间》（"Intelligence Analysis: Between 'Politicization' and Irrelevance"），收录于罗杰·乔治和詹姆斯·布鲁斯合著的《分析情报》，第91—104页；另见杰克·戴维斯的《1949年肯特—肯德尔之争》（"The Kent-Kendall Debate of 1949"），载于《情报研究》1992年第36卷，第5期，第91—103页。

[1] 斯坦斯菲尔德·特纳的《阅前即焚：总统、中情局长和秘密情报》，第132页。
[2] 当情报被彻底政治化时，就不会出现这方面的证据。当权力不需要公开动用时，才是最有效的。如果一个情报机构充满了了解、赞同领导者观点的人，那么情报将自发地支持领导者，并不会留下任何痕迹。理查德·罗素的《改善战略情报》，第121页；约翰·戴蒙德的《中情局与情报失误的文化》，第43页。情报分析人员的自我审查也令外界无法察觉，参考《中情局与情报失误的文化》，第19页。
[3] 关于相关国家情报官员对后一个案例的讨论，参考保罗·皮勒的《情报、政策和伊拉克战争》，载于《外交事务》2006年3/4月第85卷，第15—28页。

点头，表扬和指责，升职和不升职，都有多种原因和解释。我怀疑，在许多案例中，分析人员的研判结论其实取决于他站在争论的哪一边，因为评论人士和参与者都会带着自己的偏见和理由去看待或拒绝关于领导者施压情报机构的说法。

具有讽刺意味的是，尽管许多人批评情报界在伊拉克大规模杀伤性武器问题上强调了政治化的危险，但一些改革（每次发生情报失误后都会出现一些改革措施）表明，要区分一个良好的情报程序与一个受非法政治关切驱动的情报程序，其实非常困难。传统观点认为，好的分析人员会质疑自己的假设，寻找替代性解读，检视概率较低的解读以及那些看起来更有可能正确的解读，仔细核查情报来源，避免过度服从领导者看法。在这种情况下，问题在于面对反复盘问，分析人员可能认为盘问者是在逼迫自己给出不同的评估结果。对此，显而易见的应对之策就是，情报用户和情报机构管理者必须针对所有重要评估结论发起盘问，而不仅仅针对自己反对的评估结论。这种做法是有道理的。回顾一下以前被指控政治化的案例，看看是否只有那些产生领导者所说"错误"答案的评估，才会遭到反复盘问并被打回情报机构作复核。

即便这样做，也不是绝对正确的。如果我所说的政治领导者和高级情报管理人员有权拥有自己广泛的政治观点是正确的，那么他们就有权特别仔细地审查他们认为不正确的研判。[1] 因此，政治领袖们坚持要求情报界不断重新评估"萨达姆和'基地'组织之间没有重要联系"的结论，不仅是因为他们想要一个不同的答案，还因为他们对外部世界的固有认知导致他们预计存在这种联系，他们认为情报界的评估之所以同自己的看法截然相反，原因在于情报界的评估不是基于详细的证据，而是受到在情报界

---

[1] 保护下属免受政治压力是情报机构高官的职责。但如果他们可能听取情报报告，他们也必须非常仔细地审查不受欢迎的评估，努力确保所有的反对意见都得到体现，并规避过分的要求。在下属看来，这种审查可能是不合理的政治压力，从某种意义上说的确如此。

占主导地位"政治敏感性"的误导。[1] 当证据与政策制定者想要推行的政策相悖时，政策制定者要求更高水平的情报证据并非完全错误。[2] 这意味着更加深入地探讨研判依据以及替代性解读（这是良好情报程序的目标），有可能提高情报政治化的概率，也提高了分析人员提出政治化指控的概率（这种指控有可能是错误的）。

最后，应该指出的是，一些所谓的政治化现象恰恰说明不存在政治化。比如，在入侵伊拉克后，经常有人批评美国领导者促使情报政治化，证据是领导者歪曲情报所说，并选择性地公开那些支持他们政策的报告。这种批评并不妥当，反而凸显了情报工作政治化的缺失或失败，因为如果情报机构屈从了政府的意愿，那么领导者只要准确描述一下情报机构所说的内容就符合政府的目标了，而没有必要去挑选或歪曲情报界的评估。只有当情报无法提供政策制定者所需的信息时，政策制定者才可能不得不对外歪曲情报评估的内容。

## 第五节　情报失误

如果说对于情报准确性的预期，导致政策制定者寻求能支持其立场、

---

[1] 道格拉斯·费斯的《战争与决策》，该书由纽约哈珀柯林斯出版社于 2008 年出版。
[2] "有一次，一名分析人员宣称已经有可靠证据表明某个可能削弱政府举措的事态'几乎肯定正在发生'时，一名政策批评者揶揄道，这名分析人员的证据肯定非常确凿，即便在美国法庭上也能为一级谋杀开脱罪责。"参考杰克·戴维斯的《情报分析人员与政策制定者：关系紧张的利与弊》，载于《情报与国家安全》2006 年 12 月第 21 卷，第 1004 页。几年前，保罗·沃尔福威茨曾表示，当分析人员否认一个存在争议的问题的不确定性时，通常会被用作政策领域的武器，但我认为，他很可能会将任何质疑大规模杀伤性武器问题的行为视为帮助反战人士。戴维斯的《情报分析人员与政策制定者：关系紧张的利与弊》，载于《情报与国家安全》2006 年 12 月第 21 卷，第 1006 页。

增强其信心的评估结果,那么,如果政策制定者知道情报往往存在失误,则会导致他们在评估报告对自己不利时选择无视或忽略。情报失误的确很普遍,尽管改革举措可以带来一些改进,但这种改革面临一些内在的限制。情报失误问题肇始于不完整的、误导性信息普遍存在,而且我们在理解世界方面存在困难。[1] 我们在处理困难问题,甚至在理解自己所处的自然环境时,能力都是有限的。比如,虽然专家们一致认为世界气候正在发生变化,而且这种变化至少在一定程度上是由人类活动造成的,但仍然存在大量未解谜题。比如,任何生态实验或改变都能揭示许多意想不到的关系和后果。[2] 再比如,任何人患上非同寻常的疾病之后都会知道医学诊断的局限性。[3]

---

[1] 参考理查德·贝茨的《分析、战争与决策:为什么情报失误是不可避免的》,载于《世界政治》1978年10月第31卷,第61—89页。艾略特·科恩将这种观点称为"无过错派"。艾略特·科恩和约翰·古奇的《军事灾难》,第40—43页,该书由纽约自由出版社于1990年出版。要想很好地反驳"无过错派",请参阅贝茨的《情报的敌人》,第27页及第185—186页。本书前几章展示的许多情报失误,原本是可以避免的。关于这一争议的评论,请参见亚瑟·霍尼格的《情报研究理论建设的新方向》,载于《国际情报与反情报期刊》2007年冬季第20卷,第699—716页。关于另一个领域的平行讨论,参见奥林·皮尔基和琳达·皮尔基-贾维斯的《无用的算术:为什么环境科学家不能预测未来》(Useless Arithmetic: Why Environmental Scientists Can't Predict the Future),该书由纽约哥伦比亚大学出版社于2007年出版。

[2] 关于更多的讨论和例子,参考罗伯特·杰维斯的《系统效应:社会和政治生活的复杂性》,该书由普林斯顿大学出版社于1997年出版。

[3] 比如,参考杰尔姆·格罗普曼的《医生如何思考》;杰克·道伊和亚瑟·埃尔斯坦主编的《专业判断:临床决策读本》(Professional Judgment: A Reader in Clinical Decision Making),该书由剑桥大学出版社于1988年出版;亚瑟·埃尔斯坦等人的《医学问题解决:临床推理分析》(Medical Problem Solving: An Analysis of Clinical Reasoning),该书由哈佛大学出版社于1978年出版;莱斯特·金的《医学思维:历史序言》(Medical Thinking: An Historical Preface),该书由普林斯顿大学出版社于1982年出版;帕特·克罗斯凯里的《在临床决策中实现质量:认知策略和偏见检测》("Achieving Quality in Clinical Decision Making: Cognitive Strategies and Detection of Bias")一文,载于《学术急诊医学》2002年11月第9卷,第1184—1204页;斯蒂芬·马林等人的《将情报分析模式应用于医学职业》("Modeling an Intelligence Analysis Profession on Medicine"),载于《国际情报与反情报期刊》2006—2007年冬季第19卷,第642—665页。

### 欺骗

国际情报工作比较困难的一个原因是，对手经常隐瞒和欺骗。许多突袭案例表明，即便是发动一场战争所需的大规模战前准备工作，往往也可以用似是而非的措辞去描述。[1] 此外，官员们可能会欺骗自己的同事，结果导致即便其他国家拿到绝佳情报，知道这个官员私下讲话的内容，但他的讲话其实具有误导性。美国之所以在伊拉克大规模杀伤性武器问题上被欺骗，一个原因是萨达姆故意欺骗了伊拉克政府中的其他人员。在1941—1942年的北非战争中，英国遭受了类似问题的困扰。德国将军埃尔温·隆美尔（Erwin Rommel）有个习惯，就是在向上级发送信息时夸大物资短缺的情况，以便争取让上级为其输送更多物资。破解无线电通信的英国人忘记了一个简单的规则："阅读一个人的通信并不等于读到他的思想。"[2]

当然，这并不是说欺骗行为实施起来很简单，也不是说欺骗总是有效，但它拥有辉煌的过去，而且未来欺骗行为依然会大行其道。如果人们

---

[1] 我在《信号与欺骗：国际关系中的形象逻辑》中从理论层面讨论了欺骗行为，并给出了许多案例。关于这一点，可另参考巴顿·鲍耶的《作弊》（Cheating），该书由纽约圣马丁出版社于1980年出版；查尔斯·克鲁克尚克的《二战中的欺骗》（Deception in World War II），该书由牛津大学出版社于1980年出版；迈克尔·霍华德的《二战中的英国情报》（British Intelligence in the Second World War）第5卷之《战略欺骗》一书，该书由英国皇家出版局于1990年出版；撒迪厄斯·霍尔特的《欺骗者：二战中的盟军军事骗局》（The Deceivers: Allied Military Deception in the Second World War），该书由纽约斯克里布纳出版社于2004年出版。关于偷袭的经典著作，参考罗伯塔·沃尔斯泰特所著的《珍珠港：预警与决策》，最好的综合性研究参考理查德·贝茨的《突然袭击》。一种说法认为，要识破对手的欺骗行为，关键在于监视对手的动员情况。我认为这种说法在许多情况下是正确的，但有些夸大其词。参考辛西娅·格拉博的《预判突袭：战略预警分析》。

[2] 彼得·卡尔沃科雷斯的《超级机密》（Top Secret Ultra）第124页，该书由纽约巴兰坦图书公司于1980年出版。另一个案例可以参考马修·艾德的《秘密哨：国家安全局不为人知的故事》（The Secret Sentry: The Untold Story of the National Security Agency）第30页，该书由纽约布卢姆斯伯里出版社于2009年出版。

在日常生活中都不断被伴侣的不忠吓到，那么我们凭什么期待政府做得更好呢？[1]事实上，当我们知道欺骗行为非常普遍之后，会造成诸多麻烦，因为这种认知会促使我们贬低许多正确的信息。比如，斯大林曾经驳回潜伏在美国洛斯阿拉莫斯国家实验室的苏方间谍发回的情报，理由是美国人不可能如此无能，竟然允许美方最秘密的设施遭到渗透。

任何硬币都有两面。知道对方可能在欺骗自己，固然会给自己造成困扰，但也可用以解释几乎所有的信息差异。正如我在前一章所讨论的，伊拉克的否认和欺骗将美国引入歧途，从而解释了为什么美国情报界只看到大规模杀伤性武器计划的零星迹象。同样，1941年，斯大林否认了大量关于德国即将进攻苏联的情报，理由是这些情报是英国人编造的，目的是挑起德国和苏联之间的战争。[2]

## "罗生门"般的国际政治

情报失误的根本原因是，在许多情况下（如果不是大多数情况），不同国家看待世界的方式以及看待彼此的方式存在很大差异，理解对方的世界观是很困难的。如果一个国家的行为是由其所处的环境决定的，而且这种环境很容易明确界定，那么了解这个国家就比较简单，不然其他国家必须耗费更多精力去了解该国的目标是什么，以及它如何看待这个世界。冷战结束后，多国官员聚集在一起开会时惊讶地发现，他们很难理解彼此的一些做法。国际政治有时被描绘成一盘国际象棋，这显然是错误的，因为在国际象棋中，一切都是公开的。更老练的观察人士将国际政治描述为扑克游戏，但即便如此，也存在误导性，因为参与者经常在玩不同的游戏，

---

[1] 为什么人们会忽略一段关系即将崩溃的信号？有人研究了与此相关的问题同情报的相关性。参考戴安·沃恩的《分手：亲密关系的转折点》（*Uncoupling: Turning Points in Intimate Relationships*），该书由纽约牛津大学出版社于1986年出版。

[2] 最完整的记述是大卫·墨菲的《斯大林知道什么：巴巴罗萨之谜》（*What Stalin Knew: The Enigma of Barbarossa*），该书由耶鲁大学出版社于2005年出版；也可参考杰弗里·罗伯茨的《斯大林的战争》（*Stalin's Wars*）第3章，该书由耶鲁大学出版社于2007年出版。

而且没有意识到这一点。因此，国际政治更类似于日本一则寓言所说的"罗生门"，在这个寓言中，每个参与者都以不同的方式看待彼此之间的互动以及看待他人。

如果要完整论述为何国际政治更类似于"罗生门"，需要对国际政治做一个全面分析。所以，考虑到篇幅，我在此处仅做简要探讨。了解别人的真实想法是情报工作的一项重要任务，这恰恰也是情报为何经常出错的根本原因。即便在盟友之间，即便在不涉及文化和政治制度差异的情况下，照样会出现情报失误问题。英美两国官员发现，在1956年苏伊士运河危机中，就出现了这个问题。[1]

许多方面的敌意和距离加剧了国家之间相互理解的困难。苏联入侵阿富汗的一个原因是，他们担心阿富汗政权会寻求美国支持。美国分析人员事先根本没有意识到苏联入侵阿富汗的可能性，并低估了当时苏联承受的压力。反过来，苏联由于知道自己并没有威胁到波斯湾，所以判断美国的强烈反应并不是针对他们入侵阿富汗做出的回应，而是一场事先策划好的进攻的表现。[2] 同样，在1982年阿根廷占领马尔维纳斯群岛之前，英国和阿根廷都严重误判了对方。具有讽刺意味的是，事实上英国人明白自己面临的弱势，特别是在岛屿容易遭到阿根廷渡轮切断方面，导致英国情报部门面临的任务更加艰巨。正如劳伦斯·弗里德曼（Lawrence Freedman）所解释的那样，因为"形式较弱的施压就会给英国带来足够大的麻烦，所以阿根廷似乎没有必要越过底线，如此粗暴地违反国际法基本准则，在用尽其他施压方式之前肯定没有必要"。[3] 英国不理解的一件事是，阿根

---

[1] 经典的研究是理查德·诺伊施塔特的《联盟政治》（*Alliance Politics*），该书由哥伦比亚大学出版社于1970年出版。

[2] 雷蒙德·加托夫的《缓和与对抗：从尼克松到里根的美苏关系》（*Detente and Confrontation: American-Soviet Relations from Nixon to Reagan*）第964—965页，该书由布鲁金斯学会于1985出版。

[3] 劳伦斯·弗里德曼的《马尔维纳斯群岛战役正史》（*The Official History of the Falklands Campaign*）第1卷之《马尔维纳斯群岛战争的起源》第225页，该书由伦敦劳特利奇出版社于2005年出版。

廷认为发出最后通牒，公开做好进攻准备，或者切断马尔维纳斯群岛的海空通道过于冒险，因为作为回应，英国可能会与阿根廷的对手智利结盟。事实上，英国人从来没有考虑过这个念头，因为智利总统皮诺切特的专制政权令英国深恶痛绝，任何同其结盟的念头肯定会遭到驳斥。

马尔维纳斯群岛之战有助于解释为什么那么多的突袭可以称得上战术层面的成功，却是战略层面的失误。在这场战争中，虽然英国并非注定能够取得军事胜利，但阿根廷贸然进攻英国控制下的马尔维纳斯群岛依然是不明智的。一个国家能够预料到对手狡诈无情，但不会预料到他们愚蠢，更不会预料到他们会自杀。因此，美国之所以对珍珠港事件和萨达姆入侵科威特感到惊讶，根本原因在于这类行动与它们将会引起的反应相比，是不合常理的。出于类似的原因，美国分析人员和决策者之所以没有预料到苏联入侵阿富汗，是因为他们知道如果苏联这么做，无异于犯了大错。美国分析人员和苏联问题研究专家也没有预料到戈尔巴乔夫将实施大刀阔斧的改革，因为他们明白彻底改革将破坏苏联的稳定，不相信戈尔巴乔夫是认真的。[1] 就在希特勒对苏联发动袭击的三天前，英国一位大使告诉一名苏联外交官说，德国增加兵力是"希特勒的一项'心理战'措施……至于发动一场战争或攻击？我觉得很难相信。那太疯狂了！"苏联一位大使对此表示赞同："对于发起战争者而言，入侵苏联往往以糟糕结局收场。"[2] 美国对 1998 年印度核试验感到惊讶的一个原因

---

[1]　道格拉斯·麦凯钦的《预测苏联入侵阿富汗：情报界的记录》（*Predicting the Soviet Invasion of Afghanistan: The Intelligence Community's Record*）第 46 页，该书由中情局情报研究中心于 2002 年发布；戴蒙德的《中情局与情报失误的文化》，第 29 页；威廉·奥多姆的《苏联改革能走多远？》（"How Far Can Soviet Reform Go?"），载于《共产主义问题》1987 年 11/12 月第 36 卷，第 30 页。正如麦凯钦在谈到另一个案例时所指出的："当分析人员确实试图为愚蠢的举动辩护时，他们也被归为愚蠢。"《美国情报与波兰对峙（1980—1981）》第 231 页，该书由宾夕法尼亚州立大学出版社于 2002 年出版。

[2]　引自加布里埃尔·格洛杰茨基所著的《大妄想：斯大林和德国入侵苏联》，第 305、308 页，该书由耶鲁大学出版社于 1999 年出版。塞浦路斯大主教马卡里奥斯（Makarios）在被推翻前不久曾否认这种可能性，因为政变会导致土耳其入侵，

在于，美国情报部门认为，如果印度考虑到美国在内的其他国家将会作出什么样的反应，就会发现核试验不符合印度的最佳利益。[1]因此，情报失误往往是相互的：美国的对手对美国存在误解，美国又无法理解对手的误解，而这些误解几乎注定对手的政策会以失败告终。这种情报失误模式具有重要影响，所以，我在本书伊始引用了中情局国家评估委员会主席谢尔曼·肯特对美国在古巴导弹危机中出现情报失误的评论："我们之所以错失苏联决定在古巴部署导弹的情报，是因为我们不相信赫鲁晓夫会犯这种错误。"[2]

"罗生门效应"在国际政治领域具有重大影响，因为一个行为体的行为选项是基于对其他行为体的主观研判，而对于这种主观研判，其他行为体感到不安和难以理解。日本人偷袭珍珠港的部分原因是，他们认为美国愿意打一场有限的战争，并输掉这场战争。对于日本人的这种研判，美国领导者是难以理解的，不仅因为他们认为与日本对抗是与法西斯暴政更广泛的生死对决的一部分，还因为愿意接受失败以及接受日本对太平洋的统治是对美国的一种侮辱。同样，如果美国坐视不管，任凭萨达姆吞并整个科威特，就等于承认美国默许他违反国际法和侵犯美国利益。无论个人，还是国家，都经常谈论需要了解别人对自己的看法，但这可能非常痛苦，大大削弱了付出努力的动机。

在这种情况下，一方对另一方的行为及其背后的主观感知难以理解，

---

因此认为这种可能性"没有道理，也不合理"。引自劳伦斯·斯特恩的《错马》(*The Wrong Horse*) 第106页，该书由纽约时报图书公司于1977年出版。与此同时，美国驻越南的情报主管在回顾"春节攻势"时宣称："即使我确切地知道会发生什么，它也太荒谬了，我可能无法向任何人推销它。为什么敌人要放弃他的主要优势——能够躲躲闪闪，避免重大伤亡的能力？"引自威廉·威斯特莫兰德的《士兵报告》(*A Soldier Reports*) 第321页，该书由纽约双日出版社于1976年出版。

[1] 特雷弗顿的《重塑国家情报》，第4—5页。
[2] 谢尔曼·肯特的《重新审视一个重要的评估》("A Crucial Estimate Relived")，载于《情报研究》1964年春季第8卷，第1—18页；另见克劳斯·克诺尔的《国家情报评估失误：古巴导弹事件》，载于《世界政治》1964年4月第16卷，第455—467页。

因为它们在一定程度上是动机偏见的产物。如前所述，这种扭曲的根源在于人们固执地以某种方式理解世界，以避免痛苦的价值权衡。[1] 一个国家在形成对另一个国家的感知时，需要充分搜集关于另一个国家的情报，而这类情报存在一个问题，即另一个国家对外部世界的感知往往受制于心理压力，这种心理压力无法被外部世界轻易复制或感同身受。仅凭情报看出对手处于困境是不够的，而是必须能够感受到对方的痛苦。在比尔·克林顿之后，这句话已被熟知却很难被认真对待，但它是必要的和具有挑战性的。事实上，一位成功的分析人员可能会发现，如果自己的评估被认为牵强附会，对本国和敌国都是一种贬低。

在伊拉克案例中，"罗生门效应"和情报失误显然发挥了作用。在前一章，我探讨了萨达姆的恐惧和信仰，并强调局外人很难理解这些因素。与此同时，萨达姆无法理解美国，也无法预测小布什的所作所为。这并不反常。在冷战末期及后冷战时代，美国还发生过四次未能理解对手或同对手沟通的情况，结果不得不使用武力。但由于美国具有巨大的军事优势，而且具有在必要时参与战斗的动机，原本不需要动武，只需要发出威胁就足以震慑对手。这四次情况分别是：1989年在巴拿马推翻曼努埃尔·诺列加政权、1991年海湾战争、1994年海地战争和1999年科索沃战争。在这些案例中，敌国的情报失误比美国的更令人震惊，后果也更严重，但美国的情报失误并非微不足道。这说明情报工作的难度何其之大。事实上，即便回顾过去，我们也无法完全理解这些国家的领导者对美国的看法以及对事态发展的预期。[2]

这并非说情报失误问题没有改进的希望，或者说情报总是错误的。事实上，要研究如何让情报做到精准，确实存在困难，因为选择偏差会把我

---

[1] 这个话题我已经重温过好几次，最近一次是在《理解信仰》一文第641—663页。罗伯特·特里弗斯认为，这种自我欺骗是具有一定功能的，并不断发展，因为它有助于欺骗他人。参考《自然选择与社会理论》第55—93页，该书由纽约牛津大学出版社于2002年出版。

[2] 关于进一步讨论，参考杰维斯的《新时代的美国外交政策》，第125—129页。

们引向危机，导致政策失败和情报失误。如果双方都能理解彼此，就有可能调整自己的行为，尽量降低代价高昂的冲突的发生概率，但这些案例寥寥无几，并不显著，无法开展研究。换句话讲，我们没有足够数据去估算国际情报的"成功率"。事实上，这个估算需要对什么是情报失误以及我们如何统计案例数量，做出一些艰难的判断。但公平地说，在困难和重要的问题上，我们最好考虑尽量提高情报的成功率，而不是以失败率寻求自我安慰。也就是说，我们可以期待有相当比例的情报是正确的，却不能指望几乎所有情报都是正确的。我认为有必要投入一些资源去推动情报机构改革，提升情报界的业务能力，但事实上，由于情报具有一些内在的局限性，可能会削弱改革动力。

## 第六节　需要什么样的情报机构改革

在情报失误发生之后，难免会出现形形色色的改革提议。显然，这些措施要么没有落实，要么效果不佳，因为情报失误一直在延续。我们没有一个好的标准去衡量情报失败率，而失败率下降的趋势确实不明显。改革的局限性凸显了我的核心观点，即情报本身存在易错性，即便可能有所改进，也不太可能减少政治领导者与情报机构之间的冲突。[1] 在这里，如同

---

[1] 事实上，很明显，情报中心的许多分裂、差距及效率低下都源于为多个政治和官僚目标服务的愿望，以及对过于强大的情报机构的恐惧。参考艾米·泽加特的《设计缺陷：中央情报局、参谋长联席会议和国家安全委员会的演变》，该书由斯坦福大学出版社于1999年出版；另见赫伯特·考夫曼的经典分析《繁文缛节：起源、用途和滥用》（*Red Tape: Its Origins, Uses, and Abuses*），该书由布鲁金斯学会于1977年出版。然而，似乎没有哪个国家的情报系统比美国的情报系统产生明显更好的结果，在1973年中东战争之后，以色列的阿格拉纳委员会敦促进行情报改革，这相当于复制了美国的大部分情报系统。参考贝茨的《情报的敌人》，第35页。

本书的其余章节一样，我将集中讨论情报分析，较少讨论情报机构的架构变动，并忽略情报搜集。[1]

不仅情报机构无法创造性地应对自身工作的失败，其他很多机构都是如此。1986年，"挑战者"号航天飞机及机组人员在一次爆炸中丧生，官方调查委员会对此进行了肤浅的调查，其中最优工作是理查德·费曼（Richard Feynman）这位特立独行的成员所做的独立分析。社会学家黛安·沃恩（Diane Vaughan）经过长达10年的研究，才理解这起事故可以归因于美国国家航空航天局组织管理架构缺陷。这种组织架构既使得美国国家航空航天局能够顺利运作，也为事故埋下了伏笔。[2] 美国国家航空航天局忽视了这一分析，结果同样的组织缺陷又成为1993年"哥伦比亚"号航天飞机解体的重要诱因。天主教会对性侵的反应也符合类似的模式：为了保护教会组织，教会首先会忽视神职人员的不当行为，然后进行掩盖，神职人员得到短期的好处，但一些教区民众付出了巨大代价，最终教会组织本身也付出了巨大代价。一些大学也没有好到哪里去，因为它们认为自己需要的是外界资助，而不是监督，而且很少进行自我检查和自我纠正。

---

[1] 对于情报机构来说，迈克尔·华纳和肯尼斯·麦克唐纳的《1947年以来的美国情报机构改革研究》（U.S. Intelligence Community Reform Studies Since 1947）堪称一项有价值的研究，该书由中情局情报研究中心于2005年出版。

[2] 戴安·沃恩的《"挑战者"号发射决策：美国国家航空航天局的风险技术、文化和异常》（The Challenger Launch Decision: Risky Technology, Culture, and Deviance at NASA）。沃恩部分引用了查尔斯·佩罗的《正常事故：与高风险技术生活》（Normal Accidents: Living with High Risk Technologies）。关于这类问题的另一篇精彩分析，请参阅斯科特·斯努克的《友军交火：美国黑鹰战机在伊拉克北部被意外击落》（Friendly Fire: The Accidental Shootdown of U.S. Black Hawks Over Northern Iraq）。关于陆军工程兵的错误导致了2005年新奥尔良防洪堤溃堤的报告，参见道格拉斯·伍利和伦纳德·沙布曼的《庞恰特雷恩湖及附近地区飓风防护项目的决策年表》（"Decision-Making Chronology for the Lake Pontchartrain & Vicinity Hurricane Protection Project"），2007年6月。

## 获取更好情报的任务

乍一看，获取更好的情报似乎意义很显著。比如，更好的情报有助于为我们更加准确地描述世界；换句话说，有助于让我们对事物形成正确的认识。但事实上，这里面有很多模棱两可之处。[1] 如果情报研判理由存在错误，而研判结论却是正确的，我们应当怎么看这类案例？当决策者非常纠结于应该采取什么措施，而且其做出决策和付诸行动之间的时间非常短，我们能期待情报工作取得成功吗？我们要区分简单情况和困难情况吗？我们是关注所有的情报工作案例，还是仅仅（或主要）关注重要案例？有些主题比其他主题更重要，就需要权衡一下情报的广度和深度。事实上，自"9·11"事件以来，用于情报领域的资源有了大幅增加，恐怖主义主题和一些"流氓国家"最受关注，但关于世界其他地区的研究却相对不足。这种做法或许有其恰当的一面，但如果情报机构改革锁定重点主题，过度专注于恐怖主义和大规模杀伤性武器，可能导致其他很多主题遭到轻视，而这些主题的重要性可能会被后来的事实证明。

再一个问题是，我们是否在意情报，或者说是否愿意将情报作为行动依据。如果决策者不愿意在情报基础上改变自己的政策，或者让自己的政策变得更有效，那么情报除了能为我们准确地描述世界之外，也没有其他好处了。但另一方面，虽然所有意外的情报失误都会令人尴尬，但并非所有情报失误都能受到重视。情报失误只有在个别案例中才会产生重要后果，因为在这些案例中，情报失误对国家造成了损失，如果情报部门事先发出预警，那就可以采取行动去减轻这种伤害。在某些情况下，决策者有一个占据主导地位的倾向性策略，也就是说，他们对对手的大部分情报并

---

[1] 相关论述，参考赫尔曼的《情报力量》（*Intelligence Power*），第224—228页；马克·洛文塔尔的《沉重的情报失误概念》，载于毛勒、汤斯顿和基格尔主编的《情报》（*Intelligence*），第43—56页；马克·洛文塔尔的《走向合理的分析标准：在哪些问题上有多正确，多频繁？》，载于《情报与国家安全》2008年6月第23卷，第303—315页；特雷弗顿的《重塑国家情报》，第6章；贝茨的《情报的敌人》，第21页、第64—65页、第187—190页。

不敏感，不会因为这些情报改变自己青睐的行为方式。在其他情况下，由于外部环境、本国能力或国内政治的制约，即便得到更好的情报，国家依然无法据此采取任何措施。学者和情报分析人员重视好情报，但政策制定者并非如此（这种行为具有正确性）。[1]

当情报发挥预警功能时，可能会发生"Ⅰ型错误"和"Ⅱ型错误"之间的权衡。Ⅰ型错误是过于敏感，发出错误预警，Ⅱ型错误是不那么敏感，无法提前发现风险，这类失误风险更大。在情报预警方面，不存在设计完美的系统，因为预警功能在很大程度上取决于国家能够和将会采取的行动，尤其是它对预警的反应方式。如在预警被证明是错误的情况下，政府能否以一种不会付出过高代价的方式对警报做出反应。有人可能会说，情报机构应该提供最佳评估，并把如何应对的决策权留给政策制定者。但这给政策制定者带来了过多负担，而且只负责发出合理预警也会让情报机构推卸掉一些本应承担的责任。我们对英国外交部一位官员杜撰的故事感到不满，他在退休时骄傲地说，他在整个职业生涯中，曾说过欧洲不会发生战争，而且只有两次出过错。但是，即使回顾过去，也很难说一个情报预警体系应该如何在这方面做出反应。

与此同时，在速度和准确性之间往往需要权衡。根据对基础信息的初步分析做出快速研判，其准确性可能赶不上经过较长时间收集信息和思考后得出的结论，但有诸多理由迅速将研判结果发布出去。在某些情况下，可能需要立即采取行动。在另一些情况下，天然的好奇心加上情报部门之间的竞争导致了匆忙研判。如今回头看，中情局如果不给情报用户透露有关伊拉克铝管的任何信息，而只是告诉他们说这些铝管已经被拦截，并且正在开展分析，那就有可能做出更好的研判。但在其他情况下，拖延情报研判过程可能给国家和情报部门带来高昂成本。

---

[1] 关于进一步讨论，请参阅保罗·皮勒的《情报预测：支持政策还是华而不实？》（"Predictive Intelligence: Policy Support or Spectator Sport?"），收录于《高级国际研究学院评论》2008 年冬春之交第 28 卷，第 25—35 页。

前文关于情报本身的很多讨论都是基于情报是对还是错的角度，但关于评估结论的许多讨论都是基于对特定事件发生概率的估计。这既能反映出我们认知的有限性，也能反映出别人将会采取何种措施的不确定性。[1]比如，朝鲜拥有的核弹数量是一个客观事实，但情报机构掌握的情报存在局限，这就意味着情报评估必须考虑误差范围和概率这两个因素。比如，对朝鲜未来行为的评估就涉及概率。这不仅反映出情报机构缺乏消息源，还反映出一个事实，即国家行为背后所依赖的一些因素具有高度偶然性。处理这两种不确定性使我们对情报能力的判断变得复杂。决策者通常不喜欢类似于"一方面，另一方面"的评估，所以更好的情报工作是否能够降低决策者在"有点可能 / 有点不可能"这类选择上的判断难度？这种做法有一定的吸引力，但在情报证据数量有限、模棱两可或相互矛盾的情况下，或者在对方行动尚未确定的情况下，这种做法就行不通了。由于不同决策者对情报模糊性有不同的偏好，所以即便设计最好的情报系统也会因政府的不同而存在差异。更根本的是，决策者对情报表现出更大确定性的渴望，与情报机构掌握信息的局限性之间存在冲突。此外，最常见的情报失误或许是情报机构假装具有过度的洞察力和远见，这也与决策者的渴望相矛盾。

情报界通常根据某个结果发生的概率去做出研判。回想起来，我们通常能知道最终究竟发生了什么，但即便知道这个结果，如果据此去观察评估其与现实的契合程度，仍会造成经验和理论层面的困难。比如，后来发生的事件如何证明前期的概率研判是对还是错？如果某个结果没有发生，并不代表它不可能发生；相反，如果情报界说某个结果可能发生，但不确定，而事实上确实发生了，那就说明也许是情报界太谨慎了。关于其他国家的某项行动是不是完全在事先决定的，我们能给出一个合理的说法吗？如果其他国家确实采取了某项行动，但只是在不寻常的情况下采取的，那

---

[1] 这在很大程度上（但并非完全）类似于秘密和奥秘之间的区别。格雷戈里·特雷弗顿的《冷战后的评估》，载于《国防情报期刊》1994年秋季第3卷，第5—20页；约瑟夫·奈的《展望未来》，载于《外交事务》1994年7/8月第74卷，第82—93页。

么情报界早前关于该国做出的"采取该项行动的概率为80%"的研判可能是错误的,不是因为研判过于胆小,而是因为对结果发生的概率评估得太高。事实上,即便回顾过去,我们也远远搞不清楚如何才能建立正确的概率评估模式。历史学家无休止地争论,在稍有不同的情况下,行动是否会有所不同。同样,我们也可以争论,根据掌握的证据,情报机构应该具备多大程度的信心。

如果判断对手当前的能力,而不是判断它未来会做什么,那么其中存在的问题就有所区别。比如,如果说"某国拥有核武器的概率为80%",那么这种说法显然不可能符合事实,因为另一个国家要么拥有核武器,要么没有。如果其他国家真的拥有核武器,那么情报界对于这个事实可能发生的概率评估得越高,我们就能判断情报界的表现越好;但如果没有大量案例可供研究,我们就无法持续追踪情报界表现情况的变化。

前面的段落集中讨论了情报机构能给决策者提出什么样的答案,但其更重要的功能或许是给决策者提出问题。它应该告诉决策者根本问题是什么,什么信念对他们的决策至关重要,以及他们应该谨记什么问题、风险和机会。情报机构还应该让决策者了解动机偏见对于决策过程的影响。这不会告诉决策者什么决策是正确的,但会提醒决策者注意一个事实:他们及其反对者都倾向于低估自己偏好的政策可能造成的代价,而且容易在承受政治和心理压力时持有一些在别人看来似是而非的信念。从政治层面来讲,情报机构更容易被决策者接受的一点或许是,突出能够真正为决策过程提供支撑的研判结论,这个结论可能隐藏在辩论的表面之下。在许多情况下,那些最受关注的问题反而与真正(或应该)决定政策的问题没有关系。最佳的情况就是情报机构对当前分歧进行深入探究,并指出政策制定者应该关注的信念和预期。在一次至关重要的会议上,国防部长麦克纳马拉同参谋长联席会议就美国是否应该在各大城市全面部署反弹道导弹系统进行了激烈争论。约翰逊总统问道:"什么因素决定了研判差异?"这个问题导致麦克纳马拉采取了一种退让立场,类似于约翰逊后来决定的"有限部署",即仅在部分城市有针对性地部署有限规模的反弹道导弹系统。[1] 在这类辩论中，情报人员的主要工作是设法确保各方提出的论点是诚实和符合事实的。尽管这一角色将使情报机构变得比现在更不受欢迎，而且有可能更深入地卷入政策辩论，但情报机构在这方面还是有很多话可说，尤其是当辩论涉及整个政府，而不仅仅是最高领导者的时候。

现在，情报界认为总统是其最重要的用户。这是正确的，但总统并不是单独行动的，如果把给予白宫的一些资源分享给各级外交机构，使其更好地了解情况，结果可能会比较好。这并不像为总统撰写《总统每日简报》那么吸引人，但从长远来看，或许能大幅改善政策的质量。这也意味着，我们判断情报质量的标准将不是对与错，而是情报是否有助于解决困难问题。当然，总统的决定肯定是最重要的，毕竟我们要处理的内容不是根据其敏锐性和复杂性来评价的学术观点，而是要在现实世界中得到检验的政策。从长远来看，提高政府内部不同机构的理解和辩论水平将对政策产生有利影响，这并不是一种自负的学术观点。

上述复杂因素有助于解释为什么情报改革提案里，很少探讨想要实现的目标。考虑到所有阻碍情报机构重大变革的难点，改革目标的界定或许算不上一个大问题，但这确实让评估改革变得更加困难。

## 第七节　情报界的结构性改革

"9·11"事件之后，美国对情报界实施了两项重大的结构性改革：一是增设国家情报总监一职，二是加强情报界内部信息共享。在讨论完这两点之后，我们将探讨哪些务实之举有可能改进情报分析。

---

[1]　美国国务院的《美国对外关系》（1964—1968）第 10 卷之《国家安全政策》，第 461—462 页。

## 增设国家情报总监职位

过去数十年的情报机构改革中，一个重大举措就是增设国家情报总监一职。"9·11"事件调查委员会在几项研究中都发出了这个呼吁，这是其提出的核心建议。对于该委员会的报告及增设国家情报总监的全面评价超出了本书探讨的范畴，但本书可以探讨几个相关方面。[1] 由于"9·11"事件调查委员会比调查伊拉克大规模杀伤性武器情报失误的小组更具政治性，其成员认为有必要达成共识，而且不能将"9·11"事件的责任归咎于政治领导者。最明显的是，尽管公共记录、新闻报道和委员会的证词都表明，小布什总统在"9·11"事件发生之前很少关注恐怖主义主题，但报告不得不就这一点保持沉默。这意味着该委员会只能围绕情报工作提建议，并且在没有对"9·11"事件责任划分做出裁决的情况下，必须提出一些实质性的建议。增设国家情报总监职位满足了这些需求，但该委员会描述的问题与提议的补救措施之间的联系其实相当松散。几乎没有理由相信，有了国家情报总监之后，"9·11"事件就不会重演。按照组织理论家所熟悉的模式，一个已经存在了一段时间的建议最终往往会被采纳，

---

[1] 有关情报机构的结构性改革，参考贝茨的《情报的敌人》，第142—158页。关于对"9·11"委员会报告的公正评价，参考理查德·波斯纳的《"9·11"报告：一个异议》，载于《纽约时报书评》（2004年8月29日）；理查德·法尔肯拉斯的《"9·11"委员会报告：一篇评论文章》，载于《国际安全》2004—2005年冬春之交第29卷，第170—190页；约书亚·瑞夫纳等人的《肤浅理论的危险：情报改革和"9·11"委员会》，载于《情报与反情报期刊》2005—2006冬春之交第18卷，第609—637页；保罗·皮勒的《好文献与坏历史："9·11"委员会的战略情报故事》，载于《情报与国家安全》2006年12月第21卷，第1022—1044页。至于更多的解释（而非辩护），参考欧内斯特·梅和菲利普·泽利科的《委托之罪？》（"Sins of Commission?"），载于《国际安全》2005年春季第29卷，第208—209页。关于"9·11"事件的精彩讨论，参考查尔斯·帕克和埃里克·斯特恩的《意外？9月11日与战略突袭的起源》（"Blindsided? September 11 and the Origins of Strategic Surprise"），载于《政治心理学》2002年9月第23卷，第601—630页；帕克和斯特恩的《意外还是可以避免的失误？》（"Bolt from the Blue or Avoidable Failure?"），载于《外交政策分析》2005年11月第1卷，第301—331页。

但它其实并不能解决导致问题的诱因。[1]值得赞扬的是，小布什总统认识到这一点，起初反对增设这个新职位，但"9·11"事件遇难者家属等民众的积极呼吁和即将举行的总统选举，最终压过了他的反对意见。

我们不应忘记，在增设国家情报总监职位之前，美国就有一名情报官员负责监管整个情报界的情报活动，此人就是中央情报总监，但中央情报总监同时兼任中情局局长。在实践中，中央情报总监并没有履行对整个情报界的监管职责。之所以出现这种局面，原因与其说是法律层面的缺陷，倒不如说是其他情报机构的政治权力太大，其中最明显的是国防部。就算没有新的法律，总统原本也将大部分缺失的监管权力赋予中央情报总监。比如，总统可以告诉国防部长，如果在情报业务上申请经费，尤其是用于间谍卫星的巨额预算，必须经过中央情报总监的批准之后才能报送白宫。国家情报总监能否执行总统的意愿还有待观察，但就算他能做到，主要原因在于政治气候的变化，而不是因为新法律。[2]同样重要的是，我们要认识到，一个分散的情报系统有很多可取之处，因为不同的机构为了不同的目的需要不同的情报。[3]我们还需要意识到，尽管情报改革的支持者表示，他们不希望国家情报总监再演变成一个新的官僚机构，但这一结果可能难以避免。

然而，增设国家情报总监一职至少可以带来一个明显的优势：在旧的体制下，中央情报总监兼任中情局局长，出于地理位置相近和组织忠诚的

---

[1] 迈克尔·科恩、詹姆斯·马奇、约翰·奥尔森的《组织抉择的垃圾桶模型》（"A Garbage Can Model of Organizational Choice"），载于《行政科学季刊》1972年3月第17卷，第1—25页；詹姆斯·马奇和约翰·奥尔森的《组织中的模糊性与选择》（*Ambiguity and Choice in Organizations*）。

[2] 关于一个不错的讨论，参考斯坦斯菲尔德·特纳的《阅前即焚：总统、中情局局长和秘密情报》；关于国防部改革的观点，参考查尔斯·赖斯的《国防管理：美国武装部队的组织与控制》（*The Management of Defense: Organization and Control of the U.S. Armed Services*），该书由约翰·霍普金斯大学出版社于1964年出版。

[3] 关于一个不错的讨论，参考埃尔布里奇·科尔比的《让情报更智能》（"Making Intelligence Smarter"），载于《政策评论》2007年8/9月第144期，第71—82页。

原因，中央情报总监几乎总是更多地听取"自己人"的意见，即中情局分析人员的意见，其他机构的分析人员相对受到冷落。当需要情报界拿出关键研判时，中央情报总监很难做到不偏不倚。这导致非中情局的分析人员士气低落，更重要的是，这让中情局在情报界出现分歧时占据了优势。有时，中央情报总监这么做是有道理的，因为其他机构的分析人员往往会反映各自机构的利益，国防情报局尤其如此。但即使没有这些偏见，中央情报总监也倾向于为中情局分析人员的观点赋予更大权重。这样一来，就有可能降低情报研判的质量。我在前一章指出，对于萨达姆采购铝管，虽然中情局分析人员提出的解释更令人震惊，但乔治·特尼特依然采纳了这个观点，一个重要原因就是他身兼两职，既是中央情报总监，又是中情局局长。如果这些机构的立场发生逆转，即能源部和国务院情报研究局的分析人员辩称它们用于铀浓缩离心机，而中情局分析人员指出这一说法的不可信之处，那么最终情报界做出正确判断的概率就会大得多。如果当时设立了独立履职的国家情报总监职位，那么情报界诸如此类的争议更有可能被传达给最高决策者，各个情报机构的竞争环境也会更加公平。据我所知，这一优势仍停留在理论上，因为自增设国家情报总监以来，从未出现过这种重大案例。

很少人反对国家情报总监接管国家情报委员会（该委员会此前由中央情报总监负责），并将《总统每日简报》变成真正属于整个情报界的出版物，而不仅仅是中情局管理的出版物。这些改变固然比较适宜，却不禁令人对中情局情报处的未来产生了疑问。之前，虽然国家情报委员会一直是情报界的机构，但中情局情报处为该委员会提供了大量支持，因为该委员会就设立在中情局总部[1]，中央情报总监负责监管中情局和国家情报委员会，可以直接命令中情局情报处的分析人员做很多工作。事实上，其他机构倾向于将参与国家情报委员会产品（比如《国家情报评估》）的生产视为一项次要工作，认为服务于本机构的工作更为重要，因

---

[1] 现在，情报处是否会按照原计划并入新的国家情报总监办公室，尚不明朗。

此很难让他们为国家情报委员会提供资源和最好的分析人员。中情局情报处还负责编纂《总统每日简报》，在小布什执政期间，它的重要性和声望都有所提高。（起初，《总统每日简报》应该由整个情报界共同编纂，但中情局很快将其包揽下来。）虽然中情局情报处仍然在编纂《总统每日简报》过程中发挥着核心作用，但它已经失去了之前那种特殊地位。中情局情报处曾经具有独特的吸引力，因为它距离中央情报总监近在咫尺（如果中央情报总监所在的组织规模不大，那它就可以经常与中情局情报处的许多分析人员面对面接触），甚至连初出茅庐的分析人员也能接近情报界的最高决策者，这种情况的确令人深感惊讶。情报界改革之后，尽管中情局情报处分析人员的声音仍然能被听到，但这种改革已经削减了他们的部分权限和威望。

中情局情报处面临的另一个压力是，除了反恐和反扩散等关键领域外（这些任务目前主要由国家情报总监之下的几个特设中心负责处理），大部分情报都是基于开源信息，而国家情报总监已经建立了一个开源信息中心，以加强对开源信息的利用（它将如何对接中情局情报处或由中情局情报处使用尚不明确）。但明确的是，在一系列问题上，比如各国可能的政治前景，互联网对封闭社会稳定性的影响，或不断变化的贸易和投资流动的政治影响，中情局情报处的分析人员不太可能具有任何比较优势，政策制定者甚至比过去更不需要求助于他们。

如果中情局情报处想在这个新环境中实现蓬勃发展，就要重塑自我。一种可能是，前文刚才描述的职能损失将使它减少对动态情报的关注，但它可以加强研究和分析业务，并为整个政府夯实情报知识基础。此外，中情局情报处有可能被国家情报总监办公室合并。就目前的情况而言，国家情报总监没有太多"自己的"分析人员，不得不从其他机构借用，尤其是从中情局借用。国家情报总监必然会寻求更多分析人员的支持，这不仅是出于自我意识及缔造自己情报帝国的考虑，而且作为总统的主要情报顾问，他还需要密切接触和控制他必须利用的分析人才。[1]中情局情报处是否会被国家情报总监办公室合并尚不清楚，但如果它被吸收过去，就符合一种早已存在的观点，即情报分析应该与情报搜集和隐蔽行动区分开，由不同的机构负责管理。但另一方面，这又有悖于"9·11"事件和大规模杀伤性武器的情报失误催生出来的解决方案，即分析人员应该更多地了解他们的消息源，而且情报界内部应该加强信息共享。接下来，我们将讨论这些改革。

### 情报界内部信息共享及了解消息源

美国之所以对"9·11"事件感到震惊，一个原因在于中情局和联邦调查局之间的数据没有共享，而且没有发送给移民及归化局。[2]同样，我们在前一章看到，关于伊拉克大规模杀伤性武器的情报失误，一个原因是分析人员对情报来源了解不足。中情局和联邦调查局好像不属于同一个政府一样，中情局内部各处的地盘意识也是众所周知。补救措施虽然很难实施，但原则上很简单：情报界内部应该加强信息共享。时任参议院情报特别委员会主席帕特·罗伯茨（Pat Roberts）曾经提出一个似乎非常符合常识的说法："恐怖主义方面的分析人员……必须有权访问每一份有关国土安全威胁的情报数据。"大规模杀伤性武器委员会评论认为，我们使用的术语可能隐含地接受了情报界中不受欢迎的界限："我们说必须鼓励各机构'共享'信息，意味着它们对这些信息拥有一定的所有权。"[3]但这个"加强情报界

---

[1] 相关讨论参见贝茨的《情报的敌人》，第152—154页。

[2] 约翰·戴蒙德表明，大多数沟通失败发生在机构内部，而非在机构之间。参考戴蒙德的《中情局与情报失误的文化》，第8章。

[3] 帕特·罗伯茨的《评论与回应：情报改革》("Comments & Responses: Intelligence Reform")，载于《国家利益》2005年秋季第81期，第8页；美国大规模杀伤性武器委员会提交给美国总统的报告，2005年3月31日，第321页。关于详细讨论，参考卡尔弗特·琼斯的《情报改革：信息共享的逻辑》("Intelligence Reform: The Logic of Information Sharing")，载于《情报与国家安全》2007年6月第22卷，

内部信息共享"的改革措施也存在问题，因为它不仅会遇到不同机构的阻力，而且如果共享所有信息，会使情报系统陷入困境，毕竟如同所有组织一样，情报系统也建立在分工基础之上。此外，隐瞒信息不仅反映了信息就是力量这一事实，也反映了合理的安全关切。试想，如果情报界没有划分为不同部门并采取保密措施，像中情局的阿尔德里奇·埃姆斯（Aldridge Ames）和联邦调查局的罗伯特·汉森（Robert Hanssen）这类间谍会造成更大的破坏。虽然有些障碍需要被推倒，但并没有完美的方案去平衡不同部门之间相互竞争的需求。我怀疑，几年之后，一个杰出的小组将把某个安全事故归咎于情报界内部信息的过度共享。

加强信息自由流动不应局限于人力情报，还要拓展到电子情报。之前，分析人员之所以认为伊拉克已经加紧生产化学武器，一个原因是他们发现可疑生产地点的人工活动频次增加了。但大规模杀伤性武器委员会表示，分析人员不知道的是，监控伊拉克的卫星已经被重新编程，以实现对目标区域更加频繁的覆盖，所以他们所看到的内容只是反映了美国监控卫星的变化，而不是伊拉克行为的变化。[1] 报告中有一个脚注削弱了这一说法，但并不影响我要说的重点，即在讨论谁需要什么信息时，不应仅限于人力情报。在某些情况下，分析人员需要了解情报搜集系统的技术细节，以便考虑哪些信息能搜集到，哪些信息不能搜集到。

其他改革包括：更加仔细地了解情报来源，为研判提供支撑；明确情报界对其评估的信心程度，避免毫无根据的共识。这些措施与之前发生情

---

第 384—401 页。最近制定的要求是，在另一个情报部门任职是晋升的必要条件，这项改革效仿了 1986 年旨在规范军队晋升的《戈德华特—尼科尔斯法案》（Goldwater-Nichols Act）。这种改革并未受到批评，但其是否利大于弊尚不明显。

[1]　大规模杀伤性武器委员会报告，第 125—126 页；参议院情报特别委员会的《美国情报界对伊拉克战前情报评估报告》，2004 年 7 月 7 日，第 267—268 页。另见詹姆斯·布鲁斯的《缺失的环节：情报分析者与搜集者的关系》，载于乔治和布鲁斯合著的《分析情报》，第 191—210 页；有关情报分析人员和搜集人员密切接触的一些风险，参考加勒特·琼斯的《这是一种文化：对中情局困境的思考》，第一部分，2005 年 6 月 28 日由外交政策研究所发布。

报失误后应该采取的措施并没有什么差异，但它们实施起来会有多深刻以及持续多久，还有待观察。一个很好的迹象是，《国家情报评估》现在也像学者一样开始使用脚注了。除了表达不同意见的传统职能外，它们还可以列出能够支撑某些观点的报告。[1] 这将使得（或者说迫使）分析人员仔细了解自己所依赖的情报来源的数量，并可能促使他们注意到任何相互矛盾的报告。

## 第八节　情报分析模式改革

本章伊始介绍了情报固有的一些局限性，解释了为什么即便好情报也会不受欢迎（或者说好情报尤其不受欢迎），并指出情报界和政策制定者之间的冲突是不可避免的，但对情报分析工作做出改进还是有可能的。情报界可以更好地吸取失败教训，强化成功经验，采取适当的社会科学方法，并投入更多资源提高自身业务能力。虽然许多观察者都提出这样的建议，但我对他们的期望并不高。尽管如此，它们仍值得重申。[2]

---

[1]　这不仅是大规模杀伤性武器委员会报告的建议（第412页），而且是1964年中情局一位分析人员发出的敦促。参考约翰·亚历山大的《脚注在情报中的作用》（"An Intelligence Role for the Footnote"），载于《情报研究》1964年第8卷第3期，重印于2008年6月第52卷，第59—66页。关于呼吁在情报产品中增加脚注的早期主张，参考肯特的《战略情报》，第178—179页。

[2]　这些想法中，有许多都是我基于对伊朗的事后分析而提出的，表明伊朗的变化是如此之少，我学到的东西也是如此之少。除了本书的第1章和第2章，请参考我的《情报流程存在什么问题？》，载于《国际情报与反情报期刊》1986年春季第1卷，第42—56页。关于情报机构改革的其他讨论中，有些与我的讨论存在重叠，参考威廉·奥多姆的《确凿情报：为更安全的美国》（*Fixing Intelligence: For a More Secure America*）；理查德·罗素的《改善战略情报》；杰弗里·库珀的《治疗分析病理：改进情报分析的途径》（*Curing Analytic Pathologies: Pathways to Improved Intelligence*

## 事后分析和产品评估人员

不学习就不可能进步,但情报界没有健全的事后分析计划,而且那些已经做过的事后分析一般涉及重大的情报失误案例。[1] 不仅这些重大失误

---

Analysis》;罗伯·约翰斯顿的《美国情报界的分析文化》(Analytic Culture in the U.S. Intelligence Community);布鲁斯·伯科维茨和艾伦·古德曼的《最佳真相:信息时代的情报》(Best Truth: Intelligence in the Information Age);詹妮弗·西姆斯和伯顿·戈伯主编的《转变美国情报》(Transforming U.S. Intelligence)。有关政府近期努力的报告,参见《谍报技术入门:改进情报分析的结构化分析方法》("A Tradecraft Primer: Structured Analytic Techniques for Improving Intelligence Analysis");沃尔特·平卡斯的《情报评估需要接受更多审查》("Estimates to Undergo More Scrutiny");2009年1月的国家情报评估报告《伊拉克稳定性的前景:充满挑战的未来之路》("Prospects for Iraq's Stability: A Challenging Road Ahead"),第3—5页;约翰·柯林根的《我们如何提高情报》("How We've Improved Intelligence"),2006年4月3日载于《华盛顿邮报》;国家情报总监发布的"第203号情报界指令",主题为"情报分析标准",2007年6月21日;迈克·麦康奈尔的《情报革新》("Overhauling Intelligence"),载于《外交事务》2007年7/8月第86卷,第49—58页。有关改革障碍的讨论,参见理查德·罗素的《美国国家安全的薄弱支柱:中央情报局应对大规模杀伤性武器威胁的糟糕表现》("A Weak Pillar for American National Security: The CIA's Dismal Performance against WMD Threats"),载于《情报与国家安全》2005年9月第20卷,第466—485页;约翰·金特利的《失去的承诺》,第93—107页和第184页;托马斯·曼肯的《间谍与官僚:正确获取情报》,载于《公共利益》2005年春季159期,第22—42页;琼斯的《这是一种文化:对中情局困境的思考》,第一部分和第二部分,2005年8月19日由外交政策研究所发布。

[1] 有关情报成功的讨论,请参阅大卫·罗巴尔的《正确的做法:中情局对1967年阿以战争的分析》("Getting It Right: CIA Analysis of the 1967 Arab-Israeli War"),载于《情报研究》2005年第49卷,第1期,第1—8页。关于早期中情局事后分析的讨论,参见理查德·谢洛克的《情报机构事后分析计划(1973—1975)》("The Intelligence Community Post-Mortem Program, 1973–1975"),载于《情报研究》1997年秋季第21卷,第15—22页;也可参考伍德罗·库恩斯的《情报失误:预测和认识论的教训》("Intelligence Failures: Forecasting and the Lessons of Epistemology"),载于理查德·贝茨和托马斯·马肯主编的《战略情报的悖论》(Paradoxes of Strategic Intelligence),第80—100页;约翰·赫德利的《从情报失误中吸取教训》("Learning from Intelligence Failures"),载于《国际情报与反情报期刊》2005年秋季

的事后分析需要提高质量，而且情报界需要对更广泛的案例进行回顾和分析，这些案例包括错误预警（尽管错误预警也属于情报失误，但几乎总是被忽视）[1]，成功案例和业绩评价标准。从情报失误案例中总结出来的因果推论有助于发现导致失误的因变量，并可能探测出一些情报评估（无论评估是否精准）特有的流程和思维方式。即使我们发现某些因素存在于所有失误案例中，也无法根据这一点提出有力的解释及解决方案，除非我们能确定情报成功的案例之中不存在这些因素。比如，虽然所有的智力衰退案例中都涉及"氧气"这个因素，但"氧气"并不是智力衰退的原因。进行这种较为广泛的评估并非易事，不仅可能不会催生有用的建议，而且总结出来的教训可能很难付诸行动。但是，如果没有仔细和持续的自学，就

---

第18卷，第435—450页；贝茨的《情报的敌人》，第187—189页。前中情局职业情报官道格拉斯·麦凯钦做过一系列出色的事后分析，包括《预测苏联入侵阿富汗》（*Predicting the Soviet Invasion of Afghanistan*）、《美国情报与波兰对峙》、《对日战争的最后几个月：信号情报、美国入侵计划和原子弹决策》（*The Final Months of War With Japan: Signals Intelligence, U.S. Invasion Planning, and the A-Bomb Decision*）。另见珍妮·诺兰与道格拉斯·麦凯钦等人合著的《话语、异议和战略突袭：在不确定时代制定美国安全政策》，以及洛克·约翰逊的《瞥见美国情报的瑰宝：〈总统每日简报〉和〈国家情报评估〉》（"Glimpses into the Gems of American Intelligence: The President's Daily Brief and the National Intelligence Estimate"），载于《情报与国家安全》2008年6月第23卷，第333—370页。关于英国的经验，参见《不会吠叫的狗：联合情报委员会和侵略警告》（"The Dog That Didn't Bark: The Joint Intelligence Committee and Warning of Aggression"），载于《冷战历史》2007年11月第7卷，第529—551页。当然，事后分析往往被高度政治化，就像对伊拉克和"9·11"事件的几项官方调查结果一样。关于一些更早的例子，参考马克斯·霍兰德的《情报政治剖析：古巴（1962—1963）》（"The Politics of Intelligence Postmortems: Cuba, 1962-1963"），载于《国际情报与反情报期刊》2007年秋季第20卷，第415—452页。针对伊拉克的情报失误导致中情局内部进行了异常严肃的自我审查，并催生了一些重大变革，其中一些在本章中有所提及。

[1]　关于错误预测一个国家将要崩溃的案例，参考马克·马泽蒂的《1997年，美国专家预测朝鲜将在五年内崩溃》（"In 1997, U.S. Panel Predicted a North Korea Collapse in 5 Years"），2006年10月27日载于《纽约时报》。当然，忽视这类案例的一个原因是，人们通常需要数年时间才能确定他们的预测是错的。

不可能有什么进步。

与事后分析密切相关的一个概念是产品评估人员（Product Evaluation Staff，PES）。中情局重新设立了产品评估人员岗位，国家情报总监办公室专门建立了主管情报分析完整性和标准的部门，这都是好迹象。然而，在中情局历史上，这种岗位已经设立了好几次，后来却屡遭废除，这是一个不好的迹象。这并不奇怪，因为一个好的情报评估人员很可能不受情报界欢迎，就像情报界不受政策制定者欢迎一样，二者不受欢迎的原因也大致相同。产品评估人员忍不住要进行事后分析，如果运作良好，他们就会发现弱点，质疑既定的工作方式，这往往会让自己陷入尴尬境地。

要让产品评估人员给情报界带来显著改善，必须满足两个艰巨的要求。第一个要求是，必须让优秀人员去做这项工作，他们在工作期满后会回到其他单位。更容易、更常见的模式是挑选那些不适应环境者去做这种工作，或者安排即将退休者去做，这项不受欢迎的任务对即将退休者而言似乎不那么艰巨。把这次履职作为职业生涯最后一站的明显好处是鼓励他们写出掷地有声的报告，但这个好处的代价太高了。产品评估人员应该为整个情报组织注入更复杂的知识，使得情报组织成员能将大部分新知识运用到未来的岗位中。如果跻身产品评估人员行列被视为优秀的标志，那么他们指出的经验教训就不会轻易遭到摒弃。当然，部门负责人不会愿意放弃自己最好的分析人员去充实这个岗位，这也是为什么只有在情报组织的最高领导致力于加强产品评估人员岗位时，该岗位的人才会取得成功，这也是其他诸多改革面临的真实境况。

第二个要求是，将情报产品层面的评价与人事层面的评价区别开来。我在第 2 章提到，在对伊朗案例进行事后分析时，采访对象的紧张神情起初令我感到惊讶。当时，我有点不解，但很快就意识到他们明白如果对他们的情报失误进行事后分析，那么其事业就岌岌可危了。这种担忧阻碍了他们将事后分析视为一个学习机会。在某些情况下，人们当然应该受到惩罚和纠正，但如果让产品评估人员去做事后分析，同时也不危及分析人员的职业前景，反而可令他们从中总结教训和传播经验，减少以后犯错的机会，这是非常有价值的做法。其他一些职业在区分学习和惩罚方面也存在难度，但已经做到了这一点。比如，医院通过定期召开的发病率和死亡率总结会议了解情况，美国国家运输安全委员会也同样将其事后调查与刑事程序，甚至纪律程序区别开来。[1] 在这方面，情报界没有惩罚"9·11"事件和"伊拉克大规模杀伤性武器"这两个情报失误案例牵扯到的人员，尽管主观上不是为了便于开展事后分析，并从中总结教训，其背后更可能是一个组织典型的自我保护之举，但我认为这很明智。

### 情报机构的管理及同行评议机制

在前面两章，我们介绍了一些事后分析的方法，所以在这里我只做一个总结。伊朗及伊拉克的案例表明，情报机构需要有更加强大的中层管理人员以及更多的同行评议。两者的目的都是为分析人员的想法提供适当的批判性审查。这并不是因为现在缺乏监管，而是因为监管方向往往是错误的，因为分析人员的文章在发布之前虽然也会受到仔细检查，但通常侧重于检查风格，确保文章的风格与其他情报产品保持一致。这种做法有一定的合理性，却很少能提高情报产品的水平，提出新的问题，或抓住分析方法的缺陷。因为情报界内部经验存在"杠铃式"分布特征，所以这个问题现在尤其严重。情报机构招聘规模在冷战结束后不久便遭到削减，而在"9·11"事件之后又大幅扩张，目前情报界的分析人员里面，大约有一半从业时间不满五年，还有相当一部分人接近退休。中层管理人员非常少，而且他们没有接受足够的培训，导致问题更加严重。[2]

分析人员的同事和上级都可以提出各种评论、问题和批评，这些可能

---

[1] 参见里亚姆·萨斯菲尔德等人的《天空中的安全》(*Safety in the Skies: Personnel and Parties in NTSB Aviation Accident Investigations—Master Volume* [Santa Monica, CA: RAND, 2000])。

[2] 对于中情局管理者的强烈批评，参见罗素的《改善战略情报》，第66—67页及第90—93页。

有助于人们意识到分析过程中存在的一些隐含假设，提出替代性的解读，并发现有问题的推论。我相信学术界的同行评议模式稍作改良之后，能够有效地应用于情报领域。我这个看法并非学术上的自负。虽然许多情报产品由情报机构内部的小组集体努力制作而成，但我和其他提出同行评议建议的人却有不同的想法，即让那些仅在情报领域具有一般认知和经验的人去评议。因为这种人平时不会密切跟踪情报产品涉及的地区及其内部纷争，作为局外人，他们更有可能提出幼稚但重要的问题，这可能弥补专业分析人员在某些方面的知识匮乏。

当然，要对情报产品实施同行评议，可以动用的人力资源比较匮乏，尤其是在富有经验的分析人员数量不足的情况下，毕竟没有任何一位管理人员愿意让自己部门的优秀分析人员放下手头工作，去做其他领域的评议工作。但主要的障碍是缺乏适当激励和文化环境。情报界成员不会因为这种活动而得到奖励，也没有看到它在拓展社交网络方面的好处。同行评议机制是有可能实现的，国家情报委员会确实定期进行这种评议，但只有当最高管理层看到同行评议的优点并努力推动时，这种做法才能普及。杰克·戴维斯是一名经验丰富的情报官员，其大部分职业生涯都致力于提高情报分析标准。他曾说："中情局拥有同行评议所需的一切条件，唯独缺乏做这件事的意愿。"[1]

### 情报分析方法

伊朗、伊拉克这两个情报失误案例揭示了分析过程中存在的认知和方法方面的弱点，以及情报组织中的社会学缺陷。如果更加有意识地采取合适的分析方法，那么一些失误即便无法完全消除，也可以降低频率。然而，这比看起来要困难得多，这就是为什么这些失误会反复发生，以及为

---

[1] 出自杰克·戴维斯的私人通信。由于开始邀请外部专家参与评议，而且国家情报委员会本身也算是情报领域的同行人员，使得现在的国家情报评估报告开始有了更多的同行评议。然而，这种机制到底有多好还不清楚。

什么需要情报组织各个层级付出协调一致的努力去应对它们。

最明显的一点是,情报界关于伊朗、伊拉克的情报产品误导性地暗示,相关推论都是基于报告提到的具体事实,而非基于广泛的背景因素以及似是而非的说法。这里的问题不在于,关于外部世界以及评估对象的先入之见都缺乏合理性。我在前一章指出,无论在科学领域,还是在情报领域,人们在分析过程中运用对外部世界的一般看法是科学方法的一个重要组成部分,只不过这种思维方式可能会导致人们忽视一些基本的发现,错误地肯定已经被相信的事物。但事实不能说明一切,要理解这个复杂、矛盾的世界,需要更广泛的信念。因此,在对萨达姆大规模杀伤性武器计划的状态进行研判时,不应忽视萨达姆在两伊战争中使用化学武器以及拒绝配合核查人员的事实。分析人员却暗示,自己的推论完全是根据有关当前大规模杀伤性武器活动的报告得出的,从而欺骗了情报用户,也欺骗了自己。这并不罕见,因为如同骑自行车一样,人们做出很多判断的心理过程都是在潜意识状态下完成的,而无法进入显意识。[1]

缺乏方法论意识的问题体现在三个方面。第一,人们理所当然地认为推理过程具有合理性,而没有仔细核查。比如,在伊拉克案例中,分析人员应该刻意询问这么一个问题:萨达姆拒绝配合核查人员,能否通过其他原因去解释?他们还可以问:是否有什么因素发生了变化,使他过去追求的大规模杀伤性武器变得不那么重要?在伊朗案例中,分析人员本可以问一下,他们看到的国王是不是跟以前的那个国王一样(或者更确切地说,他们此时看到的国王是不是他们心目中所认为的那个老国王)。现在看来,在这两个案例中,正确答案都不会很明显,或很有说服力,但揭出这些问题可能会揭示分析过程存在一些隐含前提。第二,情报界和情报用户都高估了他们援引的特定证据的重要性。前一章提到,小布什总统在阅读《总统每日简报》时可能对这一点有所了解,所以才引出特尼特那句臭名昭著

---

[1] 人们即使不相信精神分析理论,也能看到关于这一点的证据具有说服力。关于一个不错的总结,参考蒂莫西·威尔逊的《陌生人:发现适应性无意识》,该书由哈佛大学出版社于2002年出版。

第 4 章 • 情报与情报改革：政治学与心理学视角 | 289

的回应："别担心，这是板上钉钉的。"小布什与特尼特的这个对话本可以让参与者看到情报界做出推断的依据，但不幸的是，这一点并未实现。在其他案例中，这一认知缺陷导致了一些没有意义的争论，因为参与者只顾着激烈地争论相关报告和活动本身的意义，而没有意识到分歧的根源在于一些更大的问题和固有的观念。第三，当人们根据固有观念去解读和吸收新证据时，没有意识到这些证据只是因为符合自己的固有观念而显得可信，从而导致他们高估了特定信息片段对于自己结论的支持程度。在伊拉克案例中，分析人员之所以在收到一系列相当模糊的信息后对自己的研判更有信心，一个原因就在于此。同样，国务卿鲍威尔在安理会演讲中引用了伊拉克军方的通信内容，这些内容确实令人感到震惊，似乎能坐实萨达姆的罪行，但这主要是因为他的大多数听众用"伊拉克拥有大规模杀伤性武器"和"存在欺骗行为"的认知框架去理解这些通信内容，而这些通信内容反过来又强化了这个先入为主的认知框架。事实上，人们可以有意识地对抗这种不合理的自我论证。

与此相关的一个失误是，分析人员没有理解自己的推论在多大程度上是建立在极其难以反驳的命题之上。当一个国家在另一个国家的边境集结军队，而分析人员认为入侵行为不明智时，他们得出的结论往往认为此举是虚张声势，而等到他们发现自己研判错误时，已经太晚了。在伊朗案例中，分析人员一个至关重要却没有明确表述出来的固有信念就是，如果局势变得非常严重，国王会进行镇压。这个观念有一定的合理性，符合人们对伊朗国王性格的普遍解读，也符合社会科学领域概括出来的一个很好的理论，即如果安全部队运转良好，独裁者不会遭到推翻。但这种假设的错误在于，分析人员和情报用户都没有意识到，只有当动荡形势达到非常危险的程度时，这一先入为主的假设才能被推翻，这就意味着情报只能在最后一刻向政策制定者发出警告。在伊拉克案例中，分析人员明确指出自己秉持的一个观点，即他们只看到大规模杀伤性武器活动的一小部分。这说明他们认为萨达姆正在进行更加广泛的欺骗和否认行动。这个先入之见对他们的研判结论至关重要，但他们没有意识到，这种观念基本上无法证实。如今回头看，这些缺陷更加明显，如果有同行评议机制，而且分析人员能够有意识地克服这种先入之见的影响，那就至少能够提高这些隐含假设被及时发现和仔细检视的概率，分析人员也能为情报用户标记出分析过程中的潜在漏洞。

伊拉克案例还表明需要更多地关注基本的社会科学研究方法。[1] 分析人员（以及后来的批评者）往往只寻找因变量，忽略相关的比较，忽略重要的负面证据，而没有使用假设—演绎的推理方法。这些方法的缺失并不令人惊讶，因为妥善的思维方式不是自然形成的，这就是为什么教授们在教学中如此重视它们。在这方面，感到尴尬的并非只有情报人员，大多数记者、商人和医生更不熟练。

如前一章所述，分析人员将一些可疑行为视作大规模杀伤性武器计划的证据，比如伊拉克使用了错综复杂的采购链和在工厂使用了特殊卡车，但许多合法活动也会存在这些现象。做这种对比似乎有点离题，因为只有当一个人明确地思考如何去证实和否定假设时，这种比较的意义才能显现出来。在这种情况下，这将表明采购模式虽然与"萨达姆正在寻求大规模杀伤性武器"的主张具有一致性，但并没有为这一主张提供额外的支持。更不直观的缺陷是没有考虑负面证据，即前一章中讨论的"不会吠叫的狗"。我们倾向于忽略那些没有发生的事情，因为它们不生动，于是我们隐晦地认为只有已经发生的事情才需要解释，才能够阐明行为。事实并非如此：如果关于世界的重要假设或信念暗示某些事件应该发生，却没有发生，那么这些没有发生的事件也具有高度相关性，值得认真考虑。

分析人员通常还忽视了假设—演绎方法。在某种程度上，这是因为情报界有过"假设驱动型情报"的不良经历。在情报界，这意味着为了验证

---

[1] 关于现有比较理想的分析实践概述，参考马克·洛文塔尔的《情报：从秘密到政策》（*Intelligence: From Secrets to Policy*）第3版第6章，该书中文版由金城出版社于2015年1月出版。关于认知偏见如何应用于情报并可能被抵消的一般性讨论，参见小理查兹·J.霍耶尔的《情报分析心理学》；大卫·摩尔的《批判性思维与情报分析》（"Critical Thinking and Intelligence Analysis"）。

一个假设的命题，需要集合所有相关证据写出一篇文章，而不是提供客观平衡的评价。这通常被用作情报政治化的一个工具，以反驳那些与决策者青睐的政策相矛盾的情报界观点。同样不幸的是，许多情报失误恰恰源于假设—演绎方法的过度运用。比如，面对令人不安的信息，分析人员和政策制定者之所以选择忽略，是因为他们相信另一个国家不会像对信息的明显解读那样采取行动，部分原因是这种行动无异于搬起石头砸自己的脚。社会科学家的意识却截然不同，因为他们会问自己："如果我的命题或信念是正确的，那么我期望看到或能够收集到什么证据？"当然，这不是社会科学或情报的万灵药，但如果情报界使用这个工具去检视萨达姆拥有大规模杀伤性武器计划的结论，可能会注意到惊人的漏洞和少量的负面证据，特别是在核计划方面。

同样，分析人员可以扪心自问或相互询问：哪些信息即使不能否定自己的研判，也会对研判提出质疑？这种做法不仅能够提醒他们注意自己的想法有哪些并非完全正确的地方，还有助于指明应该在哪些方面寻求更多信息，以及如何最大限度地发挥信息差异的作用。比如，如果在研判结果公布之前就要求分析人员陈述自己的预期，那么分析人员可能会更加重视伊拉克大规模杀伤性武器科学家提供的数量极少的证据，这些证据就能发挥更大的影响。但像往常一样，我们不应该对这种方法抱有过高期待。比如，在芬兰与苏联的"冬季战争"爆发之前的几个月，芬兰外交官指出，苏联私下发出入侵威胁，无非是虚张声势的证据；但当苏联公然发起入侵时，芬兰外交官也没有改变判断。[1]

寻求替代性解读以及让喜欢唱反调的人（或者说习惯反驳主流观点的"红队"）提出批评意见也是有用的。这种人很容易不断重复陈词滥调，促使情报界和情报用户对自己的既定观点更有信心，这些做法应该成为一次良好的实践。事实上，每次情报失误的事后分析都会开出这样的"处方"，却一直没有付诸实施，表明情报组织对这种方法的抵制有多

---

[1] 马克斯·雅各布森的《冬季战争的外交》（*The Diplomacy of the Winter War*），第132—134页，该书由哈佛大学出版社于1961年出版。

强烈，但没有得到实施的原因尚不清楚，不知是这些方法不切实际，还是它们具有破坏性。在苏联军事理论和意图这一重要问题上，一些强硬派人士在福特政府后期召集了一批具有鹰派倾向的外部专家组成 B 队，对情报部门的评估结果进行审议，最后强烈批评情报界只关注能力，而忽视意图。这种 B 队是政治武器，而不是为了开展分析性调查，这一事实显然使情报界警惕起来。尽管如此，情报界仍然应该寻求使分析人员考虑替代性解读的方法。[1]

一个有用的方法是"事前分析"，即分析人员做一个思维实验，先设想一下自己的观点被证明是错误的，然后询问这是如何发生的。比如，在 1978 年，分析人员可以设想伊朗国王被推翻的情景，然后问自己这是如何发生的；2002 年，分析人员可以问自己，如果最终发现萨达姆没有大规模杀伤性武器计划，到时候应该做何解释。答案，尤其是正确答案，不会自动出现，即使找到答案，也不一定被人相信。相反，这种做法的价值在于引导人们审视被忽略的事实和可能性。在伊朗案例中，分析人员如果事先思考为什么伊朗国王可能会避免使用武力，他们可能会发现很多原因。比如反对派会部署强大力量去对抗国王，伊朗国王由于被视为美国傀儡而遭到削弱，并且会发现宗教在催生异议方面所起的作用。在伊拉克案例中，如果分析人员采用这种事前分析方法，就可能考虑到萨达姆对伊朗及其自己的将军怀有恐惧情绪，并且关注到萨达姆的许多可疑活动都可以用腐败去解释。[2]

---

[1]　关于如何发展替代性分析的卓越探讨，参见杰克·戴维斯的《替代性分析和评估的危险》（"Alternatives Analysis and the Perils of Estimating"，未发表，2003 年 10 月 6 日）；参见罗杰·乔治的《解决分析思维模式的问题：替代性分析》（"Fixing the Problem of Analytical Mind-Sets: Alternative Analysis"），载于《国际情报与反情报期刊》2004 年秋季第 17 卷，第 385—404 页。特别重要的是，要审查那些不太可能产生重要政策后果的替代性方案。

[2]　我把这段话归功于理查德·斯莫克的讨论，但遗憾的是，我找不到相关出版物。

### 马与斑马：一般与特殊

在医学院，学生受到的教导是"当你听到马蹄声时，要先想到马，而不是斑马"。换句话讲，要先诊断病人可能患有一般疾病，而不是特殊疾病。情报研判也是某种形式的诊断，情报分析人员应该注意世界上各种行为、意图或情况存在的频率，并意识到自己通常会面对这种研判。[1]但这里有四个问题。第一个问题是，总体频率不宜作为分析过程的出发点。比如，你在非洲听到马蹄声，就应该首先联想到斑马。然而，分析人员很难判断自己是否在非洲。通常情况下，分析人员掌握的关于一个案例的信息，会使一般频率不那么令人信服，但又不足以确定合适的频率。比如，在伊拉克案例中，了解其他各国寻求核武器的频率并不是特别有用。伊拉克不是一个普通国家，有些国家的确曾经寻求（并使用）大规模杀伤性武器，还不执行联合国禁止这些活动的命令，但了解这些国家继续进行这些项目的频率，对我们研判伊拉克的情况有什么用呢？

第二个问题是，人们在研判某个国家行为或情形发生的概率时，参照体系并不是客观给定的，而是在一定程度上取决于观察者固有的因果观念。有人认为一个国家政权的性质对其行为方式以及是否倾向于寻求大规模杀伤性武器具有核心影响，那么他在研判过程中就会参照独裁政府。如果有人认为外部环境对一个国家的行为具有核心影响，那么他在研判过程中就会参照那些周边环境糟糕的国家。

第三个问题是，分析人员必须提醒决策者注意各种潜在情形，虽然这类情形很罕见，但万一真的发生，就会造成危险后果。比如，即便分析人员的研判结论认为一个恐怖组织可能没有大规模杀伤性武器，但也要提醒决策者注意它可能拥有这类武器，而且这个提醒比研判结论更重要（这与

---

[1] 相当多的心理学研究表明，人们往往对这些基准频率关注不足，但尚不清楚这是否适用于外交政策推论。参见罗伯特·杰维斯的《外交政策判断中的代表性》，载于《政治心理学》1986年9月第7卷，第483—506页；关于医学诊断的例子，参考杰尔姆·格罗普曼的《医生如何思考》，第126—128页。

前面讨论的"I型错误"和"II型错误"的成本有关，医生也必须经常应对这类问题）。

第四个问题是，许多值得关注的案例都无法做出一般性的概括。伊朗革命及其他大多数革命都是如此。很难对革命的发生时间做出一般性概括，部分原因是革命通常需要各种因素的奇怪组合，而且如果一个政权能预料到革命，很可能会阻挠革命。[1] 还有几个因素也促使萨达姆暂停了他的计划。情报界理所当然地认为萨达姆在寻求大规模杀伤性武器，具有一定的合理性，毕竟在大多数情况下，这是正常思维；也就是说，情报分析人员首先想到"马"这种一般情况，而不是"斑马"这种特殊情况。同样，英国对1940年纳粹入侵挪威感到惊讶的一个原因是，"传统智慧似乎表明，较弱的海军应该避免在较强的海军主导的海域发起挑战"。事实上，德国领导者正是依靠这一因素，通过激发对手的自满来保护自己。[2] 推理过程是由我们的认知倾向引导的，认知倾向会告诉我们将会获得什么样的推论，大多数时候，这对我们很有帮助，但如果出现例外，就很可能导致情报失误。[3]

换句话说，"斑马"确实出现了，情报部门必须对它们保持警惕。它们大多来自以下四种类型之一，了解这一点对我们很有帮助。首先，我们之前讨论过，另一方可能受到动机偏见的驱动。它的世界观和行为在外部观察者看来是奇怪和非理性的，外部观察者无法感受到它所承受的压力。

---

[1] 关于伊朗情况的深入讨论，参考库兹曼的《不可思议的伊朗革命》；关于预期被自我否定的讨论，参见埃里克·加兹克的《战争是错误的术语》，载于《国际组织》1999年夏季第53卷，第567—587页。

[2] 奥拉夫·里斯特的《情报与思维模式：1940年德国入侵挪威》（"Intelligence and the 'Mindset': The German Invasion of Norway in 1940"），载于《情报与国家安全》2007年2月第22卷，第533—534页。

[3] 关于这一点，参见理查德·贝茨的《预警困境：正常理论与例外理论》；贝茨的《情报的敌人》，第3章；马克·洛文塔尔的《情报认识论：处理难以置信之事》，载于《国际情报与反情报期刊》1993年秋季第6卷，第319—326页。同样的现象使医生的诊断复杂化，参考格罗普曼的《医生如何思考》，第2章和第5章。

因为这种行为不太可能成功，观察者就不怎么期待它会发生。其次，第二种相关情况是，另一个国家可能会出于各种原因形成一种不同寻常的世界观，通常源于其国内政治或其领导者的独特观点。我在前一章讨论过，萨达姆的观点是奇怪的，这不仅仅是因为美国的种族中心主义和缺乏同理心，导致未能理解它。即使现在有了更充分的信息，回想起来，他的想法和政策也是奇怪的。再次，第三种"斑马"出现在对方做出新动作时。当苏联向古巴部署导弹时，美国和其他观察国之所以感到惊讶，部分原因是他们之前一直认为苏联从未允许核武器离开国土。[1] 我们倾向于预期一个事物会稳定地持续下去，而不是忽然发生改变，尤其是在没有明显刺激措施的情况下，这在一定程度上解释了为什么情报人员没有发现萨达姆已经停止了大规模杀伤性武器计划。[2] 我们需要特别确凿、明确的证据去发现一种新的行为。

最后，特别复杂的模式是不寻常和难以理解的，而且可能用更简单的方式来看待。不仅在政策无能的情况下，而且在政策过度创新的情况下，也有可能产生误解。俾斯麦的政策就是如此，他的外交招数令人眼花缭乱，挑拨其他国家的利益冲突，而德国却做出相互矛盾的承诺，即帮助

---

[1] 事实上，苏联1959年曾在德意志民主共和国部署过核导弹，但很快又撤出，部署时间很短。尽管美国情报部门已经知道这件事（讽刺的是，苏联人为了保守这个秘密，把德国人赶出该地区，以便让苏联工人来做这项工作，结果引发了骚乱，导致美国情报分析人员发现了这件事），但这一事件几乎没有产生什么影响，1962年的情报分析人员并不知道这个事。关于详情，参考马提亚斯·尤尔和弗拉基米尔·伊夫金的《"原子行动"：苏联在德意志民主共和国的核导弹部署（1959年）》('"Operation Atom': The Soviet Union's Stationing of Nuclear Missiles in the German Democratic Republic, 1959"），载于《冷战国际历史公报》，2001年秋/冬季第12/13卷，第299—307页。

[2] 参考大卫·凯伊所著的《伊拉克大规模杀伤性武器》，载于《米勒中心报告》2004年春/夏季第20卷，第8页。具有讽刺意味的是，负责这项调查的国家情报官之前曾经牵头对中情局未能意识到美国在海湾战争摧毁的一处设施中含化学武器开展事后调查，并得出结论称，基本的缺陷是情报分析人员认为伊拉克将继续将这些材料储存在形状独特的建筑里面。参考特雷弗顿的《重塑国家情报》，210—211页。

各国维持和平，以此保持德国的重要影响力。其他国家从来没有完全理解俾斯麦在做什么，并不断怀疑他试图把他们拖入冲突，这并不奇怪。事实上，就连他自己的下属对他的许多推理和意图也有过于简单化的理解。[1]

由此得出的结论并不总是容易实施：分析人员确实应该首先考虑"马"，但也不应该忽视"斑马"。知道这四种可能产生不寻常行为的情况，会告诉观察者更多信息，但顾名思义，这些意外情况很难事先得到正确感知。

### 分析人员应具备同理心和专业知识

本书介绍的两个案例凸显了美国情报界缺乏同理心，这很不幸。我们通常明白，其他人可能有一些令我们觉得厌恶的目标，但我们更难相信他们看待世界的方式与我们不同。情报机构可能比决策者更有优势，因为决策者享有的较大权力似乎会削弱他们的同理心[2]，但作为补偿，为了在政治层面生存下来，决策者往往特别善于了解对手的需求。情报人员和决策者都可能难以理解对方的国内政治和官僚政治。尽管分析人员充分意识到这些因素在自己的国家发挥了强大作用，但在对手国家中却很难察觉，特别是在封闭社会中，因此它们往往被情报产品所忽略。国内政治和官僚主义可能以无数种方式发挥作用，从而导致需要研判的问题更加复杂。尽管如此，应该鼓励甚至要求分析人员至少提出一种替代性的评估方案，这种评估在很大程度上取决于另一个国家的国内政治、官僚政治或政治史。

以上情况说明需要对这个国家有深入的了解。这方面没有快速的解决办法，我的建议也不是自己原创的。情报界需要加强外语、文化和历史方

---

[1] 诺曼·里奇与弗里德里希·冯·霍尔斯坦的《俾斯麦和威廉二世时代的政治与外交》（*Politics and Diplomacy in the Era of Bismarck and Wilhelm II*）第一卷，该书由剑桥大学出版社于1965年出版；关于一个国家的无能导致其遭到误解的例子，参见该书第366页。正如里奇所说："在所有政治因素中，愚蠢是朋友和敌人最难以评估的因素之一，可能导致对某个特定国家动机的完全错误的结论。"

[2] 亚当·加林斯基等人的《未被采用的权力和观点》（"Power and Perspectives Not Taken"），载于《心理科学》2006年12月第17卷，第1068—1074页。

面的能力。这意味着允许一些分析人员在很长一段时间内，甚至在整个职业生涯专注于研究一个国家或地区。在这方面，国务院情报研究局比中情局做得多，而中情局在国别或地区研究方面的专家真的太少。在冷战期间，中情局曾经培养了关于苏联问题的研究专家，这批专家不亚于大学里的那些学者，但如今这种局面已经不复存在，因为美国缺乏单一的对手，中情局开始重视灵活的通才。很少有分析人员接受过研究培训或获得过博士学位，或者能够进入学术界。[1] 当然，现在说美国需要真正熟悉阿拉伯世界的专家很容易，但要让决策者相信我们需要对尼日利亚和巴西等国家有深刻了解的分析人员就难了，更不用说需要对乌拉圭和缅甸熟悉的分析人员。

**情报机构需要加大资源投入**

所有这些工作流程和思维方法都应该纳入一个强有力的培训计划。新入行的分析人员当然要接受培训，但这种培训只是短暂的。在巨大压力下，需要让分析人员尽早"上线"，参与分析工作，而接受培训被视为一种奢侈。事实并非如此，如果一开始为了节省时间而没有提供培训，那么代价就是整个职业生涯中做出质量较低的分析。许多商业组织和美国军方都理解，分析人员的整个职业生涯都需要接受额外培训。军官们在高等教育上花了很多时间，但在情报部门，这方面的时间要少得多，而且考虑得也少。主要原因是，分析人员太容易被别人——包括他们自己——视为专家，而且他们无法摆脱繁杂的日常事务。[2] 伊拉克战争可

---

[1] 关于这方面的严厉却可能合理的批评，参考罗素的《改善战略情报》，第 6 章。
[2] 威廉·诺尔特的《反思战争与情报》（"Rethinking War and Intelligence"），载于安东尼·麦克西维尔主编的《反思战争原则》，第 13 章，该书由美国海军学院出版社于 2005 年出版；另参考贝茨的《情报的敌人》，第 127 页。1999 年，中央情报副总监约翰·麦克劳林曾自豪地指出，中情局情报处每 70 名分析人员里面就有一人正在大学校园学习进修，这一数字是前一年的两倍。关于这一点，参考弗农·勒布的《内幕消息》（"Inside Information"），1999 年 12 月 13 日载于《华盛顿邮报》。然而，这还不够。关于情报机

能会让我们忘记美国军队很少参与战斗，它可以把相当一部分时间用于高级训练和教育。由于情报人员从来不"离线"，减少培训就成了一种自然而然的趋势。

## 第九节  结论

我讨论的改革措施具有可行性，但代价并不低，也不会彻底消除情报失误。这是一种投资性质的改革，需要投入资源、时间和精力，而且从最高领导者开始，这些改革需要整个情报界的持续投入。不幸的是，这种局面可能不会实现。激发新的思维方式和互动方式将破坏旧模式，这些任务平淡无奇，所得益处存在很大不确定性，而且姗姗来迟。看看情报组织及其他组织的逻辑和历史，几乎没有让人觉得乐观的理由。因为情报不受欢迎，而更好的情报可能更不受欢迎，政治领导者很可能对谴责情报界的表现感到很满足。可以理解的是，情报界的最高领导者专注于紧迫的任务，他们关注的时间期限可能很短，因此期望他们维持这些改革就不合理了。意识到改革必要性的分析人员和中层管理人员很可能会感到沮丧和孤立。我们或许可以预料未来会出现更多原本可以避免的情报失误，也会出现更多类似于本书的书籍。

---

构如何更好地吸引和留住人才的讨论，参考阿德里安·马丁和迈克尔·丹基的《农场团队和自由特工：解决情报机构人才困境的潜在路径》（"Farm Teams and Free Agents: The Sporting Way to Solve the Intelligence Community's Talent Woes"），载于《国际情报与反情报期刊》2008—2009年冬春之交第21卷，第748—767页。

# 致　谢

我要感谢理查德·贝茨、埃尔布里奇·科尔比、丹·考德威尔（Dan Caldwell）、迈克尔·赫尔曼、黛博拉·拉尔森（Deborah Larson）、梅尔文·莱弗勒（Melvyn Leffler）、罗斯·麦克德莫特（Rose McDermott）、保罗·皮勒、马克·特拉亨伯格、詹姆斯·维尔茨以及情报界的几位成员，他们为我提出了创意和意见。约翰·科林奇（John Collinge）在监督我的伊朗报告和相关备忘录的解密过程中帮助很大。阿诺德·萨尔茨曼战争与和平研究所的工作人员自始至终为我提供了宝贵的协助。第3章的早期版本曾以《报告、政治和情报失误：伊拉克案例》（"Reports, Politics, and Intelligence Failures: The Case of Iraq"）为名，刊载于《战略研究期刊》2006年第29卷第1期，第3—52页。本书已经通过了中情局出版物审查委员会的审查，但实质性内容没有任何增删。

# 英汉对照表

[术语]

airborne warning and control system(AWACS) 机载预警与控制系统
alternative hypotheses 替代性假设
covert action 隐蔽行动
current intelligence 动态情报
Defense Department's Office of Net Assessment 国防部净评估办公室
dependent variable 因变量
Director of National Intelligence(DNI) 国家情报总监
Directorate of Intelligence(DI) 情报处
Directorate of Operations(DO) 行动处
finished intelligence 成品情报
Groupthink 群体思维
Historical Review Panel(HRP) 历史审查小组
hypothetico-deductive method 假设—演绎方法
implicit assumption 隐含假设
Intelligence and Security Committee 情报安全委员会
intercontinental ballistic missile(ICBM) 洲际弹道导弹
Iranian Freedom Seekers Liberation Movement(IFSLM) 伊朗追求自由解放运动组织
Joint Chiefs of Staff(JCS) 参谋长联席会议
Joint Intelligence Committee(JIC) 联合情报委员会

National Aeronautics and Space Administration(NASA) 美国国家航空航天局
National Foreign Assessment Center(NFAC) 国家对外评估中心
National Ground Intelligence Center(NGIC) 国家地面情报中心
National Intelligence Council 国家情报委员会
National Intelligence Daily(NID) 《国家情报日报》
National Intelligence Officer(NIO) 国家情报官
Office of Economic Affairs(OEA) 经济事务办公室
Office of Political Affairs(OPA) 政治事务办公室
Office of Regional and Political Analysis(ORPA) 区域和政治分析办公室
Office of Strategic Research(OSR) 战略研究办公室
Operation Market Garden 市场花园行动
Post-Mortem(P-M) 事后分析
President's Daily Brief(PDB) 《总统每日简报》
Product Evaluation Staff 产品评估人员
SAVAK 萨瓦克（伊朗国王的秘密警察组织）
security officer 安全官
Senate Foreign Relations Committee 参议院外交关系委员会
Senate Select Committee on Intelligence(SSCI) 参议院情报特别委员会
Senior Executive Intelligence Brief(SEIB) 《高级

行政情报简报》
Senior Review Panel(SRP) 高级审查小组
State's Bureau of Intelligence and Research 国务院情报研究局
U.K. House of Commons Foreign Affairs Committee 英国下议院外交委员会
United Nations Monitoring, Verification, and Inspection Commission(UNMOVIC) 联合国监测、核查和视察委员会
United Nations Special Commission(UNSCOM) 联合国特别委员会
Weapons Intelligence, Nonproliferation, and Arms Control(WINPAC) 武器情报、不扩散和军备控制
weapons of mass destruction (WMD) 大规模杀伤性武器

## [人名]

Albert Hirschman 阿尔伯特·赫希曼
Albert Wohlstetter 阿尔伯特·沃尔斯泰特
Aldridge Ames 阿尔德里奇·埃姆斯
Andy Marshall 安迪·马歇尔
Anthony Parsons 安东尼·帕森斯
Anwar Sadat 安瓦尔·萨达特
Arnold Horelick 阿诺德·霍雷利克
Ayatollah Khomeini 阿亚图拉·霍梅尼
Bernard Montgomery 伯纳德·蒙哥马利
Bob Woodward 鲍勃·伍德沃德
Bruce Clarke 布鲁斯·克拉克
Bruce Palmer 布鲁斯·帕尔默
Carl Sagan 卡尔·萨根
Carl von Clausewitz 卡尔·冯·克劳塞维茨
Cyrus Vance 赛勒斯·万斯
Diane Vaughan 黛安·沃恩
Douglas Ford 道格拉斯·福特
Gary Sick 加里·西克
George Griffin 乔治·格里芬
Hamid Algar 哈米德·阿尔加
Helene Boatner 海伦·波特娜
Henry Jackson 亨利·杰克逊
Henry Precht 亨利·普雷希特
John McCain 约翰·麦凯恩
John McCone 约翰·麦科恩
John McLaughlin 约翰·麦克劳林
Klaus Knorr 克劳斯·克诺尔
Lawrence Freedman 劳伦斯·弗里德曼
Michael Hayden 迈克尔·海登
Michael Herman 迈克尔·赫尔曼
Mikhail Gorbachev 米哈伊尔·戈尔巴乔夫
Morton Kondrake 莫顿·孔德雷克
Nikki R. Keddie 尼基·凯蒂
Norman Schwarzkopf 诺曼·施瓦茨科普夫
Richard Aldrich 理查德·奥尔德里奇
Richard Betts 理查德·贝茨
Richard Dearlove 理查德·迪尔洛夫
Richard Feynman 理查德·费曼
Richard Helms 理查德·赫尔姆斯
Richard Immerman 理查德·伊默曼
Richard Kerr 理查德·科尔
Richard Neustadt 理查德·诺伊施塔特
Richards J. Heuer Jr. 小理查兹·J. 霍耶尔
Robert Hanssen 罗伯特·汉森
Robert Huyser 罗伯特·休瑟
Robert Lindsey 罗伯特·林德赛
Robert McNamara 罗伯特·麦克纳马拉
Robert Vansittart 罗伯特·范西塔
Sherman Kent 谢尔曼·肯特
Slobodan Milosevic 斯洛博丹·米洛舍维奇
Stansfield Turner 斯坦斯菲尔德·特纳
Thomas Ricks 托马斯·里克斯
Vernon Lanphier 弗农·兰菲耶
William Kampiles 威廉·坎皮勒斯
William Kaufmann 威廉·考夫曼
William Leonhart 威廉·莱昂哈特
William Sullivan 威廉·沙利文
Zbigniew Brzezinski 兹比格涅夫·布热津斯基

## 国家安全与保密参考书目

### 情报与反情报丛书

《以目标为中心的网络建模》　　　　　　　　　　　[美] 罗伯特·克拉克　　[丹] 威廉·米切尔
《情报欺骗：反欺骗与反情报》　　　　　　　　　　[美] 罗伯特·克拉克　　[丹] 威廉·米切尔
《情报搜集：技术、方法与思维》　　　　　　　　　　　　　　　　　　[美] 罗伯特·克拉克
《情报搜集的五大科目》　　　　　　　　　　　　　[美] 马克·洛文塔尔　罗伯特·克拉克
《情报分析：复杂环境下的思维方法》　　　　　　　[美] 韦恩·霍尔　　加里·西腾鲍姆
《战略情报：情报人员、管理者和用户手册》　　　　　　　　　　　　[澳] 唐·麦克道尔
《分析情报：国家安全从业者视角》　　　　　　　　[美] 罗杰·乔治　　詹姆斯·布鲁斯
《情报分析案例·实操版：结构化分析方法的应用》　[美] 萨拉·毕比　　伦道夫·弗森
《情报分析案例：结构化分析方法的应用》　　　　　[美] 萨拉·毕比　　伦道夫·弗森
《情报分析：结构化分析方法》　　　　　　　　　　[美] 小理查兹·J.霍耶尔　伦道夫·弗森
《情报研究与分析入门》　　　　　　　　　　　　　[美] 杰罗姆·克劳泽　简·戈德曼
《战略情报的批判性思维》　　　　　　　　　　　　[美] 凯瑟琳·弗森　伦道夫·弗森
《情报搜集技术》　　　　　　　　　　　　　　　　　　　　　　　　[美] 罗伯特·克拉克
《情报：从秘密到政策》　　　　　　　　　　　　　　　　　　　　　[美] 马克·洛文塔尔
《情报分析心理学》　　　　　　　　　　　　　　　　　　　　[美] 小理查兹·J.霍耶尔
《情报分析：以目标为中心的方法》　　　　　　　　　　　　　　　　[美] 罗伯特·克拉克

### 国家战略预警研究译丛

（"十三五""十四五"国家重点图书出版专项规划项目）

《情报为何失误：案例、方法与分析》　　　　　　　　　　　　　　　[美] 罗伯特·杰维斯
《战略预警情报：历史、挑战与展望》　　　　　　　[美] 约翰·金特利　约瑟夫·戈登
《情报与突然袭击：战略预警案例研究》　　　　　　　　　　　　　　[美] 埃里克·J.达尔
《减少不确定性：情报分析与国家安全》　　　　　　　　　　　　　　[美] 冯稼时
《珍珠港：预警与决策》　　　　　　　　　　　　　　　　　　　　[美] 罗伯塔·沃尔斯泰特
《预警情报手册（完整解密版）：国家安全威胁评估》　　　　　　　　[美] 辛西娅·格拉博
《先发制人：国际冲突的先制与预防》　　　　　　　　　　　　　　　[美] 迈克尔·多伊尔
《突然袭击：被袭国的视角》　　　　　　　　　　　　　　　　　　　[以] 伊弗雷姆·卡姆

# 国家安全译丛

《现代英国保密史：国家秘密与国家治理》　　　　　　　　　　　［英］克里斯托弗·莫兰
《秘密与泄密：美国国家保密的困境》　　　　　　　　　　　　　［美］拉胡尔·赛加尔
《美国政府保密史：制度的诞生与进化》　　　　　　　　　　　　［美］戴维·弗罗斯特
《数据与监控：信息安全的隐形之战》　　　　　　　　　　　　　［美］布鲁斯·施奈尔
《21世纪犯罪情报：公共安全从业者指南》　　　　　　　　　　　［美］理查德·赖特
《恐怖主义如何终结：恐怖活动的衰退与消亡》　　　　　　　　　［美］奥德丽·克罗宁
《国家安全与情报政策研究：美国安全体系的起源、思维和架构》　［美］伯特·查普曼
《秘密情报与公共政策：保密、民主和决策》　　　　　　　　　　［美］帕特·霍尔特
《网络战：信息空间攻防历史、案例与未来》　　　　　　　　　　［美］保罗·沙克瑞恩
《全民监控：大数据时代的安全与隐私困境》　　　　　　　　　　［英］约翰·帕克
《骗中骗：克格勃与中情局的无声战争》　　　　　　　　　　　　［美］爱德华·爱泼斯坦
《情报术：间谍大师杜勒斯论情报的搜集处理》　　　　　　　　　［美］艾伦·杜勒斯
《谁来监管泄密者？：国家安全与新闻自由的冲突》　　　　　　　［美］盖里·罗斯

## 其　他

《希特勒的间谍：纳粹德国军事情报史》（全译本，上下册）　　　［美］戴维·卡恩
《破译者：人类密码史》（全译本，上下册）　　　　　　　　　　［美］戴维·卡恩
《偷阅绅士信件的人：美国黑室创始人雅德利传》　　　　　　　　［美］戴维·卡恩
《大西洋密码战："捕获"恩尼格玛》　　　　　　　　　　　　　　［美］戴维·卡恩
《间谍图文史：世界情报战5000年》（精装彩印）　　　　　　　　［美］欧内斯特·弗克曼
《斯诺登档案：世界头号通缉犯的内幕故事》（修订版）　　　　　［英］卢克·哈丁
《二战后的美国对外政策》　　　　　　　　　［美］史蒂文·胡克　约翰·斯帕尼尔
《金融情报学》　　　　　　　　　　　　　　　　　　　　　　　　　　　王幸平

……后续新品，敬请关注……